Heiner Bredehöft

Da läuft noch was…

37 Erzählende Predigten
aus 32 Jahren in Kettwig

Impressum:

ISBN: 978-3-943322-24-8

www.hummelshain.eu

Einleitung.

In einer Magazinsendung im Radio am Sonntagmorgen zum Thema Religion ‚Diesseits von Eden' heißt es immer: „Predigen sollen andere!" Es stimmt wohl leider: Predigten haben kein gutes Image. Wer will sich schon anpredigen lassen?

Überhaupt lässt der Kirchgang nach, die Mitgliedzahlen der Kirchen schrumpfen, der gesellschaftliche Einfluss der Kirchen schwindet – wie überhaupt in der postmodernen Gesellschaft die Bedeutung von Großorganisationen wie Kirchen, Gewerkschaften, Parteien abnimmt.

Aber genug des Jammerns!

Klein und subversiv wie ein Senfkorn ist das Wort Gottes lebendig – auch in unseren Kirchen und Gottesdiensten. Auch in den Liedern, der Liturgie und sogar in den Predigten.

Da läuft noch was...

Da gibt es immer wieder etwas zu entdecken!

Dazu möchte ich einen Beitrag leisten.

Von 1987 bis 2010 war ich Pfarrer in der Ev. Kirchengemeinde Kettwig – zuständig für den Bezirk Vor-der-Brücke und für die Seelsorge in den ev. Altenheimen. Natürlich gehörte zu meinen Verpflichtungen auch der Predigtdienst im Arndthaus in meinem Bezirk und in der alten Kettwiger Kirche am Markt. Da ich in Kettwig wohnen geblieben und der Gemeinde gelegentlich auch im Predigtdienst ausgeholfen habe, sind auch danach noch Predigten für die Kettwiger Gemeinde entstanden, darunter auch viele „erzählende Predigten".

Warum erzählende Predigt?

Das entnehmen Sie bitte aus folgendem Traum:

Da wälze ich mich im Bett herum und kann nicht schlafen. Irgendetwas hält mich halb wach. Vielleicht stehe ich auf und trinke einen Schluck Wasser. Ich mache das Licht an im Flur, aber als ich am großen Spiegel vorbeikomme und hineinschaue, grinse ich mich an – und ich merke - es ist mein anderes Ich. Es grinst mich an und jetzt tritt es auch noch aus dem Spiegel heraus. Und mir bleibt nichts anderes übrig, als es ins Wohnzimmer einzuladen. Wahrscheinlich haben viele Leute so ein anderes Ich. Aber es ist vielleicht nicht so ausgeprägt wie bei mir. Mein anderes Ich ist skeptisch, unbequem, negativ, und beunruhigend. Es tritt jedes Mal auf, wenn ich etwas Wichtiges zu entscheiden habe. Und leider braucht es viel Aufmerksamkeit und hat eine laute Stimme. Um meine Frau nicht zu wecken, habe ich es ins Wohnzimmer geführt, erlaube ihm sich zu setzen, biete ihm aber nichts an. Schließlich ist es kein lieber, sondern ein ungebetener Gast. Es grinst mich immer noch an und sagt: „Ich weiß, warum du nicht schlafen kannst. Du überlegst dir, ob du deine erzählenden Predigten veröffentlichen sollst." Das stimmt natürlich. So eine Veröffentlichung ist aufwendig. Man muss alles zusammenstellen, eine Auswahl treffen. Jemand anderes sollte Korrektur lesen. Ein Layout muss vorbereitet werden. Ein Drucker muss gefunden und das Ganze finanziert werden. Und es wäre schön, wenn eine Ausgabe sich rechnete. Warum sollte ich mir die Mühe machen? Mein alter Ego hat natürlich seine Vermutungen: „Machst du das aus Eitelkeit? Willst du dir ein literarisches Denkmal setzen? In unserem Alter fragt man sich ja schon mal: Was bleibt von uns, wenn wir mal weg sind?" Ich gebe zu, so ganz kann ich mich dieser Art von Logik nicht verschließen. Aber das möchte ich nicht so einfach zugeben. Ich sage stattdessen: „Es geht nicht um mich. Ich möchte die Menschen, die meine Leser sein werden, erfreuen. Ich möchte, dass sie die biblischen Texte und die biblischen Figuren besser verstehen, vielleicht sich darin selber wiederfinden. Darin habe ich meine Aufgabe als Pfarrer und Prediger gesehen. Es geht um die Aussage eines biblischen Textes, interpretiert für die Menschen unserer Zeit. Menschen unserer Zeit sind lange Reden kaum noch gewohnt." „Aber sie hocken sich vor die Glotze und sehen sich lange Filme an." „Nur mögen sie keine langen Reden! Die Leute wollen unterhalten und nicht angepredigt werden." Mein anderes Ich gibt aber nicht klein bei. „Entschuldige mal, wenn du nicht predigen willst, hast du deinen Beruf verfehlt. Viele Menschen gehen in eine evangelische Kirche, um eine anspruchsvolle Predigt zu hören. Und du kommst ihnen mit einer Geschichte." Ich entgegne: „Na und? Wer ist denn schon in der Lage, einer Predigt von Anfang bis Ende zu folgen? Der muss doch über ein Minimum an Sitzfleisch verfügen. Er muss es als regelmäßiger Kirchgänger gewohnt sein oder von seiner bürgerlichen Herkunft her ähnliche Veranstaltungen kennen. Das gilt aber nicht für alle, die da sitzen. Viele Zuhörerinnen und Zuhörer halten nicht durch. Sie tauchen zwischendurch ab, hängen eigenen Gedanken nach und im schlimmsten Fall fragen sie sich: ‚Wie lange noch?' Aber ich finde das schade für die intellektuelle Sorgfalt, die in die Predigt investiert worden ist."

„Und was setzt du dem entgegen?"

Ich antworte: „Von meinem Vater, dem Schriftsteller Hermann Bredehöft, habe ich die Liebe zum Erzählen geerbt. Ich empfinde es als meine persönliche Herausforderung, einen biblischen Text in ein erzählerisches Gewand zu kleiden." Mein Gegenüber lacht. „Da machst du es dir ja einfach. Viele biblische Texte sind ihrer Natur nach erzählende Texte. Die brauchst du nur nachzuerzählen." Ich antworte: „Es geht mir nicht darum, sie nachzuerzählen. Gerne nehme ich eine Figur aus der Geschichte, lasse sie dem Prediger im Traum erscheinen. Oder ich schildere den Verlauf einer Handlung aus der Sicht einer Nebenfigur. Oder ich erfinde einen Zeitgenossen, der mit der Geschichte konfrontiert ist und sich seine Gedanken darüber macht." „Schön, und was soll das?" Mich nervt es, dass mein anderes Ich das nicht einfach so akzeptiert. Ich erkläre geduldig: „Ganz einfach. Es hat einen erhöhten Unterhaltungswert. Eine erzählende Predigt kann als eine Verpackung angesehen werden, in welche die Botschaft eines Textes eingewickelt ist. Man muss sie wie ein Geschenk auspacken. Eine Geschichte hat immer einen eigenen dramatischen Spannungsbogen. Der Zuhörer möchte wissen, wie es weitergeht, wie die Geschichte ausgeht. Vielleicht erschließt sich ihm so eher der Kern der Botschaft. Und vielleicht prägt sie sich ihm auch eher ein und er erinnert sich bei Gelegenheit an sie. Ich meine, eine Erzählung geht mehr unter die Haut, weckt die Phantasie, entlockt sogar manchmal ein Schmunzeln. Die Leute bleiben gespannt und warten auf eine Pointe, auf den Schluss, tauchen selber in die Geschichte ein, indem sie sich in die erdachten Figuren hineinversetzen. Es ist eben beides: einmal identifizieren sie sich mit den erdachten Figuren, auf der anderen Seit aber treten sie in Distanz zu ihnen, betrachten sie von außen wie ein Publikum, das sich seine eigenen Gedanken macht."

„Nun ja", meint mein anderes Ich, „du mit deinen Geschichtchen! So ein typischer Prediger bist du ja nicht. Ein richtiger Prediger, der redet so, dass die Gemeinde mitgerissen wird, dass sie von der Wahrheit des Wortes Gottes erfüllt ist, dass sie am Ende einer Predigt gar nicht anders sagen kann als: ‚Ja, so ist es, das ist die ganze Wahrheit!' Aber am Ende deiner erzählenden Predigten hat man das Gefühl, dass es eine schlüssige Lösung nicht gibt, dass Widersprüche bleiben. Weißt du was? Du erzählst eine Geschichte, und der Predigthörer fragt sich: ‚Was meint eigentlich der Pfarrer Bredehöft selber?' Aber der steht hinter dem Lesepult und liest seine Geschichte. Ich will dir mal was sagen: Eigentlich versteckst du dich hinter deiner erzählenden Predigt und drückst dich um verbindliche Antworten und lässt deine Gemeinde alleine." „Das verdanke ich dir", sage ich zu meinem Gegenüber. „Du bist der Skeptizismus in mir, der mit jeder Antwort aus dem Glauben den Zweifel daran mitdenkt. Das ist leider nicht immer tröstlich." „Es gibt ja auch keinen Trost", hält mir mein Gegenbild entgegen. Ich widerspreche: „Es gibt einen Trost im Dennoch. Der Glaube ist keine unumstößliche Wahrheit. Er ist angefochten, umstritten, und dennoch trägt und heilt er – zu seiner Zeit und zu seiner Gelegenheit."

Da wache ich auf. Mein anderes Ich hat sich verdrückt. Gott sei Dank! Ich habe mich jetzt entschieden. Ich veröffentliche doch! Schon um mein anderes Ich zu ärgern!

Danken möchte ich für das Lektorat meiner Nichte Antonia Grafweg und für das Layout meiner Nachbarin Juliane Richter. Das Umschlagbild verdanke ich Hanne Papendieck.

Heiner Bredehöft
Juni 2020

1. Barfuß vor dem Dornbusch - Exposé zu einem Bibelfilm

Exodus 3,1-14

31.1.1993 - Letzter So. n. Epiphanias - Kirche

„Die Kirche muss sich besser ins Bild setzen", sagte mir neulich ein wohlmeinender Freund, „Guck dir mal die Shows in den Privatsendern an: „‚Ich vergebe...', oder ‚Ich stelle mich...'. Wenn da jemand von der Kirche an der richtigen Stelle mal das Wort ergreift, das würd's bringen. Schamhafte Zurückhaltung gegenüber den neuen Medien kann sie sich nicht länger leisten." Und in der Tat erzählt mir eine in unserem Ort tätige psychologisch geschulte Beraterin, dass sie über einen Bibelfilm ans Bibellesen gekommen sei und darüber zur Reflexion über ur-menschliche Probleme.
Also stelle ich mir vor: Ich drehe den neuen Film zur Ur-Offenbarung unseres Gottes Jahwe gegenüber dem Manne Mose, wie sie geschrieben steht im für den heutigen Sonntag vorgeschlagenem Predigttext.

1 Mose aber hütete die Schafe Jitros, seines Schwiegervaters,
des Priesters in Midian, und trieb die Schafe über die
Wüste hinaus und kam an den Berg Gottes, den Horeb. 2
Und der Engel des HERRN erschien ihm in einer feurigen
Flamme aus dem Dornbusch. Und er sah, dass der Busch
im Feuer brannte und doch nicht verzehrt wurde. 3 Da
sprach er: Ich will hingehen und diese wundersame
Erscheinung besehen, warum der Busch nicht verbrennt.
4 Als aber der HERR sah, dass er hinging, um zu sehen,
rief Gott ihn aus dem Busch und sprach: Mose, Mose! Er
antwortete: Hier bin ich. 5 Er sprach: Tritt nicht herzu,
zieh deine Schuhe von deinen Füßen; denn der Ort,
darauf du stehst, ist heiliges Land! 6 Und er sprach weiter:
Ich bin der Gott deines Vaters, der Gott Abrahams, der
Gott Isaaks und der Gott Jakobs. Und Mose verhüllte
sein Angesicht; denn er fürchtete sich, Gott anzuschauen.
7 Und der HERR sprach: Ich habe das Elend meines

Volks in Ägypten gesehen, und ihr Geschrei über ihre
Bedränger habe ich gehört; ich habe ihre Leiden erkannt.
8 Und ich bin herniedergefahren, dass ich sie errette aus
der Ägypter Hand und sie aus diesem Lande hinaufführe
in ein gutes und weites Land, in ein Land, darin Milch
und Honig fließt, in das Gebiet der Kanaaniter, Hetiter,
Amoriter, Perisiter, Hiwiter und Jebusiter. 9 Weil denn
nun das Geschrei der Israeliten vor mich gekommen
ist und ich dazu ihre Drangsal gesehen habe, wie die
Ägypter sie bedrängen, 10 so geh nun hin, ich will dich
zum Pharao senden, damit du mein Volk, die Israeliten,
aus Ägypten führst. 11 Mose sprach zu Gott: Wer bin ich,
dass ich zum Pharao gehe und führe die Israeliten aus
Ägypten? 12 Er sprach: Ich will mit dir sein. Und das soll
dir das Zeichen sein, dass ich dich gesandt habe: Wenn
du mein Volk aus Ägypten geführt hast, werdet ihr Gott
dienen auf diesem Berge. 13 Mose sprach zu Gott: Siehe,
wenn ich zu den Israeliten komme und spreche zu ihnen:
Der Gott eurer Väter hat mich zu euch gesandt!, und sie
mir sagen werden: Wie ist sein Name?, was soll ich ihnen
sagen? 14 Gott sprach zu Mose: Ich werde sein, der ich
sein werde. Und sprach: So sollst du zu den Israeliten
sagen: »Ich werde sein«, der hat mich zu euch gesandt.
Exodus 3,1-14

Erste Einstellung: Mose treibt seine Herde über die Steppe hinaus. Das darf natürlich kein beschauliches Bild sein. „Der Herr ist mein Hirte..." ist hier nicht Thema. Auch nicht der gute Hirte. Die Steppe ist karg, überhaupt nicht lieblich, eher langweilig. Einen Augenblick überlege ich: soll ich nicht direkt den Menschen von heute ansprechen. Statt Steppe öde Stadtlandschaften, statt Herde den Wagenpark einer Autoverleihfirma, oder das Großraumbüro oder die alltägliche Küche mit dem alltäglichen Spül. Aber ich bleibe bei der Steppe aus Steinen und Sand und ein bisschen Gras. Denn ganz so arm ging es ja nicht. zu. Mose in der Fremde, man muss sich überlegen, inwieweit man in diesem Film das Asylthema anschneidet. Aus politischen Gründen hatte

Mose einen Ägypter erschlagen. Die Midianiter hatten ihn aufgenommen, er hatte Arbeit, sogar eingeheiratet war er, eine gelungene Integration - das wäre was für den Vorspann - oder eine Rückblende, vielleicht später, als Mose von seinen Fehlern und mangelnden Fähigkeiten redet.
Also, noch zieht er mit seinen Schafen in die Steppe hinaus. Das Land wird felsiger, steiniger. Was will er denn da? Ein Berg erhebt sich im Hintergrund. Er kommt näher. Man merkt es: der Mann hat ein Ziel. Die Tiere, die sich noch an den letzten Halmen laben, treibt er vorwärts. Die Musik muss spannungsgeladen sein. Je näher der Berg kommt, desto mehr Blech, Posaunen, Trompeten, so wie bei Wagner, Götterdämmerungsmotive. Denn das will was heißen und bedeuten, wenn einer sich aus der Durchschnittlichkeit erhebt und zum Berge geht, nach Höherem strebt, wie man sagt, aber nicht zum sozialen Aufstieg, sondern einer religiösen Offenbarung entgegen, an einer Schnittstelle zwischen Gott und Mensch, zum Ursprung seiner Seele, um sich von ihm seinem verpfuschten und dann in der Mittelmäßigkeit dahin treibenden Leben einen Sinn geben zu lassen. An den eindrücklichen Bildern von dem immer näher rückenden Berg und der Schwere der Musik muss man es merken: Hier geht er einer Begegnung entgegen, die sein Leben verändern wird und das Leben von vielen. Hier gibt sich Gott die Ehre.
Schnitt: nächste Szene: der brennende Dornbusch. Plötzlich Stille. Dann der Dornbusch. Mose sieht etwas brennen. Seine Neugier ist geweckt. Er nähert sich. Die Kamera schwenkt um, der Zoom wird sich auf den Dornbusch richten und ihn näher heranholen. Doch was soll man jetzt zeigen?
Im biblischen Drehbuch ist hier vom Engel des Herrn die Rede. Und der Dornbusch verbrennt nicht. Ein Wunder Gottes.
Aber wie soll man das filmisch darstellen, ohne sich der Lächerlichkeit preiszugeben?
Jeder hat seine eigene Vorstellung von den Wundern Gottes. Sie aber im Film zu sehen, kann nur enttäuschen, ersetzt oft unwiederbringlich die Bilder der eigene Phantasie durch die Ergebnisse technischer Kniffe, die dann dem Bild das Geheimnisvolle nehmen. Eigentlich kann man den brennenden Dornbusch gar nicht darstellen, so wenig wie den Engel,

so wenig wie den Herrn, der aus dem Dornbusch zu Mose spricht. Man kann das Geheimnis der Gottesbegegnung eines Menschen nicht bildlich nachzeichnen, ohne es zu verletzen. Das ist auch der Grund dafür, dass es gewöhnlich in unseren Gottesdiensten nicht gestattet ist, zu fotografieren und zu filmen. Das Bild tut so, als zeige es alles, wo es doch in Wirklichkeit verkürzt, verstellt, verwirrt. Es vermittelt eine Illusion von Vollständigkeit, Wahrheit und Dabeisein, wo es doch in Wirklichkeit nur äußerlichen Schein präsentiert. Hat man ein Bild gesehen, glaubt man, alles gesehen zu haben, und man kommt gar nicht mehr auf den Gedanken, wirklich einzudringen und zu begreifen.
Muss hier das Filmprojekt aufgegeben werden?
Aber wir haben ja noch den Mann Mose. Was man zeigen könnte, ist sein Gesicht, das Nicht-begreifen, was das Zeichen bedeutet. Der gemeine, stachelige, aggressive, aber auch zähe, tief verwurzelte, standfeste kleine Dornbusch wird Träger der Offenbarung Gottes. Gottes Feuer ergreift von ihm Besitz, ohne dass er verbrennt. So wird Gott auch den gemeinen, stacheligen, aggressiven, aber auch zähen und standfesten Mose zu seinem Sprachrohr machen, ihn mit seinem Feuer ausstatten, ohne dass er verbrennt.
Nein, kein guter Film könnte zeigen wollen, was sich im Dornbusch verbirgt. Ein Film kommt hier an die Grenze des Darstellbaren. Auch im akustischen Bereich. Welcher Regisseur, welcher Schauspieler, welcher Tontechniker möchte sich anheischig machen, die Stimme Gottes auf ein Timbre festzulegen, auf einen männlichen Bass, eine helle Knabenstimme, eine Frauenstimme? Einzig könnte man die Stimme des Mannes Mose nehmen. Aber entgeht man dabei der Gefahr, dem Zuschauer den Eindruck zu vermitteln, Mose führe Selbstgespräche? Eine alte Frage hängt damit zusammen, ob nicht alles menschliche Reden von Gott letztlich Selbstgespräch ist, Selbstoffenbarung gewissermaßen, die Mobilisierung ungeahnter Kräfte, Fähigkeiten und Geister in sich selbst?
Aber muss man vor sich selbst die Schuhe ausziehen?
Ich habe als Filmplaner eine Scheu davor, so nahe an den Dornbusch mit der Kamera heranzufahren. Im Drehbuch

heißt Gott, der Herr, dem Mose die Schuhe auszuziehen, und das kann ja beides heißen: es kann sein, dass Gott ihm dieses abverlangt als Zeichen der Ehrfurcht oder des Vertrauensbeweises. Die Füße sind der Teil des Menschen, mit dem er der Erde, aus der er kommt, verbunden ist. In der Sprache der Bibel werden die Füße oft genommen, wenn die Scham der Männer gemeint ist. In Gottes Gegenwart kann man nur nackt bestehen, oder in seiner Gegenwart darf man nackt dastehen. Es könnte beides sein. Vor Gott kann nur derjenige bestehen, der nichts Eigenes mitbringt, und sich allein auf ihn verlässt. Es gibt aber auch die alte Tradition, dass die heiligen Orte Gottes als die letzten übrig gebliebenen Flecke des Paradieses gelten, wo der Mensch so Gott begegnen darf wie im Urzustand.

Ganz gleich wie man das sieht, für meinen Film ergibt sich das Problem: Kann ich den Mann Mose mit der Kamera begleiten auf seinem Weg zum Dornbusch? Könnte ich der Gestalt des Mose im Film gerecht werden? Könnte ich das erfassen, was er von Gott erfährt? Er nähert sich in innerer Nacktheit seinem Gott, während der Zuschauer sich vielleicht gerade im Fernsehsessel fläzt, die Pantoffel an den Füßen, das Bierglas in der Hand, die Zigarette im Mundwinkel?

Aber das ist wohl das Problem jeder Darstellung, dass ich nicht weiß, wie aufgenommen wird, was ich zu sagen oder zu zeigen habe. Es könnte missverstanden werden, fehl gedeutet.

Das Problem meines Filmes ist auch das Problem des Mose. Er fragt: Wer gibt mir die Autorität, von Gott zu sprechen, in seinem Namen von ihm zu reden, ihn auf Worte, Gleichnisse, Sprache, Bilder, akustische Signale festzulegen!? Wie kann ich antworten, wenn man mich fragt und richtig antworten? Bin ich letztlich nicht doch auf mich gestellt?

Das biblische Drehbuch gibt selbst die Antwort: es liefert die Anleitung zu einem Vorspann. Mose begegnet Gott nicht im geschichtslosen Raum, sondern Gott gibt sich ihm zu erkennen, als derjenige, der seinem Volk schon begegnet ist, in den Geschichten und der Geschichte der Väter, Abraham, Isaak und Jakob. Gott erkennen, heißt ihn wieder-

erkennen, in dem was er schon für mich getan hat. Lange bevor es mich gab, und auch noch jetzt. Aber er ist auch der Gott, der eine Zukunft eröffnet, und die Zukunft wird eine Befreiungsgeschichte sein, denn sein Name ist ja: Ich werde da sein, ich werde mit dir sein.
Wenn es so etwas gäbe, müsste dann dieser Film über die Gottesbegegnung des Mannes Mose nicht nur einen Vorspann, auch einen Nachspann haben, worin von dieser Befreiungsgeschichte erzählt würde. Und in dieser Geschichte käme vor, dass der ICH WERDE SEIN da ist, bei der Befreiung aus Ägypten, in den Wirren der Zeiten der Geschichte Israels, in dem Mann Jesus von Nazareth und auch heute in meiner Geschichte ist er da, und sagt zu mir: „Ich werde sein." Das würde natürlich mein Filmprogramm vollends sprengen. Oder aber die Frage aufwerfen:
Wie sähe denn ein Film aus mit, dem Titel:
Meine Erfahrung mit Gott?

Amen.

---

2. Ruth – Integration mit weiblichen Mitteln

Buch Ruth

3.7.2005 – 6. So. n. Trinitatis, gehalten auf dem Bürgermeister-Fiedler-Platz vor dem Rathaus in Kettwig, ein ökumenischer Gottesdienst zum Beginn der „musikalisch-kulinarischen Meile"

Ruth erzählt: Gratulieren möchte ich euch heute aus den lichten Höhen des Himmels, einen fröhlichen Tag möget ihr haben, er sei euch gegönnt; gut essen wollt ihr, und Musik hören und vielleicht auch tanzen - das tut gut und labt Leib und Seele; ich habe dergleichen auch genossen, solange ich noch auf Erden weilte - aber verzeiht: Ich möchte mich vorstellen: Ich bin Ruth, eine Frau aus dem Alten Israel, ein ganzes Buch ist mir gewidmet worden, man erzählt meine Geschichte, übrigens eine Liebesgeschichte - nein: nicht nur zwischen Gott und Mensch, so richtig zwischen einem Mann und einer Frau, oder eigentlich umgekehrt: von einer Frau zu einem Mann. Denn in aller Bescheidenheit: Ich bin schon diejenige, die die Initiative ergreift - oder - um genau zu sein:

im Hintergrund agierten meine Schwiegermutter - und Gott. Manche sagen, ich sei nur eine erfundene Figur, eine erste Romanfigur - was macht das schon, ich bin gleichwohl lebendig: wie sagte noch Jesus. „Freut euch aber, dass eure Namen im Himmel geschrieben sind." (Luk. 10,20).
Meiner ganz gewiss! Denn ohne mich hätte es ihn nicht gegeben, wenigstens nicht so, wie er war.
Dabei fing alles wenig verheißungsvoll an: Von Hause aus bin ich eine Heidin, eine Moabiterin, eine Frau aus einem der Nachbarvölker Israels; zu uns kamen Flüchtlinge aus Israel. Sie kamen wegen einer Hungersnot in ihrem Land. „Wirtschaftsflüchtlinge", würdet ihr sagen und hättet gleich versucht, sie wieder los zu werden. Nicht so wir Moabiter, obzwar wir Heiden waren, galt bei uns die Gastfreundschaft als heilig.
Ein Mann, seine Frau und zwei Söhne waren sie; und für einen der Söhne haben sie bei meinen Eltern um meine Hand angehalten. Das war meine erste Ehe. Aber mein Schwiegervater aus Israel starb und seine beiden Söhne starben auch, also auch mein Mann, und meine Schwiegermutter wollte zurückkehren in ihre frühere Heimat in der Hoffnung, dass entfernte Verwandte sich um sie kümmern würden. Denn eine Rente gab es damals nicht für Witwen; sie waren auf das Mitleid ihrer Verwandten angewiesen. Und Noomi – so hieß meine Schwiegermutter - auf mein Mitleid. Aber damit konnte sie rechnen. Und nicht nur das. Ich mochte die kluge und tapfere Frau. Und obwohl sie meinte, es sei besser für mich, wenn ich zu meinen moabitischen Verwandten zurückkehrte, blieb ich bei ihr: „Wo du hin gehst, will ich auch hingehen, dein Volk ist mein Volk, dein Gott ist mein Gott." Das sprach ich zu ihr. Und so kam ich ins Land Israel, genauer gesagt in das Dorf, aus dem meine Schwiegermutter Noomi stammte, ein kleiner Ort mit großem Namen: Bethlehem.
Aber am Anfang war es schwer in Bethlehem.
Doch glücklicherweise hatten sie im Alten Israel ein vorbildliches Recht.
Wer erntete, musste immer etwas übrig lassen: für die Armen und für die Vögel des Feldes. Damit konnte ich rechnen, als ich zum erstbesten Feld kam. Eine ganze Schar von Knech-

ten und Mägden erntete dort die Gerste ab. Also fragte ich den Vorarbeiter, ob er mir vielleicht erlaube, nachzulesen. Das tat er, und ich strengte mich gehörig an. Dann erschien der Bauer selber. Irgendwie fiel ich ihm auf. Er erkundigte sich bei seinen Leuten nach mir. Schließlich, als er alles über mich wusste, riet er mir, nur auf seinem Feld nachzulesen; er lobte mich, dass ich meine Schwiegermutter nicht im Stich gelassen hatte. Es sollte nicht umsonst sein, dass ich als Ausländerin beim Gott Israels Zuflucht gesucht habe, sagte er. Er lud mich auch ein, mit ihm zu vespern. Er gab seinen Knechten Anweisungen, mich gut zu behandeln, und auch mal absichtlich was liegen zu lassen.
Ich merkte, da hatte es gefunkt.
Als ich später am Abend meiner Schwiegermutter davon erzählte, und den Namen des Großbauern nannte, Boas, huschte ein Lächeln über ihr Gesicht. Sie freute sich: „Gott hat uns noch nicht im Stich gelassen." sagte sie. „Er hat dich auf das richtige Feld geführt. Dieser Boas ist nicht nur reich, sondern auch noch mit mir verwandt. Und zwar ist er mein ‚Löser'. Das heißt: Er hat einen Anspruch auf ein Stück Land, das mir aus der Sippe meines verstorbenen, hier früher ansässigen Mannes zusteht. Der Löser bekommt das Stück Land gewissermaßen als Erbpacht. Die Bedingung ist aber, dass er meiner ohne männlichen Nachkommen übrig gebliebenen Familie einen Sohn zeugt. Der erhält dann später als Nachkomme meiner Familie den Acker als Erbe. Der Löser erlöst gewissermaßen meine Familie vor dem Verlöschen. Meine Familie lebt in dem von ihm gezeugten Kind weiter. Einen Sohn zeugen, das setzt natürlich voraus, dass er eine Frau heiratet, die ihm Kinder schenken kann. Und es muss natürlich eine Frau aus meiner Familie sein. Da ich zu alt bin, trittst du als meine Schwiegertochter an meine Stelle. Zwar ist der Boas schon ein bisschen in den Jahren, aber noch unbeweibt. Auf jeden Fall eine gute Partie." Das hatte meine Schwiegermutter sofort erkannt. Und sie wusste auch: Ihre Altersversorgung hing davon ab, dass sie mich gut verheiratete. Wer mich bekam, musste sie mit versorgen.
Ich war jung, hübsch, tüchtig und nicht unerfahren mit Männern.

Schließlich war ich schon verheiratet gewesen. „Dass du ihn getroffen hast", meinte meine Schwiegermutter, „ist eine Fügung Gottes." Allerdings kannte sie wohl ihren Verwandten Boas gut und wusste: der konnte vielleicht als Bauer als tüchtig gelten, aber man konnte von ihm keine Initiative erwarten, was die Eroberung einer jungen Frau anging. Dem musste nachgeholfen werden.

Und damit bin ich in meiner Geschichte an einem Punkt angelangt, wo es musikalisch–kulinarisch wird – und aus der Sicht meine Zeit auch nicht ganz jugendfrei. Ihr Heutigen seid da ja etwas freizügiger als wir, und ich erlaube mir deshalb ungeniert weiterzuerzählen.

Ein großes Erntefest war angesagt. Alle würden daran teilnehmen. Es würde viel zu essen geben, es würde getanzt werden und musiziert und wohl auch einiges getrunken. Meine Schwiegermutter wusste davon. Und sie hatte einen Plan:

„Erstens," sagte sie „gründlich baden! Zweitens: Kriegsbemalung, volles Programm. Satt Parfum und Schminke! Drittens: Ein schickes Kleid. Aber! Pass auf: Nicht zu früh, dein Pulver verschießen. Während des Festes halt dich von ihm fern. Wenn du mit ihm feierst und rummachst, kriegt er am Ende vielleicht Hemmungen. Du musst ihn da haben, wo er sich von einer auf die andere Sekunde entscheiden muss, und wo er nicht seinem Verstand, sondern seinem Gefühl folgt." Und ich befolgte ihren Rat. Während des Festes kriegte mich Boas zwar zu sehen, aber ich ließ ihn nicht an mich ran. Er aß und trank, bis er genug hatte und sich irgendwo auf der Tenne mit seiner Decke auf einen Strohhaufen legte und fest einschlief. Und ich, ich kroch unter seine Decke und schmiegte mich an ihn an.

Als er dann aufwachte, kriegte er einen gehörigen Schrecken. Es war stockfinster, und er wusste nicht, wer neben ihm lag. Ich hatte ihn in eine verfängliche Situation gebracht. Wenn ich jetzt schrie und Lärm machte und die Leute mich bei ihm finden würden, hätte er ein Problem. Wäre ich ein unbescholtenes Mädchen, könnten meine Eltern ihn zwingen, mich zu heiraten. Er frage also vorsichtig, wer ich überhaupt sei. Als ich ihm sagte. "Ich bin die Ruth", musste sich alles entscheiden. Schließlich hatte ich keinen Vater, der sich hätte für meine Ehre einsetzen können, sondern er hätte mich mit Schimpf und Schande als fremde Hure von seinem Hof jagen können. Gott sei gedankt reagierte er anders. Es war, als ob ihm selber ein Stein vom Herzen gefallen wäre. Als wenn das, wovon er geträumt hätte, zur nächtlichen Stunde Wirklichkeit wurde. „Das hätte ich nicht gedacht", sprach er, „dass du mich willst. Du bist jung und schön und tüchtig. Du hättest jüngere Männer finden können. Alles, klar", sagte er. „Du wirst meine Frau. Aber jetzt ist es besser, du verschwindest, dass uns keiner zusammen sieht. Ich werde alles in die Wege leiten. Denn es gibt noch ein Problem. Ein anderer Mann ist noch näher mit deiner Schwiegermutter verwandt und muss zuerst gefragt werden, ob er nicht zum Löser werden will."

Und ich ging. Und es zeigte sich, dass Boas vielleicht schüchtern, aber kein Trottel war. Gleich am nächsten Tag bestellte er den Mann im Beisein von 10 Männern zum Stadttor, dem Gerichtssitz des Ortes, und erklärte ihm die Lage: „Du kannst den Acker haben. Du bist der Erste, der gefragt werden muss." Natürlich wollte der Mann. Zuerst! Aber als Boas ihm erklärte, er müsse auch noch die Ruth heiraten und die Schwiegermutter mit versorgen, da lehnte der Mann dankend ab; denn er hatte schon eine Frau und Kinder fürchtete wohl, dass der Ärger, den er sich da einhandeln würde, das Stück Land nicht wert war. Vor allen Zeugen zog er einen Schuh aus und gab ihn dem Boas. Das war damals das Zeichen dafür, dass er dem Boas das Stück Land freiwillig abtrat. Damit war für Boas der Weg frei, mich ordentlich zu ehelichen, was er auch gerne tat – schon wegen der Liebe.

Ob ich den Boas auch geliebt habe, oder nur meine weiblichen Waffen eingesetzt habe, um eine gute Partie zu machen? Die Bibel redet davon nicht. Damals waren die Gefühle der Frauen gegenüber ihren Männern auch kein Thema; es bleibt mein Geheimnis. Aber mit dem Boas habe ich einen Sohn gehabt. Der wurde nach seiner Geburt der Noomi auf den Schoß gelegt als Zeichen: Jetzt hast du wieder einen Mann in der Familie, der für dich zuständig ist. Jetzt hast du die Zukunft deiner Familie gesichert. Du hast nicht

umsonst gelebt! Und die Nachbarinnen aus Bethlehem kamen und sprachen – so berichtet die Bibel: „Da sagten die Frauen zu Noomi: ‚Der Herr sei gepriesen! Er hat dir heute in diesem Kind einen Löser geschenkt. Möge der Name des Kindes berühmt werden in Israel! Es wird dir neuen Lebensmut geben und wird im Alter für dich sorgen. Denn es ist ja der Sohn deiner Schwiegertochter, die in Liebe zu dir hält. Wahrhaftig, an ihr hast du mehr als an sieben Söhnen.'"
Gibt es ein schöneres Kompliment für eine Schwiegertochter, die mit nicht ganz zweifelsfreien Mitteln sich einen wohlhabenden Ehemann geangelt hat und so zu Würde und Ansehen gekommen ist und Mutter eines Sohnes wurde?
Mein Sohn wurde Obed genannt. Und er war der Vater von Isai, und Isai war der Vater von David, der später der bedeutende König Israels wurde - und - das ist für euch Christen wohl wichtig, aus dessen Geschlecht schließlich auch jener Jesus von Nazareth stammt, den ihr als den Christus, den Messias, und als den Erlöser der Welt verehrt.
Und deshalb hat das Wort der Frauen von Bethlehem über meinen Sohn prophetische Qualität, wenn es auch erst für Obed gilt, sind seine Nachfahren immer mit eingeschlossen: Gott hat in diesem Kind der Welt einen Erlöser geschenkt, der neuen Lebensmut gibt, und dessen Name in Israel, und darüber hinaus berühmt geworden ist.
Und so habe ich auch Anteil an seinem Ruhm. Denn mein Name ist auch im Neuen Testament aufgezeichnet. Im Stammbaum Jesu sind neben den männlichen Vorfahren Jesu auch einzelne Frauen aufgezählt, die allesamt - wie ich - in ihrem moralischen Verhalten etwas anrüchig sind.
In meinem Falle hat das mit einem Fest zu tun. Ohne dieses Fest wäre alles ganz anders gekommen. Oder anders gesagt: Gott hat die Situation des Festes benutzt, um durch mich seine Pläne auszuführen. Deshalb liebe ich die Feste, die ihr feiert. Seid fröhlich, genießt sie: aber habt Acht darauf, wer sich in der Nacht zu euch legt!

Amen.

3. Nabot gegen Ahab – antiker Rechtsfall neu verhandelt

1.Könige 21, 1-16

2.7. 2006 - 3. So n. Tr. - Kirche

Auch im Himmel gibt es so etwas wie ein Sommerloch. Ostern - Himmelfahrt - Pfingsten ist vorbei, Weihnachten ist noch weit. Jetzt beginnt die langweilige Trinitatiszeit: 1. Sonntag nach Trinitatis, 2. Sonntag nach Trinitatis, 3. Sonntag nach Trinitatis.... Und so weiter. Womit soll man sich die Zeit vertreiben?

Nun gibt es auch im Himmel so etwas wie ein Sommertheater. Dann werden die unerledigten Gerichtsfälle aufgerollt. Nicht, dass diese Fälle noch nie zur Verhandlung gekommen wären. Selbst Urteile liegen schon vor. Aber im Himmel gilt das Prinzip der ständigen Überprüfung. Viele Menschen glauben, der Himmel sei der Ort ewiger Werte und Urteile. Das ist nicht der Fall. Selbst der Allerhöchste wandelt sich in voller Souveränität. „Ich bin, der ich sein werde", sagte er ein für allemal von sich. Und nicht: „Ich bin der Immergleiche." Also gibt ER auch hin und wieder bestimmte Rechtsfälle zur erneuten Beurteilung frei. Dies dient zur Unterhaltung seines Hofstaates, aber auch zur Bildung seiner Beamten und zur Schulung seines Personals. Als engagierter Freund der Menschenwelt lässt ER die Geschicke da unten verfolgen. Man nutzt die übergeschichtliche Position des Himmels, um mit den Erkenntnissen der einen Zeit, sagen wir ca. 2000 nach der Menschwerdung des Sohnes, einen Fall, sagen wir aus der Zeit etwa 860 Jahre davor zu betrachten.

Heute soll - so entnimmt man einer Notiz am Portal des Gerichtssaales - der Fall aufgerollt werden: Nabot gegen Ahab. Die Parteien sind schon versammelt: Rechts steht Nabot, ein einfacher Weinbauer. Zwar spielt der frühere Status der Verstorbenen im Himmel keine Rolle. Aber für den Prozess sind die Beteiligten ihrem früheren Leben entsprechend hergerichtet.

Bei Nabot sind noch einige Narben von der Steinigung herrührend erkennbar. Auf der andern Seite steht Ahab, König

von Israel. Er trägt eine goldene Kette als Zeichen seiner Würde, und neben ihm, mit spitzer Nase, sitzt Isebel, seine phönizische Ehefrau. Sie wird als seine Anwältin auftreten, ist aber auch selbst in den Fall verwickelt.
Das Gericht hat nun auch Platz genommen. Es sind Himmlische, die in ihrem Erdendasein schon Juristen waren. Sie sind die einzigen, die im Himmel ein ihrem Erdendasein vergleichbares Amt bekleiden. ER hat zwar auch sie bei sich aufgenommen, hat ihnen aber auferlegt, unter seiner Aufsicht ihre irdischen Fehlurteile abzuarbeiten.
Ankläger ist der Prophet Elija, der schon zu seiner Zeit in dieser Funktion gegenüber Ahab auftrat.
Nachdem das Gericht die Verhandlung eröffnet hat, erhebt sich Elija und sagt: "Hohes Gericht, ich beschuldige Ahab des Justizmordes an Nabot. Der Sachstand ergibt sich aus einem Protokoll, das auch in der hebräischen Bibel niedergelegt ist. Mit Erlaubnis des Hohen Gerichts lese ich das Dokument vor."
Er liest also:

> 1 Nach diesen Geschichten begab es sich: Nabot, ein
> Jesreeliter, hatte einen Weinberg in Jesreel, bei dem Palast
> Ahabs, des Königs von Samaria. 2 Und Ahab redete mit
> Nabot und sprach: Gib mir deinen Weinberg; ich will
> mir einen Kohlgarten daraus machen, weil er so nahe an
> meinem Hause liegt. Ich will dir einen besseren Weinberg
> dafür geben, oder, wenn dir's gefällt, will ich dir Silber
> dafür geben, soviel er wert ist. 3 Aber Nabot sprach zu
> Ahab: Das lasse der HERR fern von mir sein, dass ich
> dir meiner Väter Erbe geben sollte! 4 Da kam Ahab
> heim voller Unmut und zornig um des Wortes willen,
> das Nabot, der Jesreeliter, zu ihm gesagt hatte: Ich will
> dir meiner Väter Erbe nicht geben. Und er legte sich auf
> sein Bett und wandte sein Antlitz ab und aß nicht. 5 Da
> kam seine Frau Isebel zu ihm hinein und redete mit ihm:
> Was ist's, dass dein Geist so voller Unmut ist und dass du
> nicht issest? 6 Er sprach zu ihr: Ich habe mit Nabot, dem
> Jesreeliter, geredet und gesagt: Gib mir deinen Weinberg

für Geld, oder, wenn es dir lieber ist, will ich dir einen
andern dafür geben. Er aber sprach: Ich will dir meinen
Weinberg nicht geben. 7 Da sprach seine Frau Isebel zu
ihm: Du bist doch König über Israel! Steh auf und iss und
sei guten Mutes! Ich werde dir den Weinberg Nabots, des
Jesreeliters, verschaffen. 8 Und sie schrieb Briefe unter
Ahabs Namen und versiegelte sie mit seinem Siegel und
sandte sie zu den Ältesten und Oberen, die mit Nabot in
seiner Stadt wohnten. 9 Und schrieb in den Briefen: Lasst
ein Fasten ausrufen und setzt Nabot obenan im Volk,
10 und stellt ihm zwei ruchlose Männer gegenüber, die
da zeugen und sprechen: Du hast Gott und den König
gelästert! Und führt ihn hinaus und steinigt ihn, dass er
stirbt. 11 Und die Ältesten und Oberen, die mit ihm in
seiner Stadt wohnten, taten, wie ihnen Isebel entboten
hatte, wie sie in den Briefen geschrieben hatte, die sie zu
ihnen sandte, 12 und sie ließen ein Fasten ausrufen und
ließen Nabot obenan im Volk sitzen. 13 Da kamen die
zwei ruchlosen Männer und stellten sich ihm gegenüber
und verklagten Nabot vor dem Volk und sprachen: Nabot
hat Gott und den König gelästert! Da führten sie ihn vor
die Stadt hinaus und steinigten ihn, dass er starb. 14 Und
sie sandten zu Isebel und ließen ihr sagen: Nabot ist
gesteinigt und tot. 15 Als aber Isebel hörte, dass Nabot
gesteinigt und tot war, sprach sie zu Ahab: Steh auf und
nimm in Besitz den Weinberg Nabots, des Jesreeliters,
der sich geweigert hat, ihn dir für Geld zu geben; denn
Nabot lebt nicht mehr, sondern ist tot. 16 Als Ahab hörte,
dass Nabot tot war, stand er auf, um hinabzugehen zum
Weinberge Nabots, des Jesreeliters, und ihn in Besitz zu
nehmen. **1.Könige 21,1-16**

Als Erster spricht der Prophet Elija als Ankläger:
„Hohes Gericht, bedarf es da überhaupt noch einer Verhandlung? Der Fall liegt doch klar, und ich hatte damals schon die Ehre, die Verurteilung des Allerhöchsten dem König zu überbringen. Ahab hat diesen Mord durch seine Begehrlichkeit veranlasst. Es ging um einen Gemüsegarten. Wenn ein

König wegen eines Gemüsegartens einen Menschen umbringen lässt, ist das schlimmer, als wenn ein Landstreicher einen Reisenden wegen einer Kupfermünze erschlägt. Zwar hat er nicht persönlich den Mord in die Wege geleitet, aber er hat ihn auch nicht verhindert. Ohne Reue hat er sich gleich nach dem Mord in den Besitz des geraubten Weinbergs gesetzt. Außerdem trägt die politische Verantwortung für den heimtückischen Justizmord an Nabot, dem Bürger Israels, er, Ahab, als König. Ich beantrage seine Verurteilung wegen Mordes aus niedrigen Beweggründen."
Das Gericht ruft die Verteidigung auf.
Auftritt Isebel.
„Hohes Gericht", sagt sie, „der Fall scheint einfach und klar. Er ist es aber nicht. Nach außen sieht es aus, als ginge es um einen Gemüsegarten. Aber es ging um mehr. Es ging um die Autorität des Staates Israel in einer schwierigen politischen und kulturellen Situation.
Lassen Sie mich das erläutern. Als um 870 vor der Zeitrechnung mein Mann von seinem Vater die Herrschaft in Israel übernahm, regierte er in einem Land, das ringsum von Feinden umgeben war. Da war das Königtum Juda unter der Herrschaft eines Davidien, die natürlich eine viel bessere religiöse Legitimation hatten, als mein Mann, Sohn eines Emporkömmlings. Da waren die wirtschaftlich starken Phönizier an der Küste, da waren die kanaanitischen Nachbarvölker, da lauerte das mächtige Syrien, und im Hintergrund am Euphrat sammelte sich schon eine neue Weltmacht: Assur, das unserem Staat hundert Jahre später das Lebenslicht ausblasen würde. Aber das wussten wir ja noch nicht. Wir sahen uns im Lande konfrontiert mit der vom Nomadentum herkommenden Kultur der Israeliten und den schon länger sesshaften Kanaanitern. Die Israeliten engstirnig, einem einzigen Gott verhaftet, kompromisslos, intolerant. Der da, Elija, der sich hier als Ankläger aufführt, hat an einem Tag 450 Priester meines Gottes Baals umbringen lassen.
Mein Mann, der hier angeklagt ist, war immer auf politischen Ausgleich und auf Toleranz aus. Das war auch der Grund, warum er mich geheiratet hat. Ich, Isebel, war der Garant für ein gutes Verhältnis zu meinen phönizischen Leuten und

mehr noch. Ich war der Garant für das wirtschaftliche Wohlergehen des Landes. Denn unter dem Frieden mit den Phöniziern und Kanaanitern gedieh auch das Land. Warenströme gingen von hüben nach drüben. Und auch das Volk der Israeliten profitierte davon. Warum wohl sonst sind so viele Israeliten zu unserem Gott Baal übergelaufen? Haben wir sie gezwungen? Nein. Der wirtschaftliche Erfolg hat überzeugt. Um das Land gegenüber seinen Nachbarn stark zu halten, und damit die ethnischen und kulturellen Gegensätze die Einheit des Staates nicht sprengten, brauchte er eine starke Zentralgewalt.
Aus diesem Grunde habe ich sofort eingegriffen, als ich merkte, dass mein Mann nicht Manns genug war, mit diesem Nabot fertig zu werden. Seine Autorität als König war durch diesen störrischen Weinbergbesitzer bedroht. Das konnte ich nicht zulassen. Es ging um das Wohl des Staates Israel - und das ist besonders in Israel damals wie heute allemal ein religiöser Grund.
Nabot hat das leider nicht begriffen. Es ist ja nicht so, dass wir ihm seinen Weinberg einfach weggenommen hätten. Mit Engelszungen (die Himmlischen verzeihen mir den Vergleich) hat mein Mann auf ihn eingeredet und ihn gebeten, den Weinberg gegen eine anderes gutes Stück Land einzutauschen. Geld hat er ihm angeboten. Gutes Geld. Mehrmals. Das steht auch in den Akten. Aber alles, was Nabot angeführt hat, waren Sentimentalitäten. „Mein Erbbesitz, sein Erbbesitz", hat er immer gefaselt. Wie kann man eine vernünftige Wirtschaft aufbauen, wenn der Verkauf von Land, durch irgendwelche Erbbesitzgeschichten unmöglich gemacht wird? Nabot verstieß nicht nur gegen die Zentralgewalt der königlichen Macht, sondern auch gegen ein Grundprinzip wirtschaftlichen Fortschrittes, nämlich der Austauschbarkeit von allem und jedem. Und deshalb musste er sterben. Ein neues Wirtschaften zum Wohle aller verlangt auch ein Umdenken. Die Oberen seines eigenen Volkes haben das verstanden und haben mitgespielt. Nabot hat's leider nicht begriffen. Er hätte sein Leben retten und noch ein gutes Geschäft machen können. Aber so musste er um der Zukunft des Staates geopfert werden. Er starb an seiner

Halsstarrigkeit."
Die Rede findet natürlich den Beifall aller, die früher in ihrem Leben in irgendeiner Weise politische Verantwortung getragen haben.
Nun muss Ahab, als der Beschuldigte vor die Schranken des Gerichts treten. Er sagt:" Hohes Gericht. Es sieht so aus, als habe meine plumpe Begehrlichkeit auf einen Gemüsegarten den Tod Nabots verschuldet. Sicher, am Anfang ging es nur um das Stück Land. Aber als sich dann Nabot widerspenstig zeigte, nahm ich es als eine Herausforderung. Es war wie ein Spiel. Ich wollte einfach wissen, ob ich es schaffen würde, diesen Weinberg zu kriegen. Seine Argumente haben mich insofern interessiert, als er sich dabei auf den Gott Israels berief. Das war für mich die eigentliche Herausforderung. Ich wollte mal sehen, ob der Gott Israels es verhindern würde, dass ich den Weinberg bekam. Ich wollte nichts selber tun. Einfach abwarten. Den Dingen ihren Lauf lassen. Für mich war das ein spannendes Spiel. Ein Zweikampf mit dem Gott Israels, bei dem ich nicht kämpfte, sondern zusah. Ich wollte herausfinden, ob dieser Gott imstande war, seinen Mann zu schützen. Und ob seine Leute ihn schützten. Es war eine Art Experiment.
Dass mein eigenes Leben auf dem Spiel stand, habe ich erst später gemerkt, als Elija mich aufsuchte. Und ich bin dann auch eines grausamen Todes gestorben. Genau wie meine Frau.
In der Sache Nabot wollte ich also selber nicht die Initiative ergreifen. Das habe ich meiner Frau überlassen. Ich wusste ja, wie ich es machen musste. Ich kannte ihren Ehrgeiz und mir war klar, ich brauchte mich nur als schwach und ohnmächtig darzustellen, sie würde sofort einen Plan fassen. Sie würde die unangenehme Aufgabe für mich übernehmen, mir den lästigen Nabot vom Halse zu schaffen. Also habe ich mich schmollend zurückgezogen und die Nahrungsaufnahme verweigert. Und sie hat die Fäden gesponnen zu dem Netz, in dem Nabot gefangen wurde.
Aber nicht sie allein.
Selbstverständlich hat man als König einen Geheimdienst. Durch meine Leute erfuhr ich, dass Elija bei Nabot aus- und

einging und ihm zuredete, auf seiner Weigerung, den Weinberg abzugeben, zu verharren. Davon steht natürlich nichts in dem Protokoll, das Elija hier als Grundlage der Verhandlung zitiert. Im Übrigen möchte ich bemerken, dass dieses Protokoll von Elija und seinen Schülern angefertigt wurde und eine Tendenz hat. Es will der Nachwelt weismachen, dass nicht Toleranz und Ausgleich mit anderen Völkern, sondern fanatisches Festhalten am alleinigen Glauben an den Gott Israels das Gebot der Stunde gewesen sei. Es ist also ein parteiisches Dokument und dient seiner Selbstrechtfertigung. Elija hat konsequenterweise die führenden Männer Israels nicht daran gehindert, Nabot mit falschen Zeugen hereinzulegen. Er brauchte einen Märtyrer, und er hat ihn bekommen.
Die Königin, die sich so klug vorkommt, hat nicht einmal gemerkt, dass auch sie benutzt wurde. Sie wurde von Elijas Dokument zur bösen, Ränke schmiedenden Heidin stilisiert. Aber nach Abschluss des Falles waren fast alle zufrieden: Die Königin hatte sich als Macherin profiliert, Elija hatte seinen Märtyrer und ich den Gemüsegarten. Nur Nabot musste dran glauben." So sprach der König Ahab.
Nun wird Nabot als Zeuge vernommen. Er gibt folgende Erklärung: „Es stimmt. Elija ist häufig bei mir gewesen und hat mich in meiner ablehnenden Haltung bestärkt. Am Anfang, als mir der König ein Angebot machte, habe ich gezögert. Ich hing an dem Stück Land. Es war in der Familie seit der Zeit meines Urgroßvaters, der es noch zur Zeit Davids erworben hatte. Aber auch ich bin ein versuchlicher Mensch, ich hätte vielleicht auch das Geld genommen. Ich dachte, was ist schon ein Stück Land? Wie viele werden mit Gewalt vertrieben? Wie viele geraten in Schuldknechtschaft und müssen ihr Land ihrem Gläubiger abgeben? Aber dann ist Elija gekommen und hat mit mir geredet. Zuerst hat er mich an meinen Großvater erinnert. Er kannte ihn noch. ‚Auf seinen Knien hast du gesessen, hier auf diesem Land. Hier er hat dir zum ersten Mal von Gott erzählt.' So sprach er zu mir. Er hat mich auch an das Gesetz Israels erinnert: Der Erbbesitz der Vorfahren darf nicht veräußert werden. Er hat mich an die Treue Gottes erinnert: ‚Deine Treue zum Gesetz

der Väter für die Treue Gottes zu dir. Gib das Land nicht auf. Der König hat kein Recht, es dir zu nehmen. Halte deinem Gott die Treue und seinem Gesetz.' In dunklen Worten hat er mir versprochen, dass von meinem Widerstand noch lange die Rede sein würde, selbst dann noch, wenn ich nicht mehr wäre. Und so habe ich mich geweigert, das Land zu verkaufen. Ich hatte meinen Stolz. Ich brauchte nicht, also wollte ich auch nicht. Je mehr der König mich bedrängte, desto fester wurde mein Wunsch, das Land zu behalten. Das Beharren auf meinem Recht wurde zu einem Teil von mir. Ich habe nicht gemerkt, in welche Falle ich getappt bin."

Nach dieser Aussage des Opfers des Justizmordes fühlt sich Elija dazu aufgefordert, eine Erklärung abzugeben.

„Hohes Gericht", sagt er, „es stimmt. Ich habe Nabot dazu gebracht, wie ein Held zu handeln und Widerstand zu leisten. Als ich merkte, was die Königin eingefädelt hatte, habe ich nichts unternommen. Nabot hat sich dadurch immerhin den ewigen Ruhm des gesetzestreuen Opfers erworben. Mir ging es um die Reinerhaltung des Glaubens an den einzigen und wahren Gott, an den Allerhöchsten. Das Volk Israel war damals das einzige Volk, das diesen Gott verehrte. Es war damals drauf und dran, diesen Glauben zu verwässern und zu vermischen. Wenn man sich damals mit den Heiden vermischt hätte, wenn man deren fremden Glauben toleriert hätte! Der wirtschaftliche Erfolg der Kanaaniter hätte innerhalb eines Jahrhunderts ihren Götzen zum Erfolg verholfen, und der Glaube an den einzigen Gott hätte sich verflüchtigt. Und damit wäre auch die geschichtliche Identität Israels verloren gegangen. Gewiss, ich brauchte einen Märtyrer. Ich brauchte den Mythos von der Ungerechtigkeit der mächtigen phönizischen Heidin gegenüber dem gottestreuen Frommen aus Israel. Für das Überleben eines Volkes kommt es nicht auf das an, was wirklich geschehen ist, sondern dass man erzählbare Mythen hat."

Gegen alle Regel der himmlischen Gerichtsordnung meldet sich noch einmal Nabot zu Wort.

Er spricht: „Ich bin zum Opfer geworden. Bin zwischen die Mahlsteine geschichtlicher Mächte geraten. Gewiss, ich bin zum Symbol geworden für alle, die Unrecht erleiden. Mein

Name ist in den Büchern der Bibel verzeichnet. Das ist gewiss eine große Ehre und vielleicht auch mehr Wert als ein langes Leben. Aber: Lieber wäre es mir gewesen, ich hätte meine Enkelkinder gesehen. Wann wird der Allerhöchste ein Reich errichten, wo die Macht der Mächtigen gebrochen und die Rechtlosen zu ihrem Recht kommen?"
Nun ist alles gesagt, was zu diesem Fall zu sagen war. Die Zeugen sind vernommen. Das Gericht zieht sich zur Beratung zurück.
Leider sind die himmlischen Zeitdimensionen andere als die auf Erden. Die zur juristischen Tätigkeit verdammten himmlischen Juristen rächen sich, indem sie genau wie früher auf Erden die Angelegenheiten in die Länge ziehen. Das kann schon mal tausend Jahre dauern. So lange können wir leider nicht warten, sondern hören jetzt ein Stück auf der Orgel.

Amen.

---

4. Filmexposé - Jüdische Sklavin rettet syrischen Militär

2.Könige 5,1-19

7.11.2004 - Drittletzter So. im Kirchenjahr - Kirche

Zu gerne würde ich mal einen Film drehen. Biblischer Stoff - hin und wieder ist er modern.
Totale: ein Mann, heldisch, mit scharfem Auge, syrischer General, nimmt Truppen-Parade ab, Respekt, vielleicht sogar Verehrung, wie bei einem alten General, für den seine Soldaten durchs Feuer gehen..., Alter Zieten, oder Rommel;
Art der Bewaffnung führt uns in die Zeit, als es noch Juda und Israel gab, 8. Jh. vor Christi.
Kleinmächte: Syrien und Israel, kaum anders als heute, irgendwo lauert schon der Schatten Assurs, der einmal beide verschlingen wird, aber so weit ist es noch nicht. Syrien und Israel. Sie sind Rivalen, man macht Raubzüge, fällt ins Land ein, nimmt Gold und Silber mit, Eisenpflüge, und natürlich auch Menschen, junge Frauen und Kinder, die man dann auf dem Sklavenmarkt verkauft.

In solcher Zeit lebt also unser General, und immer noch blickt er auf seine Mannschaft, hält vielleicht eine Rede, die alle mit einem Hurra beantworten: „Es lebe Naamann", so heißt der General.
Neue Kameraeinstellung: man merkt, da stimmt etwas nicht, seine Heerschauabnahme war eine Show, seine soldatische Haltung auch, es bedrückt ihn etwas, jetzt auf dem Heimweg ist er eher nachdenklich, vielleicht sieht er mit Sorgen auf eine Stelle seines Körpers, eine von seinem Mantel verdeckt, vielleicht zieht er ihn jetzt hoch, als keiner in der Nähe ist, jetzt geht die Kamera ganz nah heran, auf seinen Fuß, er ist schneeweiß von einer hässlichen Krankheit überzogen, schon wieder ein Stück mehr hat sich der hässliche Ausschlag weiter erobert...was soll aus mir noch werden? Ist meine Lebenskerze im Begriff zu verlöschen?
Szenenwechsel: Im Hause des Naaman sind zwei ungleiche Frauen, die eine die Herrin, die andere die Sklavin. Vielleicht erzählt gerade die Sklavin ihrer Herrin, wie sie von syrischen Horden gekidnappt wurde, mit Gewalt von ihrem Elternhaus, ihrer Heimat getrennt, vielleicht auf dem Sklavenmarkt verhökert, und nun hier gefangen ist. Sie ist noch jung, junge Menschen passen sich schnell an. Ihre Herrin ist an ihr interessiert und sie an ihrer Herrin, und erst in diesem partnerschaftlichen Zweisamkeit zwischen Herrin und Sklavin kann vielleicht auch ein Austausch stattfinden, vertraut die Herrin der Sklavin die große Sorge an, um ihren Mann, der aussätzig ist, und traut sich die Sklavin, ihr zu sagen, was sie weiß: „Da in Israel, wo ich herkomme, im Lande Samaria, von wo eure Leute mich geraubt haben, da ist ein Prophet, den muss dein Mann bitten."
Szenenwechsel: vor dem Thron des Königs von Syrien, Hofzeremoniell, Naamann und andere nähern sich dem König. Alle fallen vor dem König nieder, nur Naamann nicht, Er ist ein Mann des erhobenen Hauptes, ein verdienter General, der nachweislich durch seine Siege den Staat gerettet hat, er braucht sich nicht zu demütigen vor dem König, und doch ist die Demütigung, die ein erster Schritt zu seiner Heilung ihm auferlegt, viel erniedrigender als ein Kniefall: Er muss seinem König von einer Person erzählen, die sein Schick-

sal wenden kann, nicht von einem Mann, sondern von einer Frau, nicht von einer Landsmännin, sondern von einer Ausländerin, nicht von einer Freien, sondern von einer Sklavin, nicht von einer erwachsenen Person, sondern von einem halben Kind. „Ein Sklavenmädchen", so beginnt er in seiner Rede, „hat mir den Weg zur Rettung gezeigt, er führt ins Land des Feindes, zu einem fremden Gott."
Wie tief sinkt einer, um doch noch einer Hoffnung nachzugehen, wenn es ans Letzte geht, ans Leben.
Der König wird einen verdienten General nicht enttäuschen, fast überreichlich deckt er dessen Demütigung zu, übertrieben stattet er ihn aus, 300 kg Silber, 48kg Gold und dazu noch 10 prächtige Gewänder gibt er ihm mit - und ein Schreiben an den Kollegen-König in Israel.
Denn wer König ist, schreibt natürlich an seinesgleichen; denn ein König, der etwas auf sich hält, ist ja selber immer irgendwie mit seiner Gottheit mythologisch verwandt. Und ein Gott, der etwas auf sich hält, wird sich wohl keinem einfachen Menschen hingeben.
Szenenwechsel: Naaman steht vor dem König Israels, und ein Diener liest das Schreiben des Königs von Syrien vor: „Wenn dieses Schreiben zu dir gelangt, siehe, ich habe dir Naaman, meinen Diener, entsandt, damit du ihn von seinem Aussatz heilst."
Man sieht das Entsetzen auf dem Gesicht des Königs von Israel. Im Gegensatz zum Sklavenmädchen kommt ihm überhaupt nicht der Prophet in den Sinn, denn im Gegensatz zum Sklavenmädchen hat er sich längst von dem einzigen Gott, dem Gott Israels, abgewandt, und er kann in dem Schreiben seines Königskollegen nichts anders sehen als eine Provokation zum Kriege. „Bin ich ein Gott?" ruft er erregt: „Kann ich jemanden, der fast tot ist, lebendig machen? Warum schickt er mir diesen Mann, dass ich ihn vom Aussatz heile? Ich gebe die Antwort selber: Damit er einen Grund hat, um einen Krieg gegen mich anzuzetteln." Und als Zeichen seines Zorns und seiner Verzweiflung zerreißt er seine Kleider.
Szenenwechsel: Einige Tage später lässt sich beim König Israels ein Mann in abgerissener Kluft melden. Es gehe um eine wichtige Angelegenheit in Sachen Israel-Syrien. Er wird vor-

gelassen und berichtet, er sei ein Bote des Elischa, des Propheten, der am Jordan sitzt mit den Leuten, die immer noch den alten Gott Israels verehrten. Und er bietet seine Hilfe an. „Weshalb hast du deine Kleider zerrissen? Es war gar nicht notwendig. Schick Naaman zu mit. Du sollst sehen, es gibt noch Propheten des wahren Gottes in Israel."
Szenewechsel: Wir sehen Naaman mit seiner Karawane auf dem Weg zum Jordan. Es gibt tatsächlich diesen Propheten, von dem die Sklavin gesprochen hat. Naaman ist gespannt, wie er aussehen wird, welche Zaubersprüche er drauf hat, ob er Salben hat oder Wundermittel, oder Beschwörungstänze machen wird? Bald sagt ihm einer: „Hier ist es, das Haus von Elischa." Er bleibt jedenfalls erst mal auf seinem Ross sitzen und wartet, dass der Gottesmann herauskommt, und ihm seine Reverenz erzeigt.
Es kommt aber nicht der Gottesmann selbst. Er schickt einen seiner Leute. Der sagt: „Elischa teilt dir mit, du sollst im Jordan siebenmal baden, dann wirst du wieder frisch aussehen und gesund sein."
Naaman ist wütend über die Unverschämtheit dieses angeblichen Wunderheilers. „So kann man mit mir nicht umspringen. Ich hätte zumindest erwartet, dass er persönlich vor mir erscheint, herauskommt, den Namen seines Gottes anruft und mit seiner Hand den Aussatz mir wegnimmt. Warum soll ich in diesen kleinen Fluss im Lande Israel steigen, wo wir doch in Syrien größere und bessere Flüsse haben?" Schon will er sein Pferd wenden, da treten zum zweiten Male die einfachen Leute auf und enden alles zum Heil. Nach der Sklavin sind es nun seine Diener, die das Richtige sprechen. „Väterchen", sagen sie, „denk doch mal nach! Hätte der Prophet gesagt, du solltest dir einen Finger abschneiden oder all dein Geld den Armen geben, du hättest es getan. Was schadet es dir denn, wenn du das Einfache tust? Steig ab, geh zum Jordan, tauche dort unter!" Das ist lieb gemeint. Wenn diese Kreaturen wüssten, wie schwer das ist, von seinem hohen Ross herabzusteigen, auf das Wort eines unbedeutenden Gurus zu hören, der es nicht einmal für nötig hält, mit dem auswärtigen Ehrengast Kontakt aufzunehmen, zu einem Fluss zu gehen und sich siebenmal untertauchen

zu lassen, sich zum Gespött der Leute zu machen, klein zu werden, noch kleiner, unterzugehen und wieder heraufzukommen, runter, rauf, runter, rauf, siebenmal, es ist einfach, und doch schwer. Und wir sehen ihn, wie er sich bequemt und in der Mitte des Flusses tut, was der Prophet ihm gesagt hat - und da wäre natürlich im Film der Höhepunkt, die leuchtenden Augen, als er sieht, dass der Aussatz von ihm genommen ist, dass er aus den Fluten steigt so frisch und weich wie ein neugeborenes Kind.
Und theologisch kommt nun das, worauf es dem Erzähler der Bibel ankommt, was sich im Film vielleicht weniger optisch umsetzen lässt, wie Naaman wieder zurückkehrt zum Haus des Propheten, und diesmal lässt der sich sehen, und hört das, was er von seinen Landsleuten selten und von seinem König gar nicht hört. Aber ein Fremder, ein Heide, spricht es aus: „Jetzt erkenne ich, dass es keinen Gott auf der ganzen Erde gibt außer in Israel."
Und Naamann wendet sich hinter sich, um den Propheten mit Geschenken zu überhäufen, der Mann könnte es gut gebrauchen, das sieht man schon an seiner Kleidung, aber er weigert sich, mehrfach, entschieden, etwas anzunehmen: „So wahr Gott lebt, ich werde nichts nehmen." Und er nimmt auch nichts.
Und da hat Naamann eine Idee. "Wenn dieser Gott in dieses Land gehört, und ich diesen Gott als den einzigen Gott anerkenne, wie kann ich dann in Zukunft diesen Gott außerhalb seines Landes verehren? Wenn ich also nicht in dem Land bleiben kann, so kann ich doch wenigstens ein Stück Erde aus diesem Land mitnehmen." Also bittet er den Gottesmann um zwei Maultier-Ladungen Dreck aus dem Land Israel, er will seinem neuen Gott bei sich eine Heimat geben. Nicht auf fremden Boden will er ihm opfern und ihn verehren, sondern es soll der Gott Israels seine heimische Erde haben.
So kommt die kleine Sklavin zwar nicht ins Land Israel, wohl aber das Land Israel zu ihr, und mit ihm ihr Gott. Und die kleine Sklavin, Tochter Israel, das weiß der Erzähler genau und der zuhörende Jude auch, die kleine Sklavin ist - wie Israel -, in fremden Landen. Und es kommt ihr Gott zu ihr.
Naaman hat nun einen neuen Gott. Aber hat der neue Gott

auch ihn? Hat er ihn ganz?
Damals wie heute sitzt der Teufel bekanntlich im Detail der Alltäglichkeit. Was ist denn, wenn ich nun gemäß dem Staatsritual meinem Herrn, dem syrischen König, folgen muss, wenn er sich vor seinem Gott, an den ich selber ja gar nicht mehr glaube, niederwirft, und ich ihm, wie üblich, dabei assistiere und seinen Arm stützen muss? Bin ich spätestens dann nicht schon ein Verräter, ein Kompromissler, ein Abweichler vom Pfad meines einzigen und einen neuen Gottes? „Lass mir das nach, im Voraus!" bittet er den Propheten. Es spricht für Naaman, dass er von vorneherein zugibt, dass es für ihn eine Grenze gibt, dass er nicht alles geben kann, dass er, Naaman, der staatstragende General bleiben wird. Und der Prophet gesteht es ihm zu und sagt: „Geh hin zum Frieden."
Der Prophet ist barmherzig mit ihm, man mag es kaum glauben, er, der das Vermischen mit den Fremdreligionen geißelt, er, der Kompromisslosigkeit in Fragen der Religion verlangt, er sagt dem Mann, der dieses Bekenntnis gegeben hat: „Es ist nur ein Gott." „Gehe zum Frieden." Wo gibt es denn das, dass man im Voraus Sünden vergibt? Es gibt es offensichtlich hier einmal in der Bibel. Der Prophet, die Bibel, ist nicht immer so unbarmherzig, dass sie immer alles verlangt. Es gilt freilich für Naaman, einen Mann, der durch die Tiefen aller Demütigungen gegangen ist, der angesichts des Todes sich herabbeugte, von seinen Domestiken zu hören bekam, was sein Leben rettete, der ins feindliche Ausland zog, dort einen neuen Gott fand, der sich vor dem Propheten Gottes erniedrigte und letztlich vor dem Gott, den er auf dem Grund des Jordans fand und der ihm neues Leben schenkte, wie bei einer Taufe.
„Gehe zum Frieden!" sagt der Prophet, nicht ‚in Frieden'. ‚Im Frieden gehen' sagt man den Toten, heißt es in einem jüdischen Kommentar. ‚Zum Frieden gehen' heißt: Geh zu neuem Leben, bleibe Gott treu, so gut du kannst, dann wirst du Frieden haben, mit Gott, mit den Menschen und mit dir selbst.
Ich lese den Text. Gewissermaßen das Drehbuch zu meinem Film.

[1] Naaman, der Feldhauptmann des Königs von Aram, war
ein trefflicher Mann vor seinem Herrn und wertgehalten;
denn durch ihn gab der HERR den Aramäern Sieg. Und
er war ein gewaltiger Mann, jedoch aussätzig. [2] Aber die
Kriegsleute der Aramäer waren ausgezogen und hatten
ein junges Mädchen weggeführt aus dem Lande Israel; die
war im Dienst der Frau Naamans. [3] Die sprach zu ihrer
Herrin: Ach, dass mein Herr wäre bei dem Propheten in
Samaria! Der könnte ihn von seinem Aussatz befreien. [4]
Da ging Naaman hinein zu seinem Herrn und sagte es
ihm an und sprach: So und so hat das Mädchen aus dem
Lande Israel geredet. [5] Der König von Aram sprach: So zieh
hin, ich will dem König von Israel einen Brief schreiben.
Und er zog hin und nahm mit sich zehn Zentner Silber
und sechstausend Goldgulden und zehn Feierkleider [6]
und brachte den Brief dem König von Israel; der lautete:
Wenn dieser Brief zu dir kommt, siehe, so wisse, ich habe
meinen Knecht Naaman zu dir gesandt, damit du ihn von
seinem Aussatz befreist. [7] Und als der König von Israel
den Brief las, zerriss er seine Kleider und sprach: Bin ich
denn Gott, dass ich töten und lebendig machen könnte,
dass er zu mir schickt, ich solle den Mann von seinem
Aussatz befreien? Merkt und seht, wie er Streit mit mir
sucht! [8] Als Elisa, der Mann Gottes, hörte, dass der König
von Israel seine Kleider zerrissen hatte, sandte er zu
ihm und ließ ihm sagen: Warum hast du deine Kleider
zerrissen? Lass ihn zu mir kommen, damit er innewerde,
dass ein Prophet in Israel ist. [9] So kam Naaman mit Rossen
und Wagen und hielt vor der Tür am Hause Elisas. [10] Da
sandte Elisa einen Boten zu ihm und ließ ihm sagen:
Geh hin und wasche dich siebenmal im Jordan, so wird
dir dein Fleisch wieder heil und du wirst rein werden.
[11] Da wurde Naaman zornig und zog weg und sprach:
Ich meinte, er selbst sollte zu mir herauskommen und
hertreten und den Namen des HERRN, seines Gottes,
anrufen und seine Hand hin zum Heiligtum erheben

und mich so von dem Aussatz befreien. 12 Sind nicht die
Flüsse von Damaskus, Abana und Parpar, besser als alle
Wasser in Israel, so dass ich mich in ihnen waschen und
rein werden könnte? Und er wandte sich und zog weg
im Zorn. 13 Da machten sich seine Diener an ihn heran,
redeten mit ihm und sprachen: Lieber Vater, wenn dir der
Prophet etwas Großes geboten hätte, hättest du es nicht
getan? Wieviel mehr, wenn er zu dir sagt: Wasche dich,
so wirst du rein! 14 Da stieg er ab und tauchte unter im
Jordan siebenmal, wie der Mann Gottes geboten hatte.
Und sein Fleisch wurde wieder heil wie das Fleisch eines
jungen Knaben, und er wurde rein. Und er kehrte zurück
zu dem Mann Gottes mit allen seinen Leuten. Und als
er hinkam, trat er vor ihn und sprach: Siehe, nun weiß
ich, dass kein Gott ist in allen Landen, außer in Israel; so
nimm nun eine Segensgabe von deinem Knecht. 16 Elisa
aber sprach: So wahr der HERR lebt, vor dem ich stehe:
ich nehme es nicht. Und er nötigte ihn, dass er es nehme;
aber er wollte nicht. 17 Da sprach Naaman: Wenn nicht,
so könnte doch deinem Knecht gegeben werden von
dieser Erde eine Last, soviel zwei Maultiere tragen! Denn
dein Knecht will nicht mehr andern Göttern opfern und
Brandopfer darbringen, sondern allein dem HERRN. 18
Nur darin wolle der HERR deinem Knecht gnädig sein:
wenn mein König in den Tempel Rimmons geht, um dort
anzubeten, und er sich auf meinen Arm lehnt und ich
auch anbete im Tempel Rimmons, dann möge der HERR
deinem Knecht vergeben. 19 Er sprach zu ihm: Zieh hin
mit Frieden! (wörtlich: “zum Frieden”) **2. Könige 5,1-19**

Amen.

5. Jeremia – ein widerwillig Berufener

Jeremia 20,7-13

24.3.2019 – Sonntag Okuli - Kirche

Worte des Propheten Jeremias aus dem 20. Kapitel seines Buches nach der Übersetzung die Gute Nachricht-Bibel: So spricht der Prophet:

„7 Du hast mich verführt, HERR, und ich habe mich verführen lassen; du hast mich gepackt und mir Gewalt angetan. Nun spotten sie immerzu über mich, alle lachen mich aus. 8 Denn sooft ich in deinem Auftrag rede, muss ich Unrecht anprangern. »Verbrechen!«, muss ich rufen, »Unterdrückung!« Und das bringt mir nichts als Spott und Hohn ein, Tag für Tag. 9 Aber wenn ich mir sage: »Ich will nicht mehr an Gott denken und nicht mehr in seinem Auftrag reden«, dann brennt dein Wort in meinem Innern wie ein Feuer. Ich nehme meine ganze Kraft zusammen, um es zurückzuhalten – ich kann es nicht. 10 Viele höre ich tuscheln, sie nennen mich schon »Schrecken überall«. Die einen fordern: »Verklagt ihn!« Die anderen sagen: »Ja, wir wollen ihn anzeigen!« Sogar meine besten Freunde warten darauf, dass ich mir eine Blöße gebe. »Vielleicht bringen wir ihn dazu, dass er etwas Unvorsichtiges sagt«, flüstern sie, »dann können wir uns an ihm rächen!« 11 Doch du, HERR, stehst mir bei, du bist mein mächtiger Beschützer! Deshalb kommen meine Verfolger zu Fall, sie richten nichts aus. Ihre Pläne misslingen und sie müssen sich auslachen lassen. Diese Schande bleibt für immer an ihnen hängen. 12 HERR, du Herrscher der Welt, du kennst alle, die dir die Treue halten! Du prüfst sie auf Herz und Nieren. Lass mich sehen, wie du es meinen Feinden heimzahlst; denn dir habe ich meine Sache anvertraut. 13 Singt dem HERRN und lobt ihn! Denn er rettet den Armen aus der Gewalt seiner Feinde.“ **Jeremia 20,7-13**

Dazu meine Geschichte: Was für ein Text! Was für ein gewaltiger Text! Es ist 5 vor 12. Ich bin müde. Längst Schlafenszeit. Ich werde mir morgen darüber den Kopf zerbrechen. Schon habe ich den Computer heruntergefahren und das Licht der Schreibtischlampe gelöscht, da höre ich ein Klingeln . Das kommt von der Wohnungstür. Ich gehe hin und mache auf. Vor der Tür steht ein Mann. Ein schwergewichtiger Mann mit zottigem Bart und zerzaustem Haarschopf, so 50 oder 60. Er trägt eine Art orientalisches Gewand und stürmt an mir vorbei und wirft sich auf die Couch im Wohnzimmer. Ich gehe ihm nach und beginne etwas schüchtern: „Darf ich fragen...?" Er blickt mich scharf an: „Sie dürfen. Ich bin der sprichwörtliche Unglücksprophet, der Schwarzmaler und Erzpessimist, der große Jammerer und Verfasser der Jeremiade...falls Ihnen das noch was sagt." „Natürlich'" antworte ich, „der Prophet Jeremia..." Er erinnert mich an sein Abbild von Michelangelo in der Sixtinischen Kapelle im Vatikanmuseum in Rom. Es entsteht eine peinliche Pause. Dann versuche ich ein Gespräch mit ihm in Gang zu bringen: „Übrigens bin ich gerade dabei, eine Predigt zu schreiben über einen Ihrer Texte, wo Sie so schön schildern, wie Gott Sie beauftragte hat..." „Genau deshalb bin ich hier", sagt mein Gegenüber streng. „Ich will Ihnen ins Wort fallen, bevor Sie Ihren Leuten Schwachsinn erzählen. Ich kenn' euch doch, ihr Brüder. Ja, der Glaube ist ein bisschen unbequem, und die Welt ist ja auch ungerecht. Und ihr tut ja auch etwas, jedenfalls manche von euch wenigstens ein bisschen... . Aber ändert sich was? Mitnichten. Doch was kümmert's euch. Am Ende gibt es schon einen lieben Gott, der wird's schon richten." Ich bin empört über diese Unverfrorenheit. Muss ich mir so was bieten lassen? Nein, muss ich nicht. „Ich finde Sie ein bisschen unverschämt. Sie dringen hier nachts in meine Wohnung ein, rauben mir meine Nachtruhe, beschimpfen mich und wollen mir ein schlechtes Gewissen machen. Ich mache wirklich noch viel in der Gemeinde, obwohl ich im Ruhestand bin. Ich habe zwei Singkreise, ich schreibe die Briefe an die Partner in Afrika, und ich gebe Deutschunterricht für Flüchtlinge." Der Prophet ist völlig unbeeindruckt. „Ich will Ihnen mal was sagen: Sie sind das sanftle-

bende Fleisch von Kettwig." Ich schlucke. Ich kenne diesen Vorwurf. Es ist der Vorwurf des Revolutionärs und geistlichen Führers des Bauernkrieges, Thomas Müntzer, den er Martin Luther machte, als er diesen ‚das sanftlebende Fleisch von Wittenberg' nannte.
Ich kontere: „Sind Sie auch so ein Revolutionär wie Thomas Müntzer, der mit unsinnigen Prophezeiungen die Bauern in den aussichtslosen Kampf gegen die Fürstenheere führte? Sollen wir jetzt den Weltuntergang predigen, die Leute verunsichern? Ihnen Angst machen? Ihnen vielleicht den Glauben nehmen, dass sie bei Gott geborgen sind, was immer auch geschieht?"
Der Prophet blickt mich ernst an: „Manchmal ist das unausweichlich", sagt er. „Und bei euch ist das mehr als notwendig. Muss ich Sie an die ökologische Katastrophe erinnern, die unausweichlich auf euch zuläuft? Ja, Sie denken vielleicht, ich werde das wohl nicht mehr erleben, dass die Meere ansteigen und die Deiche nicht mehr reichen und Holland überschwemmt wird. Aber was ist mit Ihren süßen Enkelkindern: Kümmert Sie etwa deren Schicksal? Sie denken, die werden schon irgendeine Lösung finden - für den Schlamassel, in den Sie die hineingeritten haben..." „Ich wähle immerhin immer grün", wende ich schwach ein. „Aber Ihren Stinkediesel fahren Sie immer noch weiter..." trompetet er. „Nun ja," kontere ich beleidigt, „da sollten doch eigentlich die Autoindustrie und der Verkehrsminister..." Er lässt mich gar nicht ausreden. „Das ist typisch für Ihre Generation. Immer nur die anderen sind schuld. Sollen doch die Politiker... Haben Sie denn nicht gemerkt, dass die auch immer nur ihr Fähnchen nach dem Wind der großen Firmen hängen? Arbeitsplätze, Arbeitsplätze Arbeitsplätze, leiern sie euch vor, und schon knicken eure Politiker ein, weil sie wissen, dass die Leute vor nichts mehr Angst haben, als ihren Arbeitsplatz zu verlieren...und die Politiker selber davor, dass sie nicht mehr gewählt werden." „So funktioniert nun mal unsere Demokratie", sage ich, „kennen Sie ein besseres System?"
Er verzieht das Gesicht und schweigt. „Offensichtlich nicht!"
Ich fühle mich nun etwas sicherer. „Wissen Sie, ich muss ja zugeben, ich bewundere Sie für Ihren Mut, mit dem Sie da-

mals zu Ihrer Zeit aufgetreten sind und es gewagt haben, den Leuten zu sagen, was auf sie zukommt: ‚Jerusalem schlittert in eine politische Katastrophe hinein. Die Babylonier werden die Stadt erobern, die Mauern schleifen, den Tempel plündern und die Elite des Volkes deportieren.' Doch die Menschen konnten und wollten sich das nicht vorstellen. Keiner hat Ihnen geglaubt. Sie haben sich unbeliebt gemacht, sie wurden ausgelacht, verhöhnt, geschnitten. Nicht nur von den führenden Politikern und Priestern, sondern auch von Ihren Freunden. Keiner hat sie ernst genommen, keiner nahm Sie für voll. Aber Sie hatten trotzdem Recht. Ich bewundere Sie dafür, dass Sie das auf sich genommen haben." Der Prophet verzieht sein Gesicht. „Ich habe das nicht freiwillig auf mich genommen. Es ist mir aufgebürdet worden. Meinen Sie etwa, ich hätte mich freiwillig in diese Situation begeben? Keineswegs! Gott hat mich dazu gedrängt, mich dazu gezwungen. Verzeihen Sie mir das Beispiel: Er hat mich vergewaltigt, wie ein Patron sein Zimmermädchen. Glauben Sie mir, ich hätte gerne auch ein gutes Leben gehabt in Jerusalem, als göttlicher Berater mit Sozialprestige und Pensionsanspruch. Aber nichts da! Gott hat mich ergriffen und mir Worte in den Mund gelegt, mir eine Botschaft aufgetragen, die mir selber nicht geschmeckt hat und keinem, der sie gehört hat. Und die mir nicht gut bekommen ist."

Ich lasse mir ein wenig Zeit. Dann sage ich: „Aber wir sind heute in einer anderen Situation. Wir machen nur selten die Erfahrung, dass wir uns absolut sicher sind, dass Gott direkt aus uns redet. Wir haben die Bibel, wir haben die Zeugnisse der Propheten; aber es kostet Mühe, die Worte auf unsere Zeit zu übertragen. Wenn wir meinen, etwas Sicheres sagen zu können, gibt es immer andere, die widersprechen – und die sich auch sicher sind."

„Keine Ausflüchte", entgegnet Jeremia. „Auch zu meiner Zeit gab es den Propheten Hananja, der gegen mich gesprochen und genauso behauptet hat, von Gott dazu beauftragt zu sein." „Aber er war es nicht", sage ich, weil ich schon Bescheid weiß, „Gott hat ihn am Ende für seine Lügen bestraft." „So ist es", bestätigt Jeremia. „Aber das konnten die Leute von Jerusalem ja noch nicht wissen, als Aussage gegen Aussage stand. Und ihm haben sie geglaubt, und mir nicht."

„Aber Sie konnten das alles aushalten, weil Sie so einen festen Glauben hatten", kommt es von mir etwas pastoral. Er blickt düster drein: „Trotzdem habe ich meinen Feinden die Pest an den Hals gewünscht, das können Sie mir glauben. Und ich sage Ihnen ehrlich, es hat mir nicht um sie leid getan." Ich schlucke etwas, weil das nicht so recht zu meinem christlichen Menschenbild passt. „Aber was soll ich denn nun in meiner Predigt sagen?" frage ich ihn.

„Sagen Sie ihnen, es kommt auch heute vor, dass Gott von einem Menschen Besitz ergreift. Aber das ist nicht immer angenehm, und nicht immer macht man sich damit beliebt."

Ich schlucke und denke darüber nach. Wenn Gott von einem Menschen Besitz ergreift, kann das auch anders aussehen.

Im Philosophischen Radio ging es neulich um das Thema Religion und Vernunft. Zu Gast war aus Hannover die Philosophin und Theologin Petra Bahr. Auf die Frage, wie sie beschreiben würde, was Glauben heißt, sagte sie, es sei das lassen können, dass sie sich ergreifen lasse, anrühren lasse, manchmal auch überwältigen lasse, dass sie merke, dass sie sich selbst nicht in der Hand habe, dass sie sich selber nicht geschaffen habe. Sie beschreibt dies als eine Bescheidenheitserfahrung, die aber nicht demütigend wirkt. Und sie persönlich mache diese Erfahrung von Ergriffenheit vor allem in der Musik.

Ich bin noch ganz in Gedanken, da merke ich, dass ich aufgewacht bin. Der Prophet ist nicht mehr da. Ich bin allein mit dem aufgeschlagenen Text aus dem Buch Jeremia.

Ob ich mir wünschen soll, so ergriffen zu werden von einer Erfahrung mit Gott, wie Jeremia? Angenehmer wären natürlich spirituelle Erfahrungen, wie Frau Bahr sie macht.

Aber letztlich, wenn es wirklich Erfahrungen von Gott sind, kann man es sich nicht aussuchen. Aber man darf immer darauf vertrauen, dass Gott uns hindurch trägt.

Amen.

6. Seelsorge am Weihnachtsengel

Matthäus 1, 18-20.24; 2,1-2.7-14.16.19-21

24.12.2002 - Heiligabend - 23 Uhr Kirche

Ich sitze an meinem Schreibtisch, um ein paar Gedanken für die Weihnachtspredigt zu fixieren. Es klingelt an meiner Tür. Ärgerlich, weil ich mich aus der weihnachtlichen Gedankenwelt herausgerissen fühle, öffne ich und finde draußen einen jungen Mann. Ein wenig schüchtern wirkt er, und traurig. „Ich weiß", sagt er, „Sie sind stark beschäftigt. Aber wenn Sie ein paar Minuten Zeit für mich haben. Es soll nicht lange dauern."

Es kommt gelegentlich vor, dass Reisende ohne feste Adresse vor der Tür stehen und so tun, als wollten sie meine seelsorgerlichen Dienste in Anspruch nehmen. Aber meistens endet ihre Geschichte mit der Frage, ob ich aus einer momentanen Verlegenheit mit ein paar Euro aushelfen kann. Man hat da so seine Erfahrungen. Ob das auch bei diesem jungen Mann das Ende vom Lied sein wird? Ich führe ihn in mein Arbeitszimmer und wir nehmen Platz.

„Ich bin zu Ihnen gekommen", beginnt der junge Mann, „weil ich bei Ihnen als Pfarrer davon ausgehen kann, dass Sie meine Geschichte kennen. Um es gleich zu sagen, ich habe nur vorübergehend menschliche Gestalt angenommen: Ich bin nämlich ein Bote Gottes, ein Engel. Ich bin derjenige, der in einer der biblischen Weihnachtsgeschichten vorkommt, nicht in der von Lukas mit den Hirten auf den Feldern, nein, in der anderen von Matthäus, die mit den Sterndeutern aus dem Osten. Ich weiß natürlich auch, dass beide Geschichten Legenden sind und keine historischen Berichte. Aber in der Welt Gottes haben sie ihr Leben, weil sie immer noch erzählt werden und euch Menschen beeinflussen, und deshalb habe auch ich eine Existenz, wenn auch nur eine fiktive, aber ich bin da.

Ich weiß, was Sie jetzt sagen wollen. Sie haben in ihren theologischen Seminaren gelernt, dass Engel Boten Gottes sind, die eigentlich außerhalb ihrer Botschaft keine Daseinsberechtigung haben und gewissermaßen Gottes Stelle vertreten, wie ein Botschafter seinen Staat repräsentiert und nichts

sonst. Aber auch ein Botschafter hat eine private Existenz, und was er privat denkt, kann sich von dem unterscheiden, was er öffentlich sagen muss. Ein Engel ist Gottes Botschafter, aber nicht Gott selbst – es gibt da einen Unterschied, und es gibt leider wohl auch gefallene Engel, von denen ich mich jedoch distanzieren möchte - noch.
Ich bin übrigens der Engel, der gewürdigt wurde, Josef und den Weisen im Traum die nötigen Ratschläge zu geben, die es brauchte, um das Kind Jesus vor dem König Herodes zu retten. Wenn Sie auch vielleicht meine Geschichte noch kennen, möchte ich sie Ihnen doch noch einmal in Erinnerung rufen. Ich habe da eine schöne Übersetzung des Schriftstellers Walter Jens gefunden, und ich will Ihnen in Auszügen die Stellen daraus vorlesen, in denen von mir berichtet wird:

> Noch bevor seine Mutter Maria und Joseph, dem sie verlobt war, zusammenkamen, zeigte es sich, dass Maria schwanger war vom Heiligen Geist. Joseph, ein rechtschaffener Mann, der Maria nicht öffentlich anprangern wollte, beschloss, sich in aller Stille von ihr zu trennen. Als er noch darüber nachsann, erschien ihm im Traum ein Engel des Herrn. „Joseph, du Sohn Davids", sagte der Engel, „scheue dich nicht, Maria als deine Frau zu dir zu nehmen, denn ihr Kind ist ein Kind des Heiligen Geistes. Sie wird dir einen Sohn gebären, dem du den Namen ‚Jesus' geben sollst. (das heißt ‚Gott wird helfen'), denn er wird sein Volk von den Sünden erlösen." ....
> Als Joseph aus dem Schlaf erwachte, folgte er dem Gebot des Engels und nahm Maria in sein Haus. ...
> Jesus wurde zur Zeit des Königs Herodes zu Bethlehem, im Lande Judäa geboren.
> Eines Tages kamen Sterndeuter aus dem Osten in die Stadt Jerusalem und fragten nach dem neugeborenen König der Juden:
> „Wir haben gesehen, wie sein Stern aufging, im Osten, und sind gekommen, um vor ihm niederzuknien und ihn anzubeten."
> Als der König Herodes das hörte, erschrak er – und

mit ihm ganz Jerusalem -, ließ alle Großen Priester und Schriftausleger zusammenkommen und fragte sie: „Wo soll der Messias geboren werden?“ „In Bethlehem, im Land Judäa...“

...Darauf rief Herodes die Sterndeuter heimlich zu sich, ließ sie genau bestimmen, wann das Gestirn erschienen war, und schickte sie nach Bethlehem: „Geht, stellt sorgfältige Nachforschungen an, und wenn ihr das Kind gefunden habt, gebt mir Bescheid, damit auch ich es anbeten kann.“

Nach diesen Worten des Königs machten sich die Sterndeuter auf den Weg, und das Gestirn, das sie im Osten hatten aufgehen sehen, zog vor ihnen her, bis es sein Ziel erreicht hatte und stehen blieb, hoch über dem Ort, wo das Kind war.

Als die Männer den Stern sahen, überkam sie große Freude; sie gingen ins Haus, erblickten das Kind mit Maria, seiner Mutter, fielen nieder und beteten es an. Dann öffneten sie die Kästen, in denen sie die Schätze aufbewahrt hatten, und brachten ihm ihre Geschenke: Gold, Weihrauch und Myrrhe.

Danach zogen sie auf einen anderen Weg heim in ihr Land; denn sie hatten im Traum die Weisung erhalten, nicht zu Herodes zurückzukehren.

Als die Sterndeuter fortgezogen waren, erschien Joseph im Traum ein Engel des Herrn und sagte zu ihm:

„Steh auf, nimm das Kind und seine Mutter und flieh nach Ägypten. Dort bleibe so lange, bis ich dir sage, daß du heimkehren darfst. Denn Herodes wird dein Kind suchen, um es zu töten.“

Da stand Joseph auf und floh noch in der Nacht mit dem Kind und der Mutter nach Ägypten. Dort blieb er bis zum Tod des Herodes...

Als Herodes merkte, daß die Sterndeuter ihn hintergangen hatten, wurde er zornig und ließ in Bethlehem und der ganzen Umgebung alle Knaben bis zum Alter von zwei Jahren ermorden...

Als Herodes gestorben war, erschien Joseph, in Ägypten, ein Engel im Traum und sagte zu ihm: "Steh auf und zieh mit dem Kind und seiner Mutter in das Land Israel. Denn die Feinde, die das Kind töten wollten, leben nicht mehr."
Bach: Bourree (Gitarre)

„Sie werden schon gemerkt haben", fährt der Engel wieder fort, „dass ich immer im Traum auftrete und die Guten warne, um das Schlimmste zu verhindern. Das ist meine Welt, die Welt des Traumes. Meine Aufgabe war, die Menschen zu warnen. Im Traum in der Nacht begegneten sie der Botschaft Gottes, die ihnen am Tag ihr Leben rettete. Vielleicht ist das auch für Ihre Weihnachtspredigt bedenkenswert: Ihre Zuhörerinnen und Zuhörer suchen in Ihrer Kirche einem Traum zu begegnen, einem Traum von Geborgenheit und Liebe gegen die Erfahrung von Egoismus und Gewalt. Ein Traum vom Licht in der Finsternis und vom Frieden in einer Welt voll Ungerechtigkeit und Hass. Traumzeit ist Nachtzeit und gerade in der heiligen Nacht sind Menschen empfänglich für Träume. Sie erwarten sich davon Rettendes, wenn es wieder zum Alltag dämmert.
Aber damals wurden nicht alle gerettet. Es ging in der Geschichte nur um das eine Kind, das gerettet werden musste, das eine Kind, das besondere Gotteskind, das erst noch seine Mission zu erfüllen hatte, bevor es am Ende dann doch gewaltsam starb.
Und was ist mit den anderen Kindern, die von Herodes umgebracht wurden?
Die Traum-Geschichte von der Rettung des Kindes und seiner Eltern vor den Anschlägen eines brutalen Herrschers hat hier für mich einen Sprung. Und dieser Sprung macht mich traurig im Blick auf das, was nach Weihnachten kommt. Vielleicht wird es wieder einen Krieg geben, und wieder wird es zahllose zivile Opfer geben, darunter auch viele Kinder. Kinder zu opfern für ein Ziel, und sei es auch noch so hehr, ist das Schlimmste, was man sich vorstellen kann. Und doch geschieht es überall da, wo heute Krieg geführt wird.
Es gibt ein furchtbares Wort in eurer Sprache. Ich habe das in euren Zeitungen gelesen, als über den Krieg in Afghanistan berichtet wurde. Wenn darin von den zivilen Opfern

des Bombardements gesprochen wurde, redete man von Kollateralschäden. Auch für Herodes waren die Kinder von Bethlehem nichts als Kollateralschäden. Und immer wieder gibt es solche Kollateralschäden. Das Böse nimmt einfach kein Ende.

Es bedrückt mich," sagt der Engel, „dass die Macht des Bösen so mächtig ist, dass sie selbst das Gute in Zweifel zieht. Die Sterndeuter, in guter Absicht, das neugeborene Kind anzubeten, haben durch ihre Fragen am Hof des Königs Herodes dessen Grundangst ausgelöst, die Angst vor dem Verlust seiner Macht, und haben damit den Stein ins Rollen gebracht, der die Kinder von Bethlehem schließlich zermalmte. Ein biblischer Kollateralschaden?"

Er blickt mir ins Gesicht.

„Aber wenn ich Sie sehe und an Ihre Zeitgenossen denken, die sich allweihnachtlich in den Kirchen versammeln, dann muss ich wohl um ihretwillen weiter ein Engel Gottes sein und meinem Auftrag treu bleiben. Ich muss retten, ich muss dem Bösen entgegentreten. Es ist ja schließlich auch die Aufgabe des Kindes, das Weihnachten geboren wurde, zu retten.

Und alle, die sich Gott zugehörig fühlen, haben diese Aufgabe, auch ihr!" Und nun scheint der Blick meines Besuchers sich aus der Enge meines Zimmers in die Weite zu erheben.

„Die Sterndeuter," sagt er, "die aus den Osten kamen und als Heiden die Geburt Jesu bezeugten, sie haben ja schon vorweggenommen, was erst viel später in der Mission gelungen ist, dass die Völker der Welt auf den Namen dieses Kindes getauft und so sein Name bekannt und gepriesen wird. Und selbst ihr, die ihr an fernem Ort und in ferner Zeit das Fest seiner Geburt begeht: Denket an die Opfer von Gewalt und Krieg, habet Mitleid, wehret den Mächtigen, wenn sie euch einreden wollen, dass Kollateralschäden an Menschen die unvermeidlichen Opfer von Freiheit und Wohlstand seien!

Gewiss, das Böse hat schon von Anfang an den kleinen Sohn Gottes bedroht. Es war damals stark und ist es auch heute noch. Aber, Gott lässt es nicht obsiegen. Wie verheerend es auch ist, wie wenig es sich auch um die Menschen und

ihre Menschenrechte kümmert, Gott vermag auch zu retten. Mögen brutale Herrscher in ihrer Grausamkeit die letzten Schwellen der Humanität überrennen, so wie der Herodes, der die Kinder abschlachten ließ. Trotzdem: Gott hat seinen Plan, die Menschen zu retten, nicht aufgegeben. Und wenn er auch Umwege geht, er findet seinen Weg zu euch.
Wenn ich an meinen Auftrag denke damals, mir wird ganz warm ums Herz: als ich in jener Stunde dem Josef anvertraute, dass seine Verlobte Maria aus Gottes Willen schwanger sei und einem Kind das Leben schenken würde, dessen Name ein Programm war: Rettung für die Menschen. Gott, der Gott Israels, rettet. Als ich im Auftrag Gottes die Sterndeuter weglenkte und Josef und dem Kind mit Maria, der Mutter, listig zur Flucht verhalf, da geschah es ja: das Gute der Träume drang hinein in die Welt der Realität.
Ich bin ihnen im Traum erschienen, den Weisen und Josef, und sie sind den Weg gegangen, auf den ich sie gewiesen habe. Es war kein leichter Weg. Er führte Josef und seine Familie für einige Jahre ins Exil in die Fremde. Und das Kind, aus dem ein Mann wurde, hat auch keinen leichten Weg gehabt. Jesus, der Retter, hat den Frieden gepredigt und die Liebe, und hat sie auch vorgelebt. Aber am Ende ereilte ihn doch noch der Zorn der Mächtigen und er starb eines gewaltsamen Todes. Und all das ist keine Legende mehr, sondern Realität."
Er hält inne und gönnt sich einen Moment des Schweigens. Dann fällt sein Blick auf meinen Schreibtisch und er entdeckt zwei Schnipsel, die ich mir aus weihnachtlichen Büchern und Schriften herauskopiert habe.
Das eine zeigt die Heilige Familie in der Wüste, wie sie unterwegs ist nach Ägypten. Sie wird beäugt von einem Raben, aus dessen übergroßen Perspektive sie klein und verloren wirkt. Daneben sieht er die Figur eines Engels aus einem Bild von Chagall. Schnell nimmt er den Engel und legt ihn zwischen den Raben und die Familie, und sagt noch: „Hier meine Weihnachtsbotschaft: Wie ein Rabe belauert das Böse den Retter. Aber ich habe den Engel dazwischengeschoben, weil es in allem Bösen auch Bewahrung gibt. Gott denkt sich immer wieder etwas aus, wie er rettet. Und die

Seinen lassen sich von ihm sagen, welchen Weg sie gehen." Der Engel beendet nun seine Rede. Ich habe die ganze Zeit nichts gesagt. Mein Besucher steht auf und reicht mir die Hand. Er verabschiedet sich: „Es hat mir gut getan, dass Sie mir zugehört haben. Ich wünsche Ihnen ein gesegnetes Weihnachtsfest." Dann geht er.
Als die Haustür zuknallt, wache ich auf. Ich habe geträumt. Irgendjemand hat das Haus verlassen. Vielleicht ist meine Frau mit dem Hund ausgegangen. Mein Alltag hat mich wieder.
Ich muss an meinem Schreibtisch eingeschlafen sein. Es strengt mich immer an, einen Gedanken für meine Predigt zu fassen. Aber ich habe schon eine Idee. Schließlich ist auch mir ein Engel im Traum erschienen. Ich werde seine Botschaft weitergeben.

Amen.

---

7. War Petrus ein Held? – Stellungnahme seiner Frau

Matthäus 14, 22-33

16.6.2001 – Kirche – Abitur-Gottesdienst

22 Und alsbald trieb Jesus seine Jünger, in das Boot zu
steigen und vor ihm hinüberzufahren, bis er das Volk
gehen ließe. 23 Und als er das Volk hatte gehen lassen, stieg
er allein auf einen Berg, um zu beten. Und am Abend war
er dort allein. 24 Und das Boot war schon weit vom Land
entfernt und kam in Not durch die Wellen; denn der Wind
stand ihm entgegen. 25 Aber in der vierten Nachtwache
kam Jesus zu ihnen und ging auf dem See. 26 Und als ihn
die Jünger sahen auf dem See gehen, erschraken sie und
riefen: Es ist ein Gespenst! und schrien vor Furcht. 27 Aber
sogleich redete Jesus mit ihnen und sprach: Seid getrost,
ich bin's; fürchtet euch nicht! 28 Petrus aber antwortete
ihm und sprach: Herr, bist du es, so befiehl mir, zu dir zu
kommen auf dem Wasser. 29 Und er sprach: Komm her!

Und Petrus stieg aus dem Boot und ging auf dem Wasser
und kam auf Jesus zu. 30 Als er aber den starken Wind
sah, erschrak er und begann zu sinken und schrie: Herr,
hilf mir! 31 Jesus aber streckte sogleich die Hand aus und
ergriff ihn und sprach zu ihm: Du Kleingläubiger, warum
hast du gezweifelt? 32 Und sie traten in das Boot, und der
Wind legte sich. 33 Die aber im Boot waren, fielen vor ihm
nieder und sprachen: Du bist wahrhaftig Gottes Sohn!

In alten Akten finde ich das folgende Zeugnis einer Frau: Mein Name ist Concordia, manche nennen mich auch Perpetua, aber - falls jemals eine Nachwelt diese Zeilen liest - ich werde wohl kaum bekannt sein. In den Listen der Großen meiner Zeit wird man mich vergeblich suchen, jedoch im Buch der Bücher findet man einen Nachweis über meine Mutter, die einmal vom Herrn geheilt wurde. Über mich wird nur indirekt berichtete, dass mein Mann sich das Recht herausgenommen hat, mich auf seinen berufsbedingten Reisen mit sich zu führen - wohl auf Kosten der Gemeinden.

Mein Mann ist bekannter. Er hat, könnte man sagen, Karriere gemacht. Vom einfachen Fischer hat er es gebracht bis zum Vorsteher der Gemeinde Jesu Christi im Heiligen Jerusalem. Später ist er auch der erste Bischof in der Hauptstadt des Imperiums gewesen. Und wer weiß. Vielleicht werden seine Nachfolger sich an seinem Vorbild orientieren, an seiner Glaubenstreue, an seiner Standfestigkeit und an seinem Mut. Schon jetzt, wo er doch erst einige Jahre tot ist, ist er zu einer Legende geworden.

So sind zu mir einige Männer der Gemeinde gekommen. Sie haben mir gesagt, sie seien auf der Suche nach christlichen Helden. Schließlich hätten doch die Heiden ihre Helden, wie Odysseus und Ajax, Achill und Hektor, (von Antigone, Iphigenie und Kassandra war natürlich nicht die Rede), jedenfalls müsse man doch als christliche Gemeinde etwas dagegen setzen, sozusagen christliche Helden, so dächten sie. Und ob ich nicht meinte, dass mein Mann so einer sei. Er, der oft mutig für das Evangelium eingetreten sei, der es doch riskiert hätte, bei der Verhaftung des Herrn bewaffneten Widerstand zu leisten, indem er einem Polizisten das Ohr

abgeschlagen habe, der zwar auch schmählich den Herrn verleugnet, obwohl er versprochen habe, mit ihm durch dick und dünn zu gehen, aber ein bisschen Großsprecherei gehöre schließlich auch zum Heldentum. Es sei ja auch immerhin zu berücksichtigen, dass er es als einziger überhaupt wagte, sich dem Herrn, als dieser verhaftet war, zu nähern. Und später sei er, mein Mann, ja auch als erster männlicher Zeuge der Auferstehung gewürdigt worden. Und in der Folgezeit bei der Entstehung der jungen Kirche habe er sich durch seine mutvollen Predigten als Gemeindeführer einen Namen gemacht, und - wie um seinem Christenleben die Krone aufzusetzen - schließlich starb er den Tod als Blutzeuge des Glaubens. „Wer, wenn nicht er, ist der Prototyp des christlichen Helden! " so sprachen sie zu mir und fragten mich, seine Witwe, nach meiner Meinung. Und um ihnen gerecht zu werden, und nicht nur ihnen, auch denen, die nach uns kommen, schreibe ich so:
Ich seine Frau, kenne ihn, so wie er war.
Simon hieß er zuerst. Er war Fischer am See Genezareth, bis er eines Tages auf Jesus traf, und der ihn an sich band: zum „Menschenfischer" machte, wie er sich ausdrückte. Später wurde er dann Kephas geheißen, d.h. „Fels" und auf griechisch „Petros" und schließlich auf lateinisch „Petrus". So ist er bekannt geworden. Um nun die Frage zu beantworten, ob er ein Held war oder nicht, möchte ich nicht seinen Lebensweg nachzeichnen. Jeder kann sich dazu über die Geschichten vom Leben Jesu informieren, die immer wieder in den Gemeinden kursieren. Ich will lieber an eine einzelne Geschichte erinnern, die ihm auf den Leib geschrieben ist, und sein Leben in vielen Nuancierungen zusammenfasst. Und darüber hinaus ist sie eine Geschichte, die alle Menschen ansprechen kann, die in einer Umbruchsituation des Lebens sind, die aus einem vertrauten Umfeld herausgeworfen werden oder von selber herausgehen, die einen beschützenden Schutzraum verlassen, um sich dem wilden Spiel freier Kräfte auszusetzen.

Mein Mann war damals mit seinen Gefährten, die alle zu Jesus gehörten und mit ihm durch die Lande zogen, auf einem Boot. Der Meister war nicht da. Es war ein heftiger Wind, und plötzlich hatten sie eine Erscheinung. Sie glaubten erst, einen Geist oder ein Gespenst zu sehen; auf jeden Fall überkam sie große Angst. Und man kann mir das glauben. Ich, die ich schon viel erlebt habe, kenne dieses Gefühl, wenn man zusammen ist, mit vertrauten Menschen. Und plötzlich merkt man, dass diese Gemeinschaft bedroht ist.

Es gibt viele, die zweifeln an dieser Geschichte. Und sie fragen sich, ob sich das wirklich alles so zugetragen hat, aber man kann mir das abnehmen, diese Situation ist real: man sitzt im sicheren Boot, es ist starker Wind, die Wellen werfen das Schiff hin und her, das erleben auch Menschen, die nie einen Fuß auf die Planke eines Schiffe gesetzt haben, das ist die Situation von Leben überhaupt; denn jedes Leben ist immer Herausforderung: du lebst in einem umgrenzten Raum, in dem du dich auskennst, deine Sippe, das Lehrhaus, die Synagoge, es gibt vertraute Gefährten, Kollegen, Freundinnen und Freunde; aber da ist auch noch das Bedrohliche draußen, von wo Unruhe und Gefahr drohen, auch wenn du sicher bist, es ist immer da und greift nach dir. Und wenn dann da draußen etwas erscheint, was du nicht einordnen kannst, kommt die Angst. Alles, was du bisher kanntest und dachtest, was du gelernt hast, hat jetzt nur noch begrenzten Wert. Dir entstehen Herausforderungen, von denen du nicht weißt, ob du ihnen gewachsen bist. Dann ist es gut, wenn du weißt, dass auch das Draußen kein Raum ist, wo dein Gott nicht ist. Oder, um es positiv zu sagen: Wohin du auch gehst, wohin auch das Schicksal dich wirft, wohin eigenes Entscheiden dich führt: Dein Gott ist schon da. Und spricht: „Seid getrost, ich bin's, fürchtet euch nicht!"

Ich lebe in einer Zeit, in der vieles im Umbruch ist. Der Imperialismus Roms greift nach den letzten Winkeln der Provinzen. Jeder versucht aus jedem und allem so viele Sesterzen wie möglichst herauszupressen. Überall entstehen Städte, in denen die Menschen mit fremden Ideen, fremder Kultur und mit fremden Religionen in Berührung kommen. Viele junge Leute verlassen die Pfade der Religion ihrer Eltern und suchen sich eigene Götter. Auch mein Glaube an Jesus Christus, den auferstandenen Herrn, ist solch ein neuer Glaube. Es ist auch der Glaube meines Mannes und seiner

Gefährten. Und das ist mir wichtig, dass die Gefährten und Gefährtinnen hinter mir stehen. Wenn du dich aus deiner Sippe gelöst hat, um deinen eigenen Weg zu versuchen, wenn du dir ein Ziel für dein Leben suchst, wenn du nach dem Sinn suchst, du wirst eine Gemeinschaft brauchen, die dich trägt und die dir Halt gibt. Menschen, die mit dir diskutieren, dich kritisieren, dich zurechtweisen, die dich aber auch in den Arm nehmen. Das „Seid getrost, ich bin's, fürchtet euch nicht!," gilt nicht dem einzelnen allein, auch nicht einfach allen, sondern denen, die als die auf ihn Vertrauenden zusammenhalten, die im gleichen Boot sitzen, die ihre Hoffnung teilen - und ihre Angst.
Doch gibt es auch in der Gemeinschaft einzelne, die hervortreten, die Mut haben, die Verantwortung übernehmen. Ein solcher war mein Mann. Und an diesem Punkt ist er vielleicht so etwas wie ein Held. Er als einziger wagt er es, aus dem Boot, aus dem geschützten vertrauten Raum, herauszutreten, dem Meister, der ihn ruft, zu folgen, hinein in das Chaos der Wasserwüste.
Ein Held, weil er sich hinauswagt, aber nicht aus Übermut, auch nicht aus einem tragischen Schicksal heraus als Spielball göttlicher Eifersüchteleien wie die griechischen Helden, nein, sein Schritt hinaus aus dem Boot ist die Antwort auf das Wunder Jesu. Er weiß, der Herr ist nicht bei ihm im Boot, er ist da draußen; also muss er hinaus zu ihm. Sein Vertrauen bleibt nicht nur abstrakt, nicht nur religiös, sondern existenziell. Er lässt sich hinausrufen in das unruhige Wasser, dahin, wo Gefahr und Untergang drohen, wo er aber auch die rettende Gegenwart des Herrn weiß. Die Wasser halten ihn, solange er das Ziel, den Meister, nicht aus den Augen lässt. Als er sich aber beeindrucken lässt vom Wind und den Wellen, als er den Blick vom Meister abwendet und in die Wogen starrt, gewinnen sie Macht über ihn. Das Chaos greift nach seiner Seele, die Angst zieht ihn hinab; er droht zu sinken. Er ruft um Hilfe.
Da streckt sich ihm die rettende Hand des Meisters entgegen.
„Warum hast du gezweifelt?" fragt ihn Jesus.
Der Herr nennt ihn einen Kleingläubigen. Und ihr wollt aus ihm einen Helden machen?

Es gibt bessere Helden, Menschen, die keinen Millimeter von ihren Zielen abgewichen sind, die ihrer Überzeugung in jeder Minute treu geblieben sind. Es gibt sie innerhalb der Gemeinde des Herrn, und vielleicht auch außerhalb. Es gibt Helden, die sich für fragwürdige Ziele aufgeopfert haben. Manche sind aus freien Stücken Helden geworden, andere sind nicht gefragt worden. Mein Mann jedenfalls war kein Held. Vielleicht zwar manchmal mutig, aber doch auch in entscheidenden Situationen verzagt, kleinmütig: und trotzdem hat ihn die Hand des Herrn immer erreicht.
Deshalb empfehle ich euch: Gebt eure Suche nach Helden auf. Arbeitet lieber an einer Welt, die keine Helden nötig hat. Wenn es auch immer noch genug Situationen geben wird, wo Menschen sich bewähren müssen - manchmal sind sie stark, manchmal scheitern sie an ihrer Angst. Aber sagt es ihnen klar: Auch da, wo sie fehl gehen, bleibt ihnen die Hand des Herrn ausgestreckt, um sie aus dem Chaos herauszuziehen.

Amen.

8. Albtraum des Küsters – Wo ist der Kirchenschlüssel?

Matthäus 16,19

28.4.1989 Gemeindezentrum Stadtmitte
Rheinischer Küstertag in Kettwig.

Albtraum eines Küsters: Wo ist der Kirchenschlüssel?
In der Sakristei unserer Kirche steht eine Petrusfigur. Sie erinnert daran, dass unsere Kirche vor der Reformation diesem Apostel geweiht war.
Ob sie manchmal mit dem Küster spricht?
Der Küster Peter Nottebohm ist ein ordentlicher und gewissenhafter Mensch. Seine Arbeit, sein Dienst für die Gemeinde, verleiht seinem Leben einen zuverlässigen Rahmen. Wie auf einem alten Bild geben die festen Wochentermine die Konturen ab, während der Hintergrund durch Bereitschaftszeiten, Besorgungen und gärtnerische Dienstes ausgefüllt ist. Eben ist er von seinem Mittagsschläfchen aufgestanden.

Er will in die Kirche, um nach dem Rechten zu sehen. Um 16 Uhr soll eine Trauung sein. Der Gärtner wird vorher mit den Blumen kommen, das Brautgestühl muss zurecht gestellt werden. Nun erreicht er die Kirchentüre - über ihm der ehrwürdige Turm, von dem es eben Viertel-nach-Drei geschlagen hat. Jetzt steht er davor und kramt an seinem Hosenbund. „Verflixt!" Er hat den falschen Schlüssel mit. Seitdem das antike Schloss ausgetauscht und auch die Kirchentür in die Schließanlage der Gemeindetüren integriert worden ist, hat er sich nicht daran gewöhnt, den richtigen Schlüssel mitzunehmen. Er macht kehrt und steht kurz darauf wieder in seiner Wohnung gleich neben der Kirche im ersten Stock. Er geht in die Ecke im Korridor, wo der Schlüssel seinen Platz am Haken hat. Aber der Schreck fährt ihm durch die Glieder. Der Schlüssel hängt dort nicht. Er durchwühlt seine Taschen. Wo soll er suchen? Er tritt ins Wohnzimmer. Von da hat er einen Blick auf den Kirchenvorplatz. Er sieht dort einen Mann, in der Hand zwei Blumenkörbe. Der schaut unschlüssig zu ihm hinauf. „Da ist ja schon der Gärtner", denkt Peter Nottebohm und sieht in jeder Ecke seines Wohnzimmers nach, ob nicht irgendwo der Kirchenschlüssel herumliegt. Irgendein Witzbold hatte ihm mal so einen Piepser geschenkt, mit dem der Schlüssel auf einen bestimmten Pfiff hin aus seinem Versteck mit einem Piepser antwortet. Aber seit der Piepser einmal beim Gottesdienst auch auf das hohe C der Orgel reagiert hat, ist er schnell wieder entfernt worden.
Wieder ein Blick aus dem Fenster. Nottebohm erkennt jetzt auch noch den Pfarrer mit einer Gruppe Konfirmanden. Richtig! Ihm fällt ein, er hat versprochen, noch vor der Trauung die Jugendlichen auf den Turm zu führen.
Langsam kommt Peter Nottebohm aus der Ruhe. Wo kann das blöde kleine Ding nur sein? Er geht ins Schlafzimmer. Auch von hier hat er einen Blick auf die Kirchentür. Dort steht jetzt auch der Jugendleiter mit einigen älteren Jugendlichen. Sie laden ein Schlagzeug aus einem Kleinbus. Nottebohm erinnert sich, dass der Jugendleiter ihn letzte Woche angerufen hat, dass er heute im Laufe des Nachmittags vorbeikommen wolle, um die Akustik für den Gottesdienst in neuer Gestalt mit einer Band auszutesten. Peter Nottebohm

blickt ärgerlich durchs Fenster. Und denkt daran, dass nach den Proben alles liegenbleiben wird. Er muss dann wieder anrufen und bitten, doch bitte nächstes Mal direkt aufzuräumen und einen Termin zu vereinbaren, wann die vielbeschäftigten jugendlichen Musiker irgendwann vielleicht mal Zeit haben, ihre Geräte wieder abzuholen. Als ob er keine Termine hätte! Aber jetzt ist es wirklich langsam Zeit, dass er den Schlüssel findet. Inzwischen hat auf dem Kirchenvorplatz ein Reisebus angehalten. Eine Touristengruppe verteilt sich auf dem Vorplatz. Man möchte sich die alterehrwürdige Kirche ansehen. Das hat ihm gerade noch gefehlt. Womöglich erscheinen schon bald die ersten Hochzeitsgäste. Peter Nottebohm ist es, als ob die ganze Gemeinde vor der Kirchentür steht und wartet, dass er endlich aufschließt. Den Schlüssel hat er immer noch nicht gefunden.
Neben der Kommode hängt ein Bild. Ein Bild vom Apostel Petrus. Er hält in der Hand einen Schlüssel. Nottebohm erschrickt, als plötzlich das Bild zu sprechen beginnt: „Namensvetter Nottebohm", sagt das Bild, „das ist ärgerlich, wenn man einen Schlüssel anvertraut bekommen hat und man verliert ihn." „Bitte!" fleht Nottebohm, „sag du mir, wo er ist. Die Leute stehen vor der Tür und warten, dass ich aufschließe. Ich bin blamiert, wenn ich den Schlüssel nicht finde." „Unser Herr hat uns die Schlüsselgewalt anvertraut," sagt das Bild wieder, „mir und dir, dass wir lösen und binden, wie wir es verantworten, dass wir öffnen und schließen, wie es dem Herrn wohlgefällig ist." „Aber alle kann ich nicht in meine Kirche hineineinlassen", wendet Nottebohm ein. „Der Pfarrer hat letzten Sonntag davon gepredigt, dass die Türen der Kirchen immer offen sein sollten für alle, die in der Kirche einen Raum suchen. So etwas lässt sich leicht von der Kanzel sagen. Aber er hat wohl vergessen, dass es Leute gibt, die in der Kirche nicht Gott suchen, sondern ein Plätzchen, wo sie ihren Rausch ausschlafen können. Oder die die Bänke zerkratzen, wenn sie es nicht sogar auf die wertvollen Leuchter abgesehen haben. Ich bin immer froh, wenn die Kirchentür zu ist Dann kann wenigstens niemand einen Schaden anrichten."
"...und du hast dann weniger Arbeit und deine Ruhe." er-

gänzt Petrus. „Deine Arbeit ist nun mal so: Wenn in der Gemeinde was los ist, hat du die unangenehmen und von niemandem gewürdigten Arbeiten." „Stimmt!" sagt Nottebohm. „Dem Pfarrer sagen sie oft Dank für die Predigt und wenn der Organist ein Konzert gegeben hat, steht das sogar in der Zeitung. Aber wer die Stuhlreihen umgestellt hat, wer die Programme ausgelegt hat, wer die Kerzen angezündet hat, der wird nicht erwähnt." „Bist du deshalb manchmal ärgerlich auf die Leute, die dauernd bei dir klingeln und auf- und ab- und zugeschlossen haben wollen; die was vergessen oder liegengelassen haben, die was besichtigen wollen; und tust dann so, als wärest du der Cherub vor der Tür des Paradieses?" „Meine Arbeit ist wenig anerkannt und wird schlecht bezahlt", sagt Nottebohm. „Und es ist immer mehr Zeitaufwand, als man angerechnet bekommt." „Das ist ein Problem", gibt Petrus zu, „aber es geht fast allen Mitarbeitern in der Kirche so. Alle jammern immer deswegen. Gehörst du auch zu denen?" „Eigentlich nicht", sagt Nottebohm. „Ich habe mir die Arbeit ja selbst ausgesucht." „Du hast Kontakt mit vielen Menschen", sagt Petrus, „du hast Verantwortung, ohne dich läuft nichts." „Aber es kommt immer mehr dazu", gibt Nottebohm zu bedenken. „Freu dich doch, wenn in der Gemeinde was aufgebaut wird, denn das ist schließlich ihre Aufgabe!"

„Aber es darf nicht alles an mir hängenbleiben", beharrt Nottebohm. „Das nicht. Aber du kannst dich ja wehren, wenn es zu viel wird", sagt Petrus. „wenn du es richtig ansprichst, merkt die Gemeinde auch, dass der Aufbau der Gemeinde nur vorwärts gehen kann, wenn alle Mitarbeiter, auch die Küster, die Arbeit innerlich mittragen. Und das werden sie nur tun, wenn sie mit ihrer Arbeitssituation zufrieden sind." „Sag das denen mal!", empfiehlt Nottebohm.

In diesem Moment wacht er aus seinem Traum auf. Er wollte doch nur ein kleines Nickerchen machen und hat jetzt auf seinem Sofa tief und fest geschlafen. Was hat ihm nur geträumt? Er greift auf den Tisch. Da liegt der Kirchenschlüssel. Es ist schon spät. Fast halb Vier. Nebenan in der Kirche erklingt die Orgel. Der Organist probiert einen Choral: Nottebohm erkennt die Melodie: Lob Gott ihr Christen alle

gleich. Aber Nottebohm fällt merkwürdigerweise nicht wie sonst immer die erste Strophe ein, sondern die letzte: „Heut schleußt er wieder auf die Tür zum schönen Paradeis; der Cherub steht nicht mehr dafür. Gott sei Lob, Ehr und Preis, Gott sei Lob, Ehr und Preis!"
Nottebohm geht am Bild vom Petrus vorbei. Hat der gerade gegrinst? Oder kommt ihm das nur so vor?

Amen.

---

9. Unbedachtes Bekenntnis mit Folgen: die Schlüsselgewalt

Matthäus 16,13-19

10.6.2019 - Pfingstmontag - Gemeindezentrum Frühstücksgottesdienst

Da kam Jesus in die Gegend von Cäsarea Philippi und
fragte seine Jünger und sprach: Wer sagen die Leute, dass
der Menschensohn sei? 14 Sie sprachen: Einige sagen, du
seist Johannes der Täufer, andere, du seist Elia, wieder
andere, du seist Jeremia oder einer der Propheten. 15 Er
fragte sie: Wer sagt denn ihr, dass ich sei? 16 Da antwortete
Simon Petrus und sprach: Du bist Christus, des lebendigen
Gottes Sohn! 17 Und Jesus antwortete und sprach zu ihm:
Selig bist du, Simon, Jonas Sohn; denn Fleisch und Blut
haben dir das nicht offenbart, sondern mein Vater im
Himmel. 18 Und ich sage dir auch: Du bist Petrus, und auf
diesen Felsen will ich meine Gemeinde bauen, und die
Pforten der Hölle sollen sie nicht überwältigen. 19 Ich will
dir die Schlüssel des Himmelreichs geben: alles, was du
auf Erden binden wirst, soll auch im Himmel gebunden
sein, und alles, was du auf Erden lösen wirst, soll auch im
Himmel gelöst sein.

Hier einige Gedanken des Petrus:
„Um Himmels Willen. Was habe ich mir da eingebrockt!? Da

habe ich mich doch in meiner Begeisterung hinreißen lassen. Gewiss, ich habe natürlich im Meister den Messias gesehen, den verheißenen Retter Israels. Und habe dann ganz spontan gesagt: Du bist der Messias, oder der Christus, wie die Griechen sagen, des lebendigen Gottes Sohn. Da war es heraus. Ich habe den Meister als Sohn Gottes bekannt. Mir ist das so rausgerutscht. Ich habe doch gar nicht richtig nachgedacht. Ich bin doch kein gelehrter Theologe wie Matthäus. Mir fehlt auch die spirituelle Tiefe eines Johannes. Ich bin doch nur Petrus, ein Fischer. Ich habe geredet, wie mir der Schnabel gewachsen ist. Lieber Gott. Was habe ich da gesagt? „Sohn Gottes." So bezeichnet man doch höchstens die alten berühmten Könige. Söhne haben allenfalls die heidnischen Götter. Aber doch nicht der Einzige, der Lebendige, der Ewige, der Hüter Israels. Das grenzt doch an Ketzerei.
Dabei wollte ich doch nur ausdrücken, dass der Meister, also Jesus, also der Messias, ganz nah bei Gott ist. Näher als sonst ein Mensch. Gibt es eine nähere von Menschen beschreibbare Beziehung als die zwischen Elternteil und Kind. Vater und Sohn. Ihr im 21. Jahrhundert werdet wahrscheinlich sagen, zwischen Mutter und Kind. Aber vergebt mir, dass ich in den Denkweisen meiner Zeit rede: Vater und Sohn: das ist nicht nur eine tiefe emotionale Beziehung, das ist auch eine Rechtsgemeinschaft, hat was mit Erben zu tun, mit Anvertrauen, mit der Weitergabe einer Tradition, im Sohn lebt der Vater weiter, lebt die Familie weiter. Der Sohn ist die Zukunft des Vaters. So dachte man in meiner Zeit. Das wollte ich ausdrücken. Zwischen Gott und Jesus gibt es eine enge liebevolle Beziehung, es ist Gott kein anderer Mensch näher als Jesus. Aber Jesus ist auch der Erbe, der einen Auftrag hat, im Sinn des Vaters zu walten und schalten, seine Tradition weiterzugeben, seine Liebe weiterzusagen und weiterzugeben. Das war das, was ich eigentlich meinte.
Ich wusste ja damals nicht, dass ich damit den Urgrund zu allem möglichen theologischem Streit gelegt habe. Ob das bedeutet, das Jesus Gott wesensgleich sei, also auch Gott, und insofern aus der Sicht vieler ein zweiter Gott neben dem Einzigen. Schon die Juden haben das total abgelehnt, und später die Muslime. Aber auch unter den Christen war das

umstritten. Es gab Arianer und Monophysiten und wie sie alle hießen, und die Streitereien um diese Frage haben sich dann im Laufe der Geschichte mit machtpolitischen Positionen verbunden. Wegen dieser Streitereien sind Menschen verfolgt, bekriegt und ermordet worden.
Das alles wollte ich nicht. Ich wollte nur sagen: Zwischen Jesus und Gott passt kein Blatt Papier. Die gehören zusammen. Die Konsequenzen meiner Rede habe ich nicht bedacht und nicht bedenken können. Denn ich bin ja nur Petrus, der Fischer, kein Mensch des langen Nachdenkens, eher ein Mensch der Begeisterung und ein Tatmensch. Ich wage mich vor. Ich steige aus dem Boot auf die Wellen, wenn ich den Meister sehe. Ich ziehe das Schwert gegen die, die ihn verhaften wollen. Und, ja, ich bin auch der Petrus, der dann doch auch feige ist und seinen Meister verrät, sich nicht zu ihm bekennt, als er danach gefragt ist, der dann doch lieber seine eigene Haut retten will.
Ja, und dann hat er ausgerechnet mir die Macht anvertraut. Ich, der Felsen, auf den er seine Kirche bauen will. Mir gibt er die Schlüssel des Himmelreiches und was ich auf Erden binden werde, soll auch im Himmel gebunden und was ich lösen werde im Himmel gelöst sein.
Ich zucke zusammen. Aus verschiedene Gründen. Einmal werde ich mit dieser Aufgabe zur ewigen Witzfigur. Petrus, der Himmelswächter. In wie vielen Witzen spiele ich eine Nebenrolle. Z.B. aus eurer Zeit der Witz mit dem längsten Bart: Ein Pfarrer und ein Busfahrer kommen in den Himmel. Der Busfahrer bekommt den besseren Platz. Der Pfarrer beschwert sich: „Ich habe doch immer das Wort Gottes gepredigt, aber jener Busfahrer..." Darauf Petrus: „Wenn du gepredigt hast, haben alle geschlafen, aber wenn der Busfahrer gefahren ist, haben alle gebetet."
Finger hoch, wer den Witz noch nicht kannte!
Jedenfalls, ich Petrus, kann den Witz nicht mehr hören.
Ein anderer Grund ist natürlich, dass mir Nachfolger angehängt worden sind, auf die diese irdische Schlüsselgewalt einfach übertragen worden ist. Die Päpste. Und ihr alle, besonders ihr Evangelischen, wisst, dass die Päpste oft nur ihre eigenen machtpolitischen Spielchen gespielt haben und es

ihnen oft nicht um die Kirche oder die Christen ging, sondern um ihre Sucht nach Macht, Sex oder Geld. Ich brauche das nicht auszuführen. Natürlich kann man nicht alle in Bausch und Bogen verdammen, sie haben ja auch im Laufe der Geschichte an Macht verloren, und natürlich haben viele Päpste auch Gutes bewegt.
Nur - ich habe mich oft gefragt, warum der Meister ausgerechnet mich mit dieser Aufgabe, die Kirche zu leiten und zu lenken, beauftragt hat. Warum hat er überhaupt so einen Auftrag erteilt, ein Auftrag, an dem man eigentlich nur scheitern kann?
Damals habe ich das nicht recht verstanden. Aber heute, mit Blick auf die lange Geschichte der Kirche, ist mir doch einiges klar geworden.
Der Erfolg der menschlichen Spezies gegenüber den Tieren beruht darauf, dass Menschen sich vergesellschaften können. Sie tun sich zusammen. Sie bilden Staaten, Reiche, Gesellschaften, Glaubensgemeinschaften, die sich einen Sinn geben, die Ideen haben, die sie verwirklichen.
Und damit sie diese Ideen verwirklichen können, gründen sie Organisationen. Diese regeln, wie sie die Ideen umsetzen können, sie achten darauf, dass diese Ideen so verbreitet werden, dass sie verstanden werden. Sie rekrutieren Agenten, die sie den Menschen erklären, sie organisieren deren Bezahlung und Fortbildung, sie sorgen dafür, dass die Ideen mit den gängigen Weltbildern übereinstimmen, sie regeln das Verhältnis zu anderen Organisationen, Staat, Wirtschaft, Wissenschaft. Auch die Kirche ist eine solche Organisation.
Es gibt Menschen, die meinen, die Kirche sei überflüssig. Jeder Mensch solle sich doch seinen eigenen Glauben zimmern. Das wird jedoch nicht funktionieren. Ein privater Glaube trocknet mit der Zeit aus und wird nicht weitergegeben. Es gibt dann andere Organisationen, die bereit sind, den Menschen, was sie für sinnvoll halten, oder manchmal auch ihren Unsinn, überzustülpen. Ihr erlebt das ja heute auf der ganzen Welt: Bei euch in Deutschland z.B.: Wo die traditionellen Kirchen im Niedergang sind, blüht der Populismus auf. Ja, ich weiß, Jesus hat mir den Auftrag zur Führung seiner Organisation der Kirche gegeben, weil er wusste, dass

ich ein Macher bin, einer der anpackt, der was zustande bringt, einer, der Autorität ausstrahlt, dem man zutraut, die Organisation der Kirche am Leben zu erhalten.
Aber, das muss ich zugeben, ich bin auch der, der Fehler macht, der in entscheidenden Situationen versagen kann, der Entscheidungen trifft, die eigentlich gegen seine eigene Predigt, gegen seine Ideale sind, der das Bekenntnis zur umfassenden Liebe des Ewigen verrät - um des vermeintlichen Selbsterhaltens willen - wie eben damals im Hof des Hohenpriesters, als ich leugnete, zu Jesus zu gehören.
Ich weiß, es gibt bei euch viele, die deshalb der Kirche den Rücken gekehrt haben. Sie können der Kirche ein langes Sündenregister vorlegen: Kreuzzüge, Hexenverbrennung, Paktieren mit rechtsextremen Mächten, Missbrauch von Schutzbefohlenen und vieles mehr.
Aber die Kirche ist nur eine menschliche Organisation. Sie ist, ebenso wie ich, zutiefst menschlich: manchmal mutig, manchmal feige, sie erhält die Organisation am Leben; aber sie verrät sie auch, wenn sie meint, es ginge nicht anders.
Übrigens, liebe Leute aus dem 21. Jahrhundert. Vertraut meiner 2000 Jahre lange Erfahrung, es wird auch nie eine andere menschliche Organisation geben, die da anders ist. Weder Parteien noch Gewerkschaften, weder Kommunisten noch Freigeister haben es geschafft, die ideale Organisation aufzustellen, die frei ist von Machtkämpfen, vom Verrat an eigenen Idealen.
Heute am zweiten Pfingsttag aber seid froh, dass es eure Kirche gibt, die euch die Möglichkeit gibt, beieinander zu sein und zu bleiben. Gewiss, eure Kirche, eure Gemeinde ist ein menschliches Gebilde mit all ihr Stärken und Schwächen. Aber vertraut darauf, dass der Geist Gottes bei euch ist. Freut euch und feiert ein bisschen und esst euch satt. Und ich sage euch: Ich, Petrus, der Schlüsselgewaltige, der frühere Schutzpatron eurer Kirche, ich drücke euch fest, in jedem Sinne des Wortes."

Amen.

10. Jubel im Nebensatz – die Kinder im Tempel

Matthäus 21,12-17

14.5.2017 – Kantate – Kirche

12 Und Jesus ging in den Tempel hinein und trieb hinaus
alle Verkäufer und Käufer im Tempel und stieß die Tische
der Geldwechsler um und die Stände der Taubenhändler
13 und sprach zu ihnen: Es steht geschrieben (**Jesaja 56,7**):
»Mein Haus soll ein Bethaus heißen«; ihr aber macht
eine Räuberhöhle daraus. 14 Und es kamen zu ihm Blinde
und Lahme im Tempel, und er heilte sie. 15 Als aber die
Hohenpriester und Schriftgelehrten die Wunder sahen,
die er tat, und die Kinder, die im Tempel schrieen und
sagten: Hosianna dem Sohn Davids!, entrüsteten sie sich
16 und sprachen zu ihm: Hörst du auch, was diese sagen?
Jesus sprach zu ihnen: Ja! Habt ihr nie gelesen (**Psalm
8,3**): »Aus dem Munde der Unmündigen und Säuglinge
hast du dir Lob bereitet«? 17 Und er ließ sie stehen und
ging zur Stadt hinaus nach Betanien und blieb dort über
Nacht.

Ich bin eines dieser Kinder, die in dieser Geschichte vorkommen. Nein, kein wirkliches Kind, sondern eine Kunstfigur. Vielleicht hat mich der Evangelist Matthäus erfunden. Als Teil einer Gruppe, die wir im Tempel geschrieen haben sollen: "Hosianna. Hosianna, dem Sohn Davids." Und wir sind anscheinend so unwichtig, dass Matthäus uns in einen Nebensatz seines Berichtes packt. Subjekt im Hauptsatz sind die Pharisäer und Schriftgelehrten. Vers 15: „Als aber die Hohenpriester und Schriftgelehrten die Wunder sahen, die er tat, - das ist ein Relativsatz. Und jetzt erst kommen wir: „und die Kinder, die im Tempel schrieen und sagten: Hosianna dem Sohn Davids!" Jetzt wieder der Hauptsatz: „entrüsteten sie sich" (eben die Pharisäer und Schriftgelehrten).
Heute wäre es wahrscheinlich politisch inkorrekt, die Kinder so in einen Nebensatz zu packen. Matthäus hätte wohl sofort

Probleme mit dem Kinderschutzbund. Aber zu meiner Zeit, als Matthäus alles aufschreibt, entspricht das unserer gesellschaftlichen Bedeutung als Kinder. Wir gelten nicht viel. Wir sind keine vollwertigen Menschen. Wir kommen vor im Zusammenhang mit Blinden und Lahmen. Auch wenn Matthäus mich erfunden haben sollte, so hat er doch gewiss reale Kinder vor Augen. So eines wie mich. Wie in den meisten Familien habe ich viele Geschwister. Einige sind wohl auch schon bei der Geburt gestorben. Die Eltern geben sich Mühe uns durchzubringen. Solange wir klein sind, sind wir noch unnütze Esser. Kindergärten gibt es in unserer Zeit noch nicht. Schulen gibt es nur für einige wenige der reichen Kinder. Aber ich weiß nicht, ob ich behaupten würde, meine Eltern lieben mich weniger, als das heute bei euch üblich ist. Vielleicht auf andere Art. Mit mehr Strenge. Mit früherer Einbeziehung in den Arbeitsprozess. So wie das bei euch heute noch in den Ländern Afrikas üblich ist, wo die Kinder Wasser heranschleppen müssen oder Mädchen ihre kleineren Geschwister auf dem Rücken tragen. Meine Eltern lieben mich natürlich auch deshalb, weil ich für die Zukunft der Familie stehe. Ich trage das Familienerbe in eine kommende Zeit. Und natürlich auch - das ist in eurer Zeit nicht mehr so bedeutend: Meine Eltern gehen davon aus, dass ich sie unterstütze, wenn sie mal alt und gebrechlich sind und nicht mehr für sich selber sorgen können. Dann werde ich ja kräftig und stark sein und selber erwachsen.
Aber jetzt ich bin eben noch keine vollwertige Arbeitskraft. Ich muss noch geformt werden zu einem richtigen Erwachsenen. Ich bin noch kein richtiger Mensch. Ich bin nur ein Kind, ein Kind in der Schar mit den anderen, die wir im Nebensatz für Jesus das Hosianna schreien.
So ist das in dieser Geschichte.
Ich muss meinem Erfinder, dem Evangelisten Matthäus, zugestehen, dass er mich nicht nur im Nebensatz vorkommen lässt. Es gibt sogar zwei Begebenheiten, die er berichtet, in denen ich wichtiger bin. Einmal streiten sich die Jünger, und als ich gerade vorbeigehe, ruft mich Jesus zu sich, stellt mich vor seine Jünger und sagt:

„Wenn ihr nicht umkehrt und werdet wie die Kinder, so werdet ihr nicht in das Himmelreich kommen.“ **(18,3)** und

er fügt noch hinzu:
„Und wer ein solches Kind aufnimmt in meinem Namen, der nimmt mich auf.“ (18,5) Da werde ich den Jüngern als Vorbild hingestellt. Mehr noch: ich werde Jesus, dem Herrn gleich gesetzt - wie es ja auch in anderem Zusammenhang heißt: „Was ihr getan habt einem von diesen meinen geringsten Brüdern, das habt ihr mir getan.“ (25,40)

Und eine weitere Geschichte gibt es: Jesus ist damals schon ein Star als Heiler und Segensspender. Einmal drängen sich meine Eltern an ihn heran. Sie wollen, dass er mich segnet, damit ich als Kind überlebe und groß und stark werde. Doch seine Jünger wollen mich wegdrängeln. Da sagt Jesus zu ihnen: „Lasset die Kinder und wehret ihnen nicht, zu mir kommen; denn solchen gehört das Himmelreich." (19,14)
Ich habe das damals nicht verstanden.
Aber jetzt ist mir ein Licht aufgegangen:
Ich sehe mich im Zusammenhang mit den Ereignissen, die sich nach dem Evangelisten vorher abgespielt haben.
Jesus ist zornig. Er geht in den Tempel und schmeißt Tische um. Er treibt die Geldwechsler und die Verkäufer der Opfertiere hinaus. Er sagt: „Der Tempel ist ein Haus für das Gebet. Ihr aber habt eine Räuberhöhle draus gemacht. Mit euren Geschäften habt ihr den Tempel entweiht." Er spricht damit die Leute an, die im Tempel das Sagen haben. Die Mächtigen und Wohlhabenden. Eigentlich geht es ja im Tempel darum, dass die Menschen dort Gott begegnen. Sie kommen, um anzubeten, um zu feiern, aber auch, um sich von ihrer Schuld befreien zu lassen. Nach den Regeln der Religion geschieht dies dadurch, dass sie Gott etwas opfern. Und daraus machen die Mächtigen im Lande ein Geschäft. Sie vermieten den Tempelvorplatz an Händler, die Opfertiere verkaufen oder die die geltende Münze in eine besondere, zugelassene Tempelmünze umtauschen. Wenn Jesus diese Geschäftemacher vertreibt, protestiert er gegen die Mächtigen. Und gegen das Prinzip ihrer Herrschaft: Vielleicht sogar gegen die Ökonomisierung der Sündenvergebung - ähnlich wie 1 ½ Jahrtausende später Luther gegen den Ablasshan-

del protestiert hat.
Für Matthäus sind die Mächtigen die Hohenpriester und Schriftgelehrten.
IhnenstellterdieBlindenundLahmenentgegen,dieindenTempel kommen und die Jesus heilt. Ihr Modernen müsst wissen, dass Blinde und Lahme keineswegs nur bemitleidet werden. Für viele sind sie deshalb lahm und blind, weil sie selber oder ihre Eltern eine Sünde begangen hatten. Direkt oder indirekt sind die Behinderten also selber Schuld - und werden deshalb verachtet.
Jesus tut also etwas, was eigentlich im Tempel geschehen sollte. Er rehabilitiert sie. Er heilt sie. Er gibt ihnen ihre Würde zurück vor Gott und den Menschen. Ohne dass sie etwas dafür opfern müssen. Einfach so!
Ja, und jetzt kommen wir Kinder ins Spiel. Die Blinden und Lahmen werden nach ihrer Heilung den anderen Erwachsenen gleich gestellt. Ich aber bleibe ein Kind. Ich bleibe so wie ich bin. Und ich frage mich, was ist denn das, was mich nach dem Bericht des Evangelisten Matthäus bei Jesus zu etwas Besonderem macht?
Ich antworte: Es ist meine Verletzlichkeit als Kind.
Als Kind bin ich nicht stark und mächtig. Ich bin vielen Gefahren ausgesetzt, gegen die ich mich nicht selber wehren kann. In meiner Zeit gibt es für mich keine Rettung, wenn ich einen Unfall habe oder krank werde; es gibt kaum Ärzte, keine Krankenhäuser. Ich kann mir nicht aussuchen, mit wem ich zusammenlebe. Ich bin auf eine Gemeinschaft angewiesen, die mich trägt. Ich bin auf die Liebe anderer angewiesen. Das ist es, was Jesus in mir sieht: meine Verletzlichkeit und mein Angewiesensein auf die Liebe anderer. So wie jeder Mensch angewiesen ist auf die Liebe Gottes.
Ich bin dankbar, dass Jesus mich so wahrnimmt, und deshalb bin ich auch bei den Kinder im Tempel und singe, ja schreie, als Jesus die Geschäftemacher vertreibt und die Blinden und Lahmen heilt: „Hosianna, dem Sohne Davids!"
Das ist ein traditionelles Bekenntnis. Ich bin mir dessen voll bewusst. Ich ziehe eine Linie von David, dem sagenhaften König, zu dem Messias, auf den wir alle warten, und der ein Nachkomme Davids sein soll. Ich bekenne: Jesus ist der

Messias, auf den wir warten. Matthäus berichtet, dass wir geschrieen haben. Ich weiß nicht, ob ihr schon mal erlebt habt, wenn in eurer Zeit Scharen von Teenies vor der Gruga sitzen und auf Tokyo Hotel warten und was dann abgeht, wenn die Band dann gesichtet wird. So müsst ihr euch das vorstellen, so haben wir auch im Tempel geschrieen. Für euch Erwachsene ist das befremdlich. Aber für mich ist es ein Zeichen für tiefste Emotionalität und auch Spiritualität. Gewiss, wir haben Jesus, dem Messias, zugejubelt mit Worten aus der Tradition, aber das kam alles aus tiefstem Herzen und war ein spirituelles Ereignis ersten Ranges.
Ihr feiert ja heute den Sonntag Kantate. Und der kleine Bericht im Nebensatz, dass wir damals Jesus in der Weise zugejubelt haben, dieser ist der Grund dafür, dass ich euch heute die Geschichte aus meiner Sicht schildern darf.
Es ist der Jubel des Lobpreises von Kindern, die nicht bei den Erwachsenen, die aber – vor allen anderen – vor Gott anerkannt sind, die vor Gott ihre Würde haben, die Kinder Gottes sind. Und die damit Vorbild sind für alle Menschen und aufzeigen, was den Menschen zu Gottes Gegenüber macht: Der Lobpreis unseres Gottes, das Singen und begeisterte kirchentagsmäßige Schreien für ihn. Das Singen von Liedern zu seiner Ehre. Das Erklingen von Instrumenten und Stimmen zu seinem Lobpreis.
Die meisten von auch gehören nicht zu den Mächtigen und Einflussreichen. Manchmal fühlt ihr euch wie ich in Nebensätze und Fußnoten verbannt. Trotzdem seid gerade ihr in eurer Verletzlichkeit von Gott geliebt. Deshalb singt ihm euer Lied, lobt ihn in euren Gebeten, preist ihn durch euren Lebenswandel. Dann seid auch ihr seine Kinder.
Das ist es, was ich - ein Kind Gottes - euch heute Morgen am Sonntag Kantate sagen will.

Amen.

11. Geheilt – wegen des Glaubens anderer

Markus 2,1-12

18.10.2009 – 19. So. n. Tr. - Kirche

Liebe Gemeinde,
Unerkannt und ungesehen halte ich mich bei euch auf. Ich sitze hier irgendwo zwischen zweien von euch, die ein wenig Platz gelassen haben, auf ihrer Bank. Ihr hört mich nicht und seht mich nicht. Aber ihr hört von mir. Ihr wollt wissen, wer ich bin? Genau: ich bin eine Figur aus eurem heutigen Predigttext. Nicht die Hauptperson. Nein. Das ist natürlich Jesus, der Herr. Aber ich komme gleich danach. Oder doch nicht? Denn ich sage die ganze Zeit nichts. Und ich tue auch nichts, nur am Schluss erhebe ich mich und gehe, ohne etwas zu sagen. Und ich frage mich manchmal: Bin ich eigentlich gemeint in der Geschichte? Oder bin ich nur ein Demonstrationsobjekt? Oder ein Zankapfel von Streitenden?
Doch von Anfang an:
Könnt ihr euch vorstellen, wie das ist, wenn man gelähmt ist? Ihr möget vielleicht sagen, es ist schlimmer, wenn man nichts hören kann, vielleicht am schlimmsten, wenn man nichts sehen kann. Aber gelähmt sein? Es gibt doch heute Rollstühle. Ich höre sogar von Rollstuhlfahrern, die an Olympiaden teilnehmen. Gewiss, so mag das bei euch heute sein. Aber zu meiner Zeit war das anders. Es gab keine Rollstühle. Wenn man gelähmt war, saß man fest. Wie ein Strauch, der an einem Ort angewachsen war. Man saß fest. Das galt auch für die Seele. Der Mensch ist ein Geh-Tier. Er bewegt sich fort. Er lebt von den unterschiedlichen Eindrücken, die sich ihm auf seinem Weg einprägen. Er erweitert seinen Horizont. Er lernt ungewohntes Essen, seltsame Gerüche, fremde Menschen kennen. Er entwickelt ein Vorstellungsvermögen, dass es mehr gibt als das Hier und Jetzt. Er leistet sich eine Sehnsucht, die ihn von einer Zukunft träumen lässt, auf die er zugeht. Doch wer lahm ist, der ist es in jeder Beziehung. Er bleibt liegen in seiner Ecke. Er verliert Interesse, er bleibt antriebslos. Er krümmt sich in sich selbst zusammen, wenn er überhaupt dazu in der Lage ist. Der in sich zusammengekrümmte Mensch, zurückgefallen und geblieben auf der

Stufe des Embryos, immer abhängig von einer Nabelschnur, die ihn nährt, die ihn aber auch trennt von einer Welt der Herausforderungen. Immer nur mit sich selbst beschäftigt. Um sich selbst kreisend. An seinem Selbstmitleid leidend. Übrigens gibt es auch Menschen, die so sind ohne lahm zu sein.
Wer so ist, wie ich war, braucht einen Anstoß von außen. Ganz egal, ob er will oder nicht. Bei mir war das jedenfalls so. Und eines Tages kam Jesus vorbei und sagt: Komm, steh auf!? Nein, so einfach geht die Geschichte nicht. Meistens nicht. Bei euch nicht, und bei mir auch nicht. Bei mir waren es vier Männer, die den Anfang machten. Ob sie mit mir verwandt oder befreundet waren? Ich weiß nicht mehr. Ich weiß nur: eines Tages packten sie mich auf eine Trage und los ging's. Über Stock und Stein. Wir kamen in die Stadt Kapernaum. Sie redeten von einem Wundertäter Jesus, der Kranke geheilt habe. Sie waren davon überzeugt, dass er mir helfen könnte. Sie - ich weniger. Wie gesagt: gelähmt sein, das hatte mich perspektivlos gemacht, ohne Hoffnung, ohne Glaube. Wer so lebt, wie ich damals lebte, was soll der noch für eine Hoffnung haben? Woran soll der noch glauben? Kann man noch glauben an Gerechtigkeit, an Liebe, an Gott? An einen lieben Gott, wenn man so benachteiligt ist? Also - die vier Männer waren mit mir unterwegs. Und ich muss sagen: ihr Glaube hat mich gerettet. Er hat mich zumindest auf den Weg gebracht. Mich, den hilflosen, willenlosen, menschlichen Holzklotz, den man hinschleppen musste zu seinem Heil. Ihr Evangelischen seid ja alle Individualisten. Ihr habt die Mönche abgeschafft, die für euer Seelenheil stellvertretend gebetet haben; ihr habt gemeint, ihr könntet und müsstet das alles selber schaffen und selber spüren; sinnlich wahrnehmen wolltet ihr euren Glauben, als frommes Gefühl, als erhabenes Schauern, als Ergriffensein. Aber ihr seid eingespannt in eine Welt, die euch ständig abverlangt zu leisten, zu funktionieren. Oder ihr müsst euch amüsieren, damit ihr euch entspannt, um wieder leistungsfähig zu bleiben: Das Beten aber habt ihr vergessen, und der Glaube wabert bei euch ungestalt wie ein nebulöser Rauch. Und wer betet jetzt für euch? Wer tritt für euch ein? Wer glaubt für euch?

Für mich sind es jedenfalls die vier Männer, die mich tragen. Sie schleppen mich zu dem Haus, in dem Jesus ist. Tatsächlich. Er wohnt in einem richtigen Haus in Kapernaum. Eng ist die Stadt, verwinkelt. Meine Träger haben Schwierigkeiten, um die Ecken zu kommen. Und als sie dann in die Nähe des Hauses kommen, ist alles voll. Die Leute versperren den Weg. „Drinnen ist schon alles voll", schallt es uns entgegen. „Ihr müsst warten. Vielleicht kommt er mal heraus". Aber er kommt nicht. Und ich denke. Dann soll es eben so sein. Ein Gottesurteil. Jetzt werden sie mich wieder zurückbringen. Aber nichts da! Ein Glaube wäre kein Glaube, wenn er nicht auch Widerstände überwindet. Und kreativ ist er. Die Vier lassen sich was einfallen. Sie kämpfen sich mit der Bahre durch zu einer Seitenwand des Hauses, wo eine Treppe auf das Flachdach führt. Ich weiß nicht, wie sie das gemacht haben. Ich liege ja auf meiner Bahre und sehe nur ihre Oberkörper. Irgendwie müssen sie eine Öffnung oder eine schwache Stelle gefunden haben. Es ist ja alles aus Lehm und Zweigen. Und ein Werkzeug lag vielleicht herum. Jedenfalls plötzlich ist da eine Öffnung im Dach und sie lassen sie mich herunter; ich schwebe von oben an vier Seilen, die Bahre setzt auf - genau vor Jesu Füßen. Er muss niesen, denn ein Dachdurchbruch ist eine staubige Angelegenheit. Und Jesus blickt nach oben und sieht lange zu den Vieren, die ihn erwartungsvoll anblicken, hinauf, als wollte er sagen: „Wer so unverschämt ist, muss mir ziemlich viel zutrauen." Und dann blickt er mich kurz an und sagt: „Mein Sohn, deine Sünden sind dir vergeben."

Wenn ich nicht schon gelähmt gewesen wäre, das hätte mich vollends stillgelegt. Durch dieses Wort fühlte ich mich wie angenagelt. Wie kann er so etwas zu mir sagen. Ich, der ich hilflos war wie ein Kind, der ich bewegungsunfähig war, wie sollte ich da eine Sünde begehen? Ich muss sagen, ich war zutiefst verärgert. Ich fühlte mich überhaupt nicht ernst genommen.

Aber ich hatte keine Zeit weiter über meinen Ärger nachzudenken. Kaum hatte Jesus das gesagt, trat eine Stille ein. Einer hustete. Wer lange liegt und nicht wegkommt, hat gelernt, genau zu beobachten. Es war ein peinliches Schwei-

gen, als hätte Jesus etwas Anstößiges, Unmoralisches gesagt. Es war Jesus, der das Schweigen brach: „Ich weiß, was ihr jetzt denkt", sagte er zu den Schriftgelehrten, die auch da waren, die immer da waren, ständig mit ihm diskutieren wollten. „Ihr glaubt nicht, dass ich Sünden vergeben kann? Ihr meint, Sünden vergeben darf allein Gott. Ich maße mir an, was mir nicht zustehe? Und weil ich es nicht darf, kann ich es auch nicht? Denkt ihr nicht so?" Beifälliges Gemurmel. Darauf sagte er wieder: „Was ist denn wohl leichter: zu sagen: ‚Deine Sünden sind dir vergeben' – oder: ‚Auf, nimm deine Bahre und gebrauch deine Beine!' Ihr werdet gleich sehen, dass ich die Vollmacht habe, auf Erden Sünden zu vergeben!" Und dann wandte er sich mir wieder zu und sagte: „Ich sage dir: Auf, nimm deine Bahre und geh nach Hause!" Ich sage euch, da ging ein Ruck durch mich hindurch. In euren Bibeln seht, dass ich gleich meine Bahre nahm und abging. Aber ganz so schnell ging es nicht. Oder sagen wir mal: das, was sich in mir abspielte in wenigen Sekunden, war ein Prozess, der bei manchem von euch vielleicht Jahre braucht, bei mir ging es in Sekunden ab. Mein Ärger über ihn war plötzlich weg. Ich hatte ja auch gehört, dass er zu mir „Mein Sohn" gesagt hatte. „Mein Sohn!" Wie lange hatte das niemand zu mir gesagt. Da war so viel Liebe drin und Zutrauen. Aber auch Autorität. Wie die eines Vaters, der sein Kind kennt mit all seinen Vorzügen und Schwächen. Und da fiel mir wieder ein, dass er Recht hatte, mich einen Sünder zu nennen. Ich dachte immer, Sünder sind Leute, die das Falsche tun, aber sie tun was. Ich hatte nichts getan, ich hatte niemanden was getan. Also konnte ich auch nicht gesündigt haben. Aber das ist falsch. Man kann auch ein Sünder sein, wenn man nichts tut, wenn man sich selbst bemitleidet, wenn man sich selber aufgibt, die anderen für etwas verantwortlich macht, für das sie gar nichts können, seinen Lebensfrust an ihnen auslässt. Auch das kann Sünde sein.
Doch mir waren meine Sünden vergeben. Das war ein Wort der Befreiung, eine Wort der Erlösung und der Lösung. Es war, als ob mir plötzlich Fesseln von den Gelenken abgenommen wären; ich konnte mich bewegen; ich hatte Kraft; ich konnte meine Bahre selber nehmen, klemmte sie unter

den Arm und ging davon. Und sah noch, wie die Leute mir verwundert Platz machten, manche riefen laut: „Halleluja!" Andere klatschten begeistert in die Hände. Manche standen starr und sagten: „So etwas haben wir noch nie erlebt!"
Ja, so war das damals. Das ist meine Geschichte. Meine Geschichte? Wie ich am Anfang schon bemerkt habe: Ich spiele keine rühmliche Rolle. Ich sage nichts. Ich werde getragen. Ich glaube auch nicht. Nicht mein Glaube hat mich gerettet, sondern der von meinen vier Freunden. Aber ich bin der Nutznießer, ich werde gesund. Ich steh auf und gehe aus der Geschichte raus. Jubeln tun die anderen. Und ich frage mich immer noch: Bin ich eigentlich gemeint in der Geschichte? Oder bin ich nur ein Demonstrationsobjekt? Und wenn: für wen?
Natürlich für euch. Ihr seid gemeint!
Um euretwillen wird die Geschichte erzählt. Um euren Glauben zu stärken oder erst mal hervorzukitzeln. Und es geht nicht um abstrakte Dogmen und Lehrsätze. Sondern ihr sollt einfach spüren: Da wo ihr mit Jesus in Kontakt kommt, erfahrt ihr, was Befreiung bedeutet. Oder was Vertrauen bedeutet. Ich weiß ja nicht, wie ihr an die Geschichte herangeht. Wo ihr euch wiederfindet. Vielleicht wünscht sich manch einer von euch, so wie ich befreit zu werden aus seiner Lahmheit, er fühlt sich festgefahren im Leben und kommt aus eigener Kraft nicht weiter. Und braucht einen, der ihm sagt: Dir ist vergeben. Nimm deine Bahre und geh los! Oder ihr seht eure Chance in den vier Männern. Vielleicht habt ihr auch Glauben. Ist das ein Glaube, der andere Menschen bewegen kann? Ein Glaube, der Dächer abdeckt? Oder seid ihr auf der Seite der Skeptiker, die sagen: Das kann doch nicht sein. Das darf doch nicht sein. Das passt doch nicht in unser Weltbild. Schön wäre es, wenn ihr wenigstens zu denen gehörtet, die immer noch staunen über Gottes Gaben, die dankbar sind für das, was sie an Befreiung und Heilung bei sich und anderen erfahren haben. Vielleicht hilft es euch, euch irgendwo in der Geschichte wiederzufinden, wenn ihr sie einmal hört:

Jesus kam wieder einmal nach Kapernaum, und nach ein paar Tagen hatte es sich herumgesprochen: Er ist in seinem Haus. Da strömten so viele Leute zusammen, dass es nicht einmal mehr vor der Tür Platz gab. Und Jesus verkündigte ihnen seine Botschaft. Da kamen Leute, die einen Gelähmten zu ihm bringen wollten, der von vier Männern getragen wurde. Aber wegen der vielen Menschen konnten sie nicht zu ihm gelangen. Da deckten sie über der Stelle, wo er war, das Dach seines Hauses ab. Sie machten eine Öffnung und ließen die Bahre herab, auf welcher der Gelähmte lag. Und Jesus erkannte ihren Glauben und sagte zu dem Gelähmten: „Mein Sohn, deine Sünden sind dir vergeben." Da dachten einige von den Schriftgelehrten, die dabei saßen, für sich: „Warum spricht der so? Er maßt sich Gottes Vollmacht an! Denn wer kann Sünden vergeben außer Gott allein?" Und kaum hatten sie das gedacht, da las Jesus, dank des Heiligen Geistes, der ihm gegeben war, ihre Gedanken und fragte sie: "Warum denkt ihr so? Was kann man dem Gelähmten leichter sagen: ‚Deine Sünden sind dir vergeben' – oder: ‚Auf, nimm deine Bahre und gebrauch deine Beine!' Ihr werdet gleich sehen, dass der Menschensohn Vollmacht hat, auf Erden Sünden zu vergeben!" Und zu dem Gelähmten gewandt, sagte er: "Ich sage dir: Auf, nimm deine Bahre und geh nach Hause!" Und der stand auf, nahm sofort seine Bahre und ging vor aller Augen fort. Da gerieten alle außer sich und lobten Gott und sagen: „So etwas haben wir noch nie erlebt." **Predigtext: Markus 2,1-12 (Klaus Berger)**

Amen.

12. Eine antike Anhalterin

Markus 7,24-37

10.8.2008 - 10. So. n. Tr. - Kirche

Im Internet hat sie unter ‚Flughafen Düsseldorf' nachgeschaut: Der Flieger aus New York ist im Anflug. Er muss bald landen. Also Zeit, von Kettwig aus loszufahren. Jetzt hat sie die Wartezeit auf den teuren Parkplätzen am Flugplatzgelände knapp gehalten. Ihre Tochter, die sie erwartet, wird noch einige Zeit brauchen, bis sie nach der Landung durch die Passkontrolle ist und das Gepäck vom Band nehmen kann. Vielleicht kann sie vom Wartebereich außen schon einen Blick auf sie erhaschen. Sie besteigt ihren Wagen im Hof und fährt los.
Als sie sich einer Bushaltestelle nähert, sieht sie, dass dort eine Frau steht, die schüchtern die Hand hebt und winkt, als ob sie mitgenommen werden will. Einen winzigen Moment kämpfen in ihr Vernunft und Gefühl: Geh kein Risiko ein mit einer Fremden! Aber auch: hier ist eine Frau, die deine Hilfe braucht. Ehe sie zu einem zwielichtigen Mann ins Auto steigt, hat Gott dich vorbeigeschickt. Das Gefühl hat gewonnen. Schon tritt sie auf die Bremse. Etwas ruckhaft bleibt der Wagen stehen. „Fahren Sie Richtung Düsseldorf?" fragt die Fremde. Sie sieht südländisch aus spricht mit einem leichten Akzent. Die Frau nickt: „Steigen Sie ein!" Die Frau öffnet die Beifahrertür und setzt sich. Sie hat kein Gepäck und ist sommerlich gekleidet, obwohl es draußen nicht gerade warm ist.
Nachdem die Beifahrertür vorsichtig zugeschlagen ist, setzt sich das Fahrzeug wieder in Bewegung und fädelt sich in den Verkehr ein. Eine Weile schweigen beide Frauen. Die Fahrerin überlegt, ob es nicht doch leichtsinnig war, eine Fremde zu sich einsteigen zu lassen. Irgendwas stimmt nicht mit ihr. Schließlich bricht sie das Schweigen: „Sie sind nicht aus Deutschland", stellt sie fest. „Nein", sagt die Fremde. „Ich bin Griechin. Aber ich stamme aus dem Vorderen Orient. Heute würde man sagen, aus dem Libanon. Damals hieß es noch Syrophönizien." Die Frau am Steuer lächelt: „Damals? Das muss aber schon ziemlich lange her sein. Wenn ich mich recht erinnere, hieß

das Gebiet zur Römerzeit Syrophönizien, gewissermaßen zu biblischen Zeiten." „Genau". Jetzt lächelt die Fremde. Und schweigt. Die Fahrerin ist verunsichert. „Aus biblischen Zeiten?" wiederholt sie zweifelnd. „Syrophönizierin? Die aus der Bibel?" „Die bin ich", sagt die Frau neben ihr.

Die Frau am Lenker des Wagens gehört einem Bibelkreis für Frauen ihrer evangelischen Gemeinde an. Regelmäßig diskutieren sie unter sachkundiger Anleitung einer Theologin über Frauengestalten der Bibel. Neulich haben sie über eine Geschichte aus dem Neuen Testament gesprochen, in der eine Griechin aus Syrophönizien eine Rolle spielt. Natürlich benutzen sie die Bibel in gerechter Sprache. Was stand da noch in Markus 7,24-30? Fast genau erinnert sie sich an den Wortlaut der Geschichte:

> 24 Jesus stand auf und wanderte weiter in das Gebiet der
> Hafenstadt Tyrus. Dort ging er in ein Haus hinein und
> wollte, dass niemand davon erfahre. Doch er konnte nicht
> unbemerkt bleiben, 25 sondern sofort hörte eine Frau von
> ihm, deren kleine Tochter einen unreinen Geist in sich trug.
> Die Mutter kam und warf sich vor Jesu Füßen nieder. 26 Die
> Frau war eine Griechin, sie stammte aus Syrophönizien.
> Sie fragte ihn, ob er ihre Tochter vom Dämon befreie. 27 Da
> sagte er zu ihr: »Lass erst die Kinder gesättigt werden, denn
> es ist nicht gut, das Brot der Kinder zu nehmen und es den
> kleinen Hunden hinzuwerfen.« 28 Aber sie antwortete und
> sagt unerschrocken zu ihm: »Herr, auch die kleinen Hunde
> unter dem Tisch essen von den Brotkrümeln der Kinder.«
> 29 Da sprach er zu ihr: »Wegen dieser Antwort geh hin!
> Der Dämon hat deine Tochter freigegeben!« 30 Und sie
> ging weg in ihr Haus und fand das Mädchen, wie es auf
> dem Bett lag, befreit vom Dämon.

Die Frau, die fährt, wirft einen neugierigen Seitenblick auf die Frau neben ihr. Diese mag etwa 40 Jahre alt sein, sie trägt ein einfaches Kleid, was aber raffiniert geschnitten ist. Gewiss keine Massenware. Wenn sie genau darauf achtet, kann sie den unauffälligen Duft eines teuren Parfums wahrnehmen.

„Wir haben neulich über Sie gesprochen". Sie nimmt nun wieder das Gespräch auf. „Alle Achtung. Wie Sie sich da gegenüber Jesus durchgesetzt haben. Das war bestimmt nicht leicht für Sie."

„Nein, weiß Gott nicht". Es scheint, als ob die Fremde darauf gewartet hat, dass sie zum Erzählen aufgefordert wird. Es bricht es aus ihr heraus, als wenn ein Damm der Erinnerung durchstoßen wäre:

„Ich war immer eine selbständige und unabhängige Frau", sagt sie. „In Ihrer Zeit würde ich zu denen zählen, die heute nach New York jetten, um ein Geschäft abzuschließen und morgen nach Paris, um ein bestimmtes Parfum zu erstehen. Ich hätte glücklich sein können, aber ich war verzweifelt." Sie hält einen Moment inne, als ob sie gegen eine Träne kämpft. „Es ging um meine Tochter. Sie war so krank. Sie war wie von einer fremden Macht besessen, von einem Dämon. Ich wusste weder aus noch ein..."

Die Frau aus Kettwig hängt für eine Moment ihren eignen Gedanken nach. Eine Tochter, besessen von einem Dämon. Sie hätte es so nicht ausgedrückt, aber sie weiß genau, wovon die Fremde spricht. Vor einigen Jahren, als ihr Mann gestorben war, ganz plötzlich und unerwartet, hatte das die Familie in eine ernste Krise gestürzt. Vor allem ihre Tochter hatte es hart getroffen. Sie war damals in der Pubertät und nicht in der Lage, das traumatische Ereignis zu verarbeiten. Sie hatte ihren geliebten Vater im Garten gefunden, zusammengesunken nach einem Herzinfarkt. Nachdem sie erst spät abends von einer Party nach Hause kam, obwohl sie ihm versprochen hatte, früher zu kommen. Immer wieder machte sie sich deswegen Vorwürfe: „Wenn ich doch pünktlich gekommen wäre, vielleicht hätte man ihn retten können!" Für ein halbes Jahr hatte sich ihre Tochter total zurückgezogen. Sie aß nichts mehr, sie kleidete sich nur noch schwarz. Dann wiederum gehörte sie plötzlich einer Clique an, in der Alkohol und auch Drogen eine Rolle spielten. Sie, die Mutter, war von Therapeut zu Therapeut gelaufen. Mal hatte sie ihrer Tochter alles erlaubt, um sie nicht in ihrer Freiheit zu beschneiden. Mal hatte sie ganz eng an sich gebunden, um ihr einen Halt zugeben. Alles hatte sie versucht...

„Ich habe damals von Jesus gehört", hört sie jetzt wieder die Stimme der Fremden. „Es hieß, er habe schon viele Menschen geheilt. Und er habe sich aus seinem Landstrich zurückgezogen, um einmal Ruhe zu haben. Um sich auf seine Aufgabe zu konzentrieren, um für die Menschen seiner Heimat in Galiläa da zu sein. Ich konnte das verstehen. Kein Mensch kann die ganze Welt retten. Galiläa, ein Gebiet so groß wie vielleicht das Ruhrgebiet, ist groß genug. Ich hatte Verständnis dafür. Aber es ging um meine Tochter. Können Sie das nachvollziehen?" Die Fahrerin nickt stumm. Noch einmal fühlt sie die Verzweiflung von damals, die Ohnmacht. Es ist schlimm, eigenes Leid zu tragen. Aber das Leid eines geliebten Menschen zu ertragen, hilflos zu sein, keinen Ausweg zu sehen, das ist noch schlimmer. Und dann eine Chance, eine vage Chance.

„Aber es war nicht so einfach", fährt die Griechin ihren Bericht fort. „Jesus hat mich abgewiesen. Und zwar ziemlich klar und deutlich und eigentlich auch beleidigend. Gewiss, ich musste mit einer Abfuhr rechnen. Ich gehörte nicht zu den ganz Armen, die er sonst bevorzugte. Ich gehörte nicht zum jüdischen Volk. Ich war keine, die an den jüdischen Gott glaubte. Aber hatte er, wie mir berichtet worden war, nicht auch Sündern und Prostituierten die Liebe Gottes zugesprochen? Menschen, die offensichtlich nicht nach den Geboten der jüdischen Thora lebten. War ich, eine ordentliche Frau, die um die Gesundheit ihrer Tochter kämpfte, weniger als eine Hure? Es hat mir wehgetan, dass er mich mit den Hunden verglichen hat, denen die Kinder im Hause vorgezogen werden." Sie hat sich erregt. Sie hält einen Augenblick in ihrer Rede ein und schöpft Atem.

Auch die Frau am Steuer des Wagens muss schlucken. Sie hatte damals im Gebet Trost gefunden. Jesus, das Kind Gottes, die personifizierte Liebe, er, der Tröster der Traurigen, der Menschen gesund gemacht hatte, an Leib und Seele, er war für sie da gewesen. Eine Zuflucht in der Not. Es hatte ihr gut getan, zu ihm zu beten. Von Kindheit an hat sie ein Bild von Jesus, als dem erbarmenden Tröster. ‚Kommt her zu mir alle, die ihr mühselig und beladen seid, ich will euch erquicken.' Das war ihr Konfirmationsspruch gewesen. Doch

ein Jesus, der so schroff auf den Hilferuf einer verzweifelten Frau reagiert, passt nicht zu dem Bild des Gottessohnes, das sie in sich trägt. Hat sie nicht gelernt, dass man auf ihn vertrauen kann, dass er alles schenkt, wenn man ihm vertraut? Und diese Frau: er weist sie erbarmungslos zurück. Mit beleidigenden, verletzenden Worten.
„Aber ich habe das geschluckt", hört sie die Fremde sagen, „ich habe das geschluckt, weil es um mein Kind ging. Ich musste alles in mir mobilisieren, um ihn dazu zu bringen, mir zu helfen. Ich musste nicht nur meinen Ärger überwinden, ich musste eine Leichtigkeit finden, die ihn seines beleidigenden Argumentes entwaffnete. Ich musste meinen ganzen Witz aufbringen, um ihm eine Antwort zu geben, die ihn nicht bloßstellte und ihm doch sein Argument aus der Hand schlug. In vielen Geschichten, die von ihm erzählt wurden, hat er selber diesen Witz unter Beweis gestellt. Als die Pharisäer ihn provozieren wollten und ihm eine Steuermünze hinhielten, soll er genial gekontert haben: ‚Gebt des Kaiser, was des Kaisers ist und Gott was Gottes ist.' Jetzt musste ich ihn mit meinem eigenen Argument übertreffen. Da habe ich gesagt. ‚Herr, auch die kleinen Hunde unter dem Tisch essen von den Brotkrümeln der Kinder.' Ich weiß nicht, wie ich zu diesem Wort gefunden habe. Es kam von innen heraus, wie von einem heiligen Geist eingegeben." Und er hat gelacht - und ich weiß nicht, ob er dann aus Bewunderung wegen meiner Schlagfertigkeit oder weil er Mitleid mit mir hatte, reagiert hat. Das war mir auch egal. Er hat jedenfalls gesagt: ‚Wegen dieser Antwort geh hin! Der Dämon hat deine Tochter freigegeben!'
Und das war auch so. Ich bin nach Hause, und da lag meine Tochter im Tiefschlaf und als ich sie weckte, sagte sie zu mir: ‚Ich habe geträumt. Ich stand vor einem Graben. Und in dem Graben standest du und deine Arme suchten mich hinabzuziehen, aber eine Stimme sagte: ‚Spring!' Und ich sprang über den Graben. Und auf der anderen Seite angekommen, konnte ich deine Arme ergreifen und dich aus dem Graben ziehen. Und nun bin ich frei. Wir sind beide frei."'
Die Fahrerin des Wagens denkt an ihre eigene Tochter. Ein Jahr lang war sie in den USA. Das hat ihr gut getan. Eine

ganz neue Herausforderung in einer fremden Umgebung. Am Anfang noch hilflos wie ein Kind, weil man kaum etwas versteht, dann schafft man sich seine neue Welt, fasst Vertrauen, entwickelt neue Perspektiven, man entdeckt für sich, was wirklich wichtig ist und was zählt. Man findet heraus, worauf man sich letztlich verlassen kann. Dabei können junge Menschen auch traumatische Erlebnisse verarbeiten. Heute kommt sie zurück. Gleich wird sie sie in die Arme schließen. Jetzt sieht sie wieder auf die Fremde neben sich und fragt: „Und was ist aus ihrer Tochter geworden?" Die Fremde lächelt und sieht nach oben. Eben setzt mit lautem Getöse eine Maschine dicht über ihnen zur Landung an. Durch das Geräusch hindurch hört sie noch: „Sie landet gerade!"
Da wacht sie auf. Sie liegt auf dem Sofa. Das Fenster steht auf. Sie hört den Nachhall von Flugmotorenlärm. „Mein Gott. Schon spät. Ich muss los. Fast hätte ich die Ankunft meiner Tochter verschlafen. Vielleicht ist sie wirklich schon im Landeanflug."

Amen.

---

13. Begegnung zu Karneval: da geht einer als Jesus

Markus 8,31-38

9.2.1997 - Estomihi –Kirche

Der Karnevalssonntag. Viele verkleiden sich. Hier geht es um ein provozierendes Kostüm. Da geht einer als Jesus mit seinem Kreuz.

> 31 Und er fing an, sie zu lehren: Der Menschensohn muss
> viel leiden und verworfen werden von den Ältesten und
> Hohenpriestern und Schriftgelehrten und getötet werden
> und nach drei Tagen auferstehen. 32 Und er redete das Wort
> frei und offen. Und Petrus nahm ihn beiseite und fing
> an, ihm zu wehren. 33 Er aber wandte sich um, sah seine
> Jünger an und bedrohte Petrus und sprach: Geh weg von
> mir, Satan! Denn du meinst nicht, was göttlich, sondern

was menschlich ist. 34 Und er rief zu sich das Volk samt
seinen Jüngern und sprach zu ihnen: Wer mir nachfolgen
will, der verleugne sich selbst und nehme sein Kreuz auf
sich und folge mir nach. 35 Denn wer sein Leben erhalten
will, der wird's verlieren; und wer sein Leben verliert um
meinetwillen und um des Evangeliums willen, der wird's
erhalten. 36 Denn was hülfe es dem Menschen, wenn
er die ganze Welt gewönne und nähme an seiner Seele
Schaden? 37 Denn was kann der Mensch geben, womit er
seine Seele auslöse? 38 Wer sich aber meiner und meiner
Worte schämt unter diesem abtrünnigen und sündigen
Geschlecht, dessen wird sich auch der Menschensohn
schämen, wenn er kommen wird in der Herrlichkeit
seines Vaters mit den heiligen Engeln.

Eigentlich hat sie gar nichts gegen Karneval. Im Gegenteil. In manchen Jahren verabredet sie sich mit anderen und fährt nach Düsseldorf. In Essen sind ihr die Leute zu besoffen und in Köln zu ordinär. Deshalb muss es Düsseldorf sein. In Düsseldorf hat das Karneval feiern immer auch den Feinen-Leute-Touch. Man weiß nie, ob man in einer Altstadtkneipe nicht gerade mit dem Oberstadtdirektor anstößt oder mit dem Boss von Mannesmann tanzt.

In diesem Jahr ist sie alleine unterwegs. Sie quetscht sich in die volle S-Bahn, dann in die noch vollere U-Bahn, bis sie sich schließlich im Gedränge der Düsseldorfer Altstadt wiederfindet. Natürlich sind die meisten verkleidet, trotz der Kälte haben sich viele in leichte Kostüme eingehüllt, originelle Einfälle sind zu sehen. Manchmal bleibt sie einfach stehen und muss lachen. Viele Kostüme verraten Geschick beim Improvisieren, aber auch aufwendige Verkleidungen sind zu sehen, solche, die eine Unmenge Geld gekostet haben müssen. So schlendert sie durch die Stadt und fragt sich, welches wohl das originellste Kostüm sein wird. Aber dann - ihr stockt das Blut - sieht sie einen daher schreiten, der ist groß, er hat einen Bart und wallendes Haar, er ist in ein sackartiges Gewand gehüllt mit einem Strick um den Bauch, und damit man ihn auch ja richtig erkennt, trägt er ein Kreuz auf seiner Schulter. Ihr wird klar, da geht einer als Jesus.

Das ist doch der Gipfel der Geschmacklosigkeit, mehr noch: sie fühlt sich in ihrem Inneren verletzt; hier ist eine Grenze überschritten, die nicht überschritten werden darf. Vieles hat sie schon im Karneval geschluckt: falsche Nonnen, falsche Priester, Engel und Teufel; aber dies hier geht zu weit. Sind die Menschen so verkommen, dass sie selbst das Allerheiligste in den Schmutz ziehen? Gibt es keine Tabus mehr? Ist alles wohlfeil geworden für einen Witz? Wird der Menschensohn zum Menschenwitz? Ihr ist plötzlich der ganze Karneval vergrätzt, die unbeschwerte Freude an den Masken, an der Heiterkeit der Menschen ist wie weggeblasen durch diese Maske. Wo es keine Tabus mehr gibt, wo das Gefühl für Grenzziehungen an Geschmack und Verletzbarkeit von Gefühlen verlorengeht, kann man nicht mehr ausgelassen sein.

Am liebsten würde sie nun wieder nach Hause fahren. Aber sie möchte wissen: Was ist das für ein Mensch, der so etwas tut? Sie beschließt ihm nachzufolgen. Sie geht also hinter dem falschen Jesus her, beobachtet die Leute, wie sie manchmal lachen, manchmal entsetzt zurückweichen. Sie sieht die Gesichter und bleibt ihm auf den Fersen.

Und dann, irgendwann, kehrt dieser Mensch irgendwo ein, stellt sein falsches Kreuz in eine Ecke, steht hinter einem Pulk von Leuten und ruft zur Theke nach einem Alt. Sie stellt sich neben ihn und sagt': „Ich bezahle dir dein Alt, Jesus, wenn du mir sagst, wie das ist, so ein Kreuz zu tragen." „Die Leute glotzen dich an", sagt der „und dann gucken sie zur Seite. Aber keiner sagt was. Du bist die erste, die was sagt." Sie prüft einen Augenblick sein Gesicht, ob es sie zur Offenheit einlädt. Aber es sieht sie kaum an. Dann sagt sie doch: „Um ehrlich zu sein, ich finde dein Kostüm ziemlich geschmacklos, und ich hab dich angesprochen und zahle Dein Alt, um dir das zu sagen." Der Angesprochene verzieht keine Miene. „Das Geld hättest du dir sparen können. Dass mein Auftritt geschmacklos ist, weiß ich selber. Er ist sogar widerwärtig." „Und warum gehst du dann... ", sie macht eine Pause, weil es ihr schwer fällt den Namen in diesem Zusammenhang zu nennen. „Und warum gehst du dann als - Jesus - mit diesem Kreuz?" Der falsche Heiland sieht ihr jetzt voll ins Gesicht. „Ich trage das Kreuz, weil ich es tragen muss. Jesus sagt: ‚Wer mir nachfolgen will, der verleugne sich selbst und nehme sein Kreuz auf sich und folge mir nach'". Seine grauen Augen haben jetzt einen stechenden Glanz bekommen. Ihr ist, als ob der falsche Jesus nun auch den echten imitiert, als Lehrer der Weisheit. Aber es beeindruckt sie kaum. Sie empfindet eher Mitleid. Sie sagt: „Und da meinst du, wenn du dein Kreuz durch das Karnevalstreiben trägst, dann folgst du ihm nach?" „Genau!" antwortet er. „Ich provoziere die Leute, ich schockiere, ich bringe sie zum Nachdenken. Sie nennen sich alle Christen. Aber sie wissen nicht, was es bedeutet, ein Christ zu sein. Sie haben sich ihr Leben bequem eingerichtet, und sie vermeiden es, ihr Kreuz zu tragen. Ich tue das, was eigentlich jeder tun müsste, auch du!" Jemand von der Theke reicht ihm sein Alt. Durstig trinkt er es in einem Zug aus und gibt das leere Glas zurück. „Noch eins!" ruft er. „Du hast einen guten Zug," sagt sie. „Stimmt!" Sein Blick geht nun wieder ins Leere. „Ich hatte nur Durst. Vom Kreuztragen." Sie hat das Gefühl, dass sie was klären sollte. „Auch Jesus war kein Kostverächter," sagt sie. „Man hat ihm vorgeworfen, ein Weinsäufer zu sein. Er hat gerne mit den Menschen zusammen gesessen und gegessen. Wer Jesus nachfolgen will, muss auch diese Seite an ihm ernst nehmen". Der Kreuzträger lässt sich nicht ablenken. „Aber letztlich musste Jesus doch ans Kreuz", sagt er „und er hat es auf sich genommen und sein Leben verloren ‚Wer sein Leben erhalten will, der wird's verlieren; und wer sein Leben verliert um meinetwillen und um des Evangeliums willen, der wird's erhalten,' hat er gesagt. Ich arbeite in der Werbung. Ich verdiene mein Geld. Ich arbeite hart, ich geh am Wochenende essen, ich fahr in den Urlaub, ganz normal. Aber es passiert nichts. Ich kann sonntags in die Kirche gehen, aber es stört keinen. Ich spende gelegentlich was, aber es tut mir nicht weh. Ich spüre gar nicht, dass Christsein etwas Besonderes ist und mich etwas kostet. Ich habe ein Haus, fahre ein flottes Auto und habe ein dickes Bankkonto. Aber Jesus sagt: ‚Was hülfe es dem Menschen, wenn er die ganze Welt gewönne und nähme doch Schaden an seiner Seele.' Das ist sogar die Jahreslosung in diesem Jahr, falls Sie wissen, was das ist. Ich habe alles, aber ich habe auch nichts. Ich lebe und lebe doch nicht. Ich lebe am Auftrag des Evangeliums vorbei. Deshalb, zu Karneval, einmal im Jahr, nehme ich mein Kreuz auf mich. Wenigstens einmal im Jahr. Wenn ich es schon sonst nicht schaffe und kein Kreuz auf mich nehme, dann wenigstens dieses zu Karneval, wo ich mich dem Spott und dem Entsetzen der Menschen aussetze. Vielleicht merken sie dann wenigstens, dass wir eigentlich alle ein Kreuz tragen müssten."

„Ich glaube", sagt sie, „du hast da was falsch verstanden. Du möchtest Jesus nachfolgen. Ok. Aber du machst den zweiten Schritt vor dem ersten. Wenn du schon Jesus nachfolgen willst, wenn du schon so leben willst wie er, dann fang da an, wo Jesus angefangen hat." „Und wo hat der angefangen?" fragt der junge Mann. „Das solltest du wissen. So lange ist Weihnachten noch nicht vorbei. ‚Ehre sei Gott in der Höhe und Frieden auf Erden', sangen die Engel schon bei seiner Geburt. Und als er erwachsen wurde, ist er durchs Land gezogen und hat den Menschen gesagt, dass Gott sie liebt. Dass auch den Schuldigen vergeben wird. Dass sie frei sein dürfen von der Angst, zu kurz zu kommen, und deshalb meinen, sich durch Reichtümer abzusichern müssen. Dass sie darauf vertrauen dürfen, dass Gott sie trägt und hält. Dass es sinnlos ist, andere Menschen beherrschen zu wollen, weil man mit dem eigenen Leben nicht zurechtkommt. Er hat Menschen gesund gemacht. Er hat denen, die man abgeschrieben hatte, ihre Würde als Gotteskinder wiedergegeben, er hat geheilt und geteilt. Und er hat gehofft und gewartet, dass die Menschen sich anstecken ließen von der Freundlichkeit Gottes, die er ihnen zeigen wollte. Das war der erste Schritt. Und der zweite, das Kreuz, das hat er nicht gesucht, sondern es ist ihm auferlegt worden. Denn es gab auch Menschen, die der Freundlichkeit Gottes, wie sie Jesus mitteilte, misstrauten und die ihr Grenzen setzen wollten. So verstehe ich das. Und du sei froh, dass dir das Kreuz erspart geblieben ist." Der andere blickt sie wieder an: „Ist es dir erspart geblieben?" „Nein," sagt sie, „ich habe mein Kreuz zu tragen." Sie macht eine Pause. „Immer schon war ich die in der Familie, auf die alles abgeladen wurde. Meine Mutter sagte immer: ‚Wenn wir dich nicht hätten, dich mit deinem breiten Kreuz, du kannst wirklich alles tragen'. Und ich war stolz darauf. Und ich brauchte das auch. Ich wollte immer für andere da sein, und ich verachtete alle, die nur an sich dachten. Aber: man kann sich selbst verlieren, wenn man nur an sich denkt. Doch man verliert sich auch selber, wenn man nur an andere denkt."

Inzwischen wird das zweite Alt hinübergereicht. Der junge Mann, sagt: „Nimm du, ich hab keinen Durst mehr." Sie trinkt einen Schluck und fährt fort: „Ich habe ein behindertes Kind. Verstehst du, was das bedeutet?" „Ich glaub, ich kann es mir vorstellen", sagt der andere betroffen. „Aber es ist vielleicht nicht das, was du denkst", sagt sie und wischt sich den Bierschaum vom Mund. „Es ist nicht die Arbeit, nicht das Gefühl, vom Schicksal benachteiligt zu sein. Es ist mehr so, dass ich jetzt lernen muss, auch Grenzen zu setzen. Dass ich kein schlechtes Gewissen habe, wenn ich einen Wunsch verweigere. Es ist nicht gut für das Kind, wenn ich ihm das Gefühl gebe, dass ich ständig und immer da sein kann. Dass ich auch was unternehme ohne das Kind. Dass ich hier Karneval feiern darf. Ich kann dem Kind nur eine gute Mutter sein, wenn ich auch an mich denke. Und das fällt mir schwer. Das ist mein Kreuz, an dem ich leide, dass ich mein Kreuz größer machen will, als es sein muss. Dass ich unter lauter Aufopferung vergesse, dass ich auch noch da bin. Aber ich glaube, wer sich selber nicht wichtig nimmt, kann auch andere nicht wichtig nehmen. Das Evangelium macht frei von Zwängen, auch von moralischen Zwängen. Und erst wenn ich zu dieser Freiheit gefunden habe, kann ich auch für andere da sein und auch manches aushalten und ertragen und am Leid anderer mitleiden und für mein Kind da sein."

Der junge Mann in der Jesusverkleidung hat ihr aufmerksam zugehört. „Ich geh jetzt", sagt er, „aber vielleicht besuch' ich dich mal, wenn du mir deine Telefonnummer gibst." Sie schreibt sie ihm auf. Er geht. – Aber sein Kreuz lässt er achtlos stehen.

Amen.

14. Maria im Doppelpack: die katholische und die evangelische

Lukas 1,26-38

18.12.2016 - 4. Advent - Kirche

Frau K. sitzt in ihrem Wohnzimmer und hat vier Kerzen angezündet. Heute ist der 4. Adventssonntag. Advent. Zeit der Einkehr. Und der Besinnung. Auch der Umkehr? Schon lange beschäftigt sie das Problem ihrer Konfession.
Von Hause aus, oder besser, seit Kindertagen ist sie römisch katholisch. Richtig traditionell. Ihr Vater war Mitglied im Kirchenvorstand. Ihr Großvater hatte, wie sie immer mit Stolz erzählt bekam, bei den Fronleichnamsprozessionen „den Himmel" getragen. Das war - wenn sie das richtig verstanden hatte - ein Baldachin, der die Hostie, den Leib Christi, schützte. Es musste wohl eine besondere Ehre für Katholiken sein. Und so war auch sie im katholischen Glauben aufgewachsen. War zur Kommunion gegangen; ließ sich firmen; durfte sogar Messdienerin sein, was nicht in allen Gemeinden möglich war. Trotzdem hatte sie in der letzten Zeit ihre innere Bindung an die katholische Gemeinde verloren. Vor allem nach ihrer Heirat. Ihr Mann war evangelisch - aber nicht besonders kirchlich gebunden. Leider war er vor einigen Jahren gestorben. Es hatte ihr gefallen, dass die evangelische Pfarrerin die Trauerfeier sehr persönlich auf ihren Mann abgestimmt hatte. Das hatte sie dazu verleitet, öfter auch den evangelischen Gottesdienst zu besuchen. Überhaupt fand sie die evangelische Kirche moderner. Es gab Frauen, die Pastorinnen sein konnten. Es gab kein Zölibat, auch Geschiedenen durften am Abendmahl offiziell teilnehmen. Die Einstellung zu Fragen der Sexualmoral war offener. Die Geistlichkeit weniger abgehoben. Eigentlich hätte sie jederzeit konvertieren und evangelisch werden können. Wenn da eine Sache nicht wäre, die ihr bei den Evangelischen fehlte. Immer noch nahm sie im Mai regelmäßig an den Maiandachten der katholischen Gemeinde teil. So etwas gab es bei den Protestanten nicht. In den Maiandachten stand die Jungfrau Maria im Mittelpunkt, deren Verehrung

in der katholischen Kirche immer noch - vor allem bei Frauen - eine zentrale Rolle spielte. Auch bei ihr. Wann immer sie ein Problem beschäftigte, wann immer sie spürte, dass sie im Gebet oder in der Meditation bei einer himmlischen Macht Zuflucht suchte, wandte sie sich nicht an Gott, oder Jesus Christus, sondern an die heilige Maria. Einmal in einer ökumenischen Glaubensdiskussion zu diesem Thema hatte eine Katholikin gesagt. „Gott-Vater und Jesus, das sind doch alles Männer. Was wissen die schon von mir! Aber Maria ist eine Frau, die versteht mich." So ähnlich empfindet sie das auch. Natürlich weiß sie, dass man Maria offiziell bei den Katholiken nicht anbetet, sondern sich an sie wendet als Fürsprecherin. Schließlich ist sie von Gott ausgesucht worden, um Jesus, der Mensch und Gott zugleich ist, zur Welt zu bringen. Als Jungfrau. Trotzdem auch als Ehefrau von Joseph, dem Zimmermann. Eine fragwürdige Geschichte. Wie war das noch genau? Sie holt ihre Bibel hervor. Inzwischen hat sie auch eine Lutherbibel, sogar eine ganz neue von diesem Jahr. Daraus liest sie sich laut vor:

> **26** Und im sechsten Monat wurde der Engel Gabriel von
> Gott gesandt in eine Stadt in Galiläa, die heißt Nazareth,
> **27** zu einer Jungfrau, die vertraut war einem Mann mit
> Namen Josef vom Hause David; und die Jungfrau hieß
> Maria. **28** Und der Engel kam zu ihr hinein und sprach:
> Sei gegrüßt, du Begnadete! Der Herr ist mit dir! **29** Sie
> aber erschrak über die Rede und dachte: Welch ein Gruß
> ist das? **30** Und der Engel sprach zu ihr: Fürchte dich nicht,
> Maria! Du hast Gnade bei Gott gefunden. **31** Siehe, du
> wirst schwanger werden und einen Sohn gebären, dem
> sollst du den Namen Jesus geben. **32** Der wird groß sein
> und Sohn des Höchsten genannt werden; und Gott der
> Herr wird ihm den Thron seines Vaters David geben, **33**
> und er wird König sein über das Haus Jakob in Ewigkeit,
> und sein Reich wird kein Ende haben. **34** Da sprach
> Maria zu dem Engel: Wie soll das zugehen, da ich doch
> von keinem Manne weiß? **35** Der Engel antwortete und
> sprach zu ihr: Der Heilige Geist wird über dich kommen,

und die Kraft des Höchsten wird dich überschatten;
darum wird auch das Heilige, das geboren wird, Gottes
Sohn genannt werden. 36 Und siehe, Elisabeth, deine
Verwandte, ist auch schwanger mit einem Sohn, in ihrem
Alter, und ist jetzt im sechsten Monat, sie, von der man
sagt, dass sie unfruchtbar sei. 37 Denn bei Gott ist kein
Ding unmöglich. 38 Maria aber sprach: Siehe, ich bin des
Herrn Magd; mir geschehe, wie du gesagt hast. Und der
Engel schied von ihr.

Frau K. muss wohl ein wenig eingenickt sein. Sie schreckt auf, als es klingelt. Sie öffnet die Tür zum Flur, und vor ihr stehen zwei Frauen. Die eine ist sehr einfach, - um nicht zu sagen - schlicht gekleidet und sieht unsicher, fast verschämt auf. Die andere trägt ein wundervolles blaues Gewand. Sie sieht aus wie eine Erscheinung aus einer anderen Welt. „Ich bin Maria," sagt sie, indem sie sich an Frau K. vorbeidrängt, „für dich als Katholikin die Himmelskönigin." Die andere folgt ihr hinterher. „Ich bin auch Maria. Die leibliche Mutter Jesu. Schlicht und evangelisch." Sie setzen sich beide auf das Sofa im Wohnzimmer, jeweils am anderen Ende, wie zwei feindliche Schwestern." „Einen schönen Adventskranz hast du da", sagt die Himmelskönigin. „Ist aber eine evangelische Erfindung", sagt ihre anderes Ich vom Gegenüber auf dem Sofa schnippisch. „Na, ja", meint die prächtigere Maria, „ein blindes Huhn findet auch mal ein Korn. Das ist aber nichts gegen das, was meine Katholiken an Kunst und Kultur und Pracht in die Welt gebracht haben."
„Darf ich mal fragen", unterbricht Frau K. das sich abzeichnende Streitgespräch, „was mir die Ehre eures Besuches verschafft?" „Natürlich", sagt die Himmelskönigin. „Vorgestern haben wir wahrgenommen, dass du dich an uns als Fürsprecherin gewandt hast. Du hast darum gebeten, dass wir dich erleuchten möchten, welcher Konfession du angehören sollst. Ob du katholisch bleiben, oder zu den Protestanten wechseln willst." „Tja", setzt die evangelische Maria fort. „Da wussten wir natürlich nicht, welche von uns beiden Marias du meintest. Mich, die evangelische…" „Oder mich die katholische Maria…" ergänzt die Blaugewandete.

„Du wirst verstehen, dass wir da nicht einer Meinung sind." „Ja, Mh..." Frau K. ist etwas ratlos. „Also, ich würde mich ja nach der Bibel richten, nach der heiligen Schrift, z.B. nach dem Lukasevangelium, das ich eben gelesen habe." „Das ist ein guter evangelischer Grundsatz", sagt die schlichtere Maria. „Nach dieser Darstellung bin ich eine einfache Frau. Ich habe die Gnade Gottes gefunden. Es wird nicht berichtet, dass ich besonders fromm war. Die Gnade Gottes ist einfach über mich gekommen. Die Geisteskraft des Höchsten hat mich überschattet, wie es heißt. Und die Geisteskraft ist ja bekanntlich im hebräischen weiblich und wird von den modernen Feministinnen als der weibliche Teil Gottes angesehen. Wie gesagt, ich, die einfache Mutter Jesu, bin überschattet und nicht erleuchtet. Ich bin auch nicht hell und glänzend geworden. Ich bin im Dunklen geblieben. Ich, eine einfache Frau, die sich in den Dienst Gottes stellt. Mehr nicht! Ich bin auch keine Jungfrau geblieben, sondern habe weitere Kinder gehabt. Ich bin auch keine Heilige, die immer das Richtige tut. Die Bedeutung meines Sohnes habe ich nicht verstanden. Oftmals habe ich versucht, Druck auf ihn auszuüben, dass er sein unstetes Leben hinter sich lässt und zurückkehrt in den Schoß seiner Familie. Wenn er mir gefolgt wäre, hätte man ihn als unbedeutenden Wanderprediger vergessen. Ich muss sagen: Gut, dass er nicht auf mich gehört hat, sondern dass seine Jünger und alle, die ihm nachfolgen, zu seiner Familie geworden sind. Also, Frau K., wenn du dich an mich wendest, wendest du dich an eine, die keine Macht hat. Im Gegenteil. Am Kreuz hat mein Sohn Jesus mich der Fürsorge seines Lieblingsjüngers Johannes anvertraut, weil er Angst hatte, dass ich alleine nicht zurecht komme. Ich bin eine einfache Frau, die nur von Gott begnadet wurde, die Mutter Jesu zu sein - mehr bin ich nicht, und ich will auch nicht mehr sein. Ich bin die biblische Maria. Wer sich an mich wendet, kann keine Wunder erwarten, wohl aber mitmenschliches Verständnis auf Augenhöhe." „Das klingt einleuchtend," sagt Frau K. nachdenklich. „Es ist immer gut, sich in seinem Glauben auf die Bibel zu gründen. Das kann nicht verkehrt sein." „Ha!" sagt die andere katholische Maria. „Wenn das so einfach wäre! Als wenn die

Bibel ein widerspruchsfreies historisches Dokument wäre. Ist sie nicht! Schon in dieser Geschichte: Auf der einen Seite ist Jesus nicht das Kind des Josef, sondern eine Jungfrauengeburt, auf der anderen Seite aber wird er als Nachkomme Davids benannt, und im 3. Kapitel leitet der Evangelist Lukas seine Abstammung von David her: über Josef, nicht über die Maria. Und dass Maria eine Verwandte von Josef war, steht nirgendwo. Mit anderen Worten: Hier treffen zwei Traditionen aufeinander, die sich offensichtlich widersprechen. Es gibt keinen Bibeltext ohne Traditionen. Schon die biblischen Berichte selber sind eine Zusammenstellung von verschieden Traditionen und Überlieferungen. Und wie es vor der Entstehung der Evangelisten Traditionen gegeben hat, gibt es auch Traditionen danach. Sie ist ja auch nach der Schrift von Maria selber vorhergesagt worden: Heißt es doch: ‚Siehe, von nun an werden mich selig preisen alle Kindeskinder.' Und ich, die katholische Maria, bin das Ergebnis einer solchen Tradition, die sich im Laufe der 2000 Jahre immer wieder verändert hat. Sie ist durch die Kirche getragen worden und hat die Christinnen und Christen getragen. Ich bin die Heilige Maria, die Jungfrau, die Himmelskönigin, die Schutzpatronin ganzer Völker, besonders der Polen, und die Ansprechpartnerin viele einzelner Christinnen und Christen, die sich auf meine Fürsprache verlassen und bei mir Trost und Zuversicht finden. Übrigens auch dein Dr. Martin Luther war einer meiner Verehrer. Und ich bin als Jungfrau die Schutzpatronin aller Reinen, von Männern und Frauen, die in den Klöstern ehelos lebten und leben; und zugleich bin ich als Mutter Jesu die Schutzpatronin aller Mütter. Als Himmelskönigin habe ich genügend Macht, auch Wunder zu verbringen. Viele verdanken mir ihre Heilung oder die Heilung liebe Angehöriger, besonders an den Orten, an denen ich sterbliche Menschen erschienen bin. Und doch bin ich auch eine Schutzpatronin der Schwachen, der Trauenden. Denke nur an die Pietà, das Urbild einer Mutter, die ihren toten Sohn auf dem Schoß wiegt. Gibt es eine anrührendere Szene von einer Frau, die solidarisch ist mit dem Leid von Müttern, die um ihre verstorbenen Kinder trauern?" „Mir kommen gleich die Tränen," sagt die evangelische Maria.

„Bei deiner ganzen Großartigkeit hast du wohl vergessen, dass du Millionen junger Männer verleitet hast, als Kreuzfahrer und Kreuzritter in den Kampf zu ziehen. Mit dem Ausruf ‚für Maria!' haben sie unbarmherzig Juden und Muslime hingemetzelt. Haben unendliches Leid über die Menschen ihrer Zeit gebracht. Alles in deinem Namen!" Frau K. ist dieser Streit der beiden unangenehm. „Keiner ist gegen den Missbrauch seines Namens gefeit", sagt sie, „weder Maria, noch Gott, der Vater, noch Jesus, der Sohn! Und man muss immer wieder neu darüber nachdenken, was die Geschichten über die Maria sagen wollen und mit uns zu tun haben."
„Und was sagt dir persönlich die Geschichte, die Lukas berichtet?" fragt die evangelische Maria. Frau K. zögert etwas mit der Antwort. „Also, ob bei der Geburt Jesu wirklich eine jungfräuliche Geburt vorlag, das zu glauben ist mir nicht wichtig. Vielleicht war es für die Leute damals von Bedeutung. Ich glaube, der Evangelist wollte damit zum Ausdruck bringen, dass die Geburt Jesu dem Willen Gottes entsprach und nicht, weil ein irdischer Mann von seiner Frau irgendeine eheliche Pflicht eingefordert hat. Vielleicht bin ich in dieser Hinsicht aufgeklärt evangelisch. Aber meine spirituelle Verbindung werde ich niemals aufgeben, auch wenn ich evangelisch werde. Oder ist es, wenn man evangelisch wird, verboten zu sagen, wie ich es als Katholikin gelernt habe zu sprechen:
„Gegrüßet seist du, Maria, voll der Gnade, der Herr ist mit dir. Du bist gebenedeit unter den Frauen, und gebenedeit ist die Frucht deines Leibes, Jesus. Heilige Maria, Mutter Gottes, bitte für uns Sünder jetzt und in der Stunde unseres Todes."???

39 Maria aber machte sich auf in diesen Tagen und ging
eilends in das Gebirge zu einer Stadt in Juda 40 und kam
in das Haus des Zacharias und begrüßte Elisabeth. 41
Und es begab sich, als Elisabeth den Gruß Marias hörte,
hüpfte das Kind in ihrem Leibe. Und Elisabeth wurde
vom Heiligen Geist erfüllt 42 und rief laut und sprach:
Gesegnet bist du unter den Frauen, und gesegnet ist die
Frucht deines Leibes! 43 Und wie geschieht mir, dass die

Mutter meines Herrn zu mir kommt? 44 Denn siehe, als ich die Stimme deines Grußes hörte, hüpfte das Kind vor Freude in meinem Leibe. 45 Ja, selig ist, die da geglaubt hat! Denn es wird vollendet werden, was ihr gesagt ist von dem Herrn.

Amen.

---

15. Maria im Doppelpack: die christliche und die muslimische

Lukas 1,39-56

21.12.2014 - 4. Advent – Kirche

Ich sitze in meinem Wohnzimmer und habe vier Kerzen angezündet. Heute am 4. Adventssonntag erwarte ich besonderen Besuch. Ich habe mich sogar in einen Anzug gezwängt und mir einen Schlips umgehängt. Das tue ich nur bei besonderen Besuchern.
Übrigens erwarte ich zwei Damen.
Wirklich zwei ? Oder vielmehr nur eine - und dieselbe? Ich bin mir nicht sicher. Vielleicht können die beiden mir ja selber ihr Geheimnis lüften.
Wenige Minuten später sitzen sie mir gegenüber.
„Ich heiße ursprünglich Mirjam", sagt die eine; aber besser bekannt bin ich Ihnen unter dem Namen Maria. Oder eben die christliche Maria." „Die christliche Maria? frage ich. „Gibt es denn auch eine andere?" „Selbstverständlich", sagt die andere Besucherin. „Ich bin bei meinen Leuten unter dem Namen Marjam bekannt, aber im europäischen Bereich nennt man mich auch Maria. Ich bin die muslimische Maria." Ich seufze. Zwei Marias. Ich dachte es gäbe nur eine. „Welche von euch beiden ist denn dann", – ich zögere etwas – „die richtige Maria?" die christliche Maria guckt mich nun strafend an: „Die richtige Maria? Was für eine dumme Frage für einen Theologen. Die richtige Maria hieß Mirjam und war ein jüdisches Mädchen und wurde die Mutter des Jesus von Nazareth. Und sie war mit einem Manne namens Joseph verheiratet..." „Das behaupten Sie," fährt die ande-

re dazwischen. „Ich weiß davon nichts." „Sie wissen nicht, mit wem Sie verheiratet waren?" giftet die christliche Maria. „Das spielt bei mir keine Rolle," entgegnet die andere kühl. „Jedenfalls kommt bei mir damit kein Zweifel auf, dass meine Schwangerschaft von Gottes Geist kommt, während man bei Ihnen nicht sicher sein kann, ob nicht doch der Joseph..." „Unverschämtheit", sagt die christliche Maria eingeschnappt, um dann damit aufzutrumpfen: „Mein Kind ist aber nicht nur ein gewöhnlicher Mensch, sondern auch Gott. Gottes Sohn. Und mich, mich verehrt man als Gottesmutter." „Für mich und meine Leute ist das reine Blasphemie: ‚Gotteslästerung' auf gut Deutsch", empört sich die muslimische Maria und fährt bekennerhaft fort: „Es gibt nur einen Gott und der ist ein einziger Gott, und kein Mensch ist auch noch Gott." Sie lächelt spitzbübisch, „Diesen Glauben teile ich wohl auch mit der historischen Mirjam, die ja ein jüdisches Mädchen war und wohl kaum ihren Sohn Jesus als Gott bezeichnet hat." Die christliche Maria lächelt süffisant: „Die historische Maria", wirft sie ein, „konnte das ja auch noch nicht wissen. Aber die Herren Evangelisten und die Theologen nach ihr haben später theologisch zwingend herausgefunden, dass Jesus der Messias, der Christus, war und nur als Gott und Mensch zugleich ein Erlöser der Menschen sein konnte." Aber die muslimische Maria ist nicht uninformiert. „Wie Sie wohl wissen, ist diese Meinung sogar innerhalb der christlichen Kirchen immer umstritten gewesen – und viele Christen heute? Ob die noch alle glauben, dass Jesus Gott gleich gewesen sein soll?" Ich versuche mich ins Gespräch zu bringen. „Jedenfalls ist es immer noch das gemeinsame Bekenntnis der großen christlichen Konfessionen, der Orthodoxen, der Katholiken und der Evangelischen Kirchen." „Aber die jüdische Glaubensgemeinschaft ist da anderer Meinung", hakt die muslimische Maria nach. „Für die Juden ist Jesus nur irgendein Rabbi. Für uns Muslime ist Jesus, mein Sohn, immerhin nach Mohamed der wichtigste Prophet."

Ich versuche dem Gespräch mal eine andere Richtung zu geben und frage die muslimische Maria: „Und mussten Sie auch wegen einer Volkszählung nach Bethlehem?" „Nein. Was den Ort der Geburt angeht, lege ich mich nicht auf einen bestimmten Ort fest. Aber ich habe mein Kind auch nicht zu Hause bekommen. Ich habe mich an einen Ort im Osten zurückgezogen. Die Stunde der Geburt meines Kindes schlug an einer Oase im Schatten einer Palme. Ich war ganz verzweifelt und wollte schon nicht mehr leben. Da wurde ich auf einen Bach aufmerksam gemacht und sollte an der Palme schütteln, und eine Stimme sagte: ‚Bekümmere dich nicht... Iss und trink und sei guten Muts.'" „Erstaunlich," muss ich zugeben. „Aber wie ist das denn nun jetzt, meine Damen? Sind Sie nun ein und dieselbe oder zwei verschiedene Personen?" Da lächeln sich die beiden endlich mal an. „Sie und ich sind zwar dieselben, nämlich, das jüdische Mädchen Mirjam", sagt die eine. „Aber", fährt die andere fort, „auch wieder verschiedene, weil wir nämlich Figuren der Literatur sind." „Ich", sagt die christliche Maria, „bin eine Gestalt des Neuen Testamentes. In allen vier Evangelien komme ich als die Mutter Jesu vor." „Ja", ergänze ich, „und da sind Sie ja vor allem in der Weihnachtszeit bei uns präsent. Die junge Frau aus Nazareth, der ein Engel die Geburt Jesu ankündigt. Und die dann mit ihrem Mann Joseph nach Bethlehem zieht, wo dann in einem Stall das Kind geboren wird. Wir kennen ja Ihre Geschichte. Und sie geht ja auch weiter." „Ja", sagt sie, „ich gehe mit meinem Sohn nach Kana, wo er Wasser in Wein verwandelt." „Stimmt", sage ich, „aber Ihr Sohn lässt Sie auch einfach mal stehen, als Sie ihn aus der Mitte seiner Jünger nach Hause holen wollten." „Nun ja", gibt sie zu, „aber am Ende stehe ich bei ihm unterm Kreuz und zähle zu seinen Jüngerinnen. Das steht alles im Neuen Testament, in den vier Evangelien."

„Meine Geschichten sind bei Ihnen nicht so bekannt", sagt die muslimische Maria. „Außer den vier Evangelien hat es ja noch weitere Evangelien gegeben, die aber nicht in den Kanon eurer heutigen Bibel aufgenommen worden sind. Und darin gibt es noch andere Geschichten über mich. Und die sind dann irgendwie in den Koran gekommen." „Und handeln die denn auch von Weihnachten?" frage ich. „Meine Geschichten im Koran handeln nur von Weihnachten. Es gibt höchstens noch die von meiner Herkunft." „Und was wird da im Koran erzählt?" frage ich: Die muslimische Maria räuspert

sich: „Also: Meine Mutter hat mich schon vor meiner Geburt Gott geweiht, und ich kam als kleines Mädchen in den Tempel und wurde von Zacharias, dem Vater von Johannes dem Täufer, betreut. Und der wunderte sich, dass ich immer frisches, gutes Essen hatte, und ich habe ihm erklärt, dass Gott sich mir zugewendet und mich auf wunderbare Weise erhalten hat. ‚Siehe', habe ich ihm gesagt, ‚Gott versieht mit Gaben, wen er will, ohne abzurechnen.'"
„Gottes Barmherzigkeit ist umsonst" deute ich. „Das ist gut evangelisch. Und wie war das bei Ihnen mit Weihnachten?" frage ich weiter, „kam da auch ein Engel zu Ihnen?" „Besser", sagt sie, „zu mir kam der Heilige Geist direkt als Bote. Er sagte zu mir: ‚Ich bin der Gesandte deines Herrn, um dir einen lauteren Knaben zu schenken.'" „Das war bei mir ganz ähnlich", wundert sich nun die christliche Maria. „Ich konnte mir das ja gar nicht vorstellen, zumal ich – ich sag das mal, wie Luther das übersetzt: ‚da ich doch von keinem Manne weiß.'" „Das habe ich auch gesagt," erzählt die muslimische Maria, aber ich habe noch was hinzugefügt nämlich: ‚Dass ich auch keine Hure bin.'" „Das ist stark!" meint die christliche Maria. „Aber auch bei mir gab es Zweifel an meine Integrität. Mein Mann Joseph, als er sah, dass ich schwanger war, wollte mich erst verlassen, aber dann – so erzählt jedenfalls der Evangelist Matthäus – ist ihm ein Engel im Traum erschienen, der ihn über die gottgewirkte Urheberschaft meiner Schwangerschaft aufgeklärt hat." So die christliche Maria. Aber auch die muslimische Maria hat da schlechte Erfahrungen gemacht. „Bei mir waren es die Dorfbewohner, die mich beargwöhnt haben. Ich hatte mich zur Geburt zurückgezogen, und als ich mit dem Kind zurückkam, haben sie mir vorgeworfen, ich hätte mich unerhört benommen – also auf gut Deutsch ‚herumgetrieben'. Sie sind mir mit meinen Eltern gekommen: ‚Dein Vater war doch kein unzüchtiger Mann und deine Mutter keine Dirne.' Das haben sie wörtlich gesagt." „Und wie sind Sie da herausgekommen?" fragt die christliche Maria. Die muslimische Maria baut sich vor ihr auf: „Er – mein Sohn – hat für mich gesprochen". „Der kleine Jesus?" frage ich erstaunt. „Ja", sagt die muslimische Maria, "stellen Sie sich vor: der kleine Jesus. Das ist ja gera-

de das Wunder in meiner Weihnachtsgeschichte: Der kleine Säugling fängt an zu reden und hält eine richtige Predigt, dass er ein Knecht Gottes ist, und was mich angeht, dass man mich, Maria, seine Mutter, ehren soll, und dass er ein Mann des Friedens ist und kein Gewaltmensch. Und dann sagt er – gewissermaßen sein ganzes Lebenswerk zusammenfassend: ‚Und Friede über mir am Tage, da ich geboren wurde, am Tag, an dem ich sterben werde, und an dem Tag, da ich zum Leben auferweckt werde!' So heißt es im Koran. „Vom Frieden war auch bei der Geburt meines Sohnes die Rede" sagt nachdenklich die christliche Maria. „Die Hirten kamen und erzählten, ihnen sei ein Engel erschienen mit den himmlischen Heerscharen. Und der hat den Frieden Gottes für die Menschen ausgerufen."

„Meine Damen," stelle ich fest, „Natürlich unterscheiden Sie sich darin, welche Bedeutung Ihr Sohn hat, ob nun göttlicher Gottessohn oder Prophet. Aber in anderen Punkten sind Sie sich doch erstaunlich einig. Sie sind beide fest überzeugt, dass ihr Sohn durch den Geist Gottes – ohne Zutun eines irdischen Mannes - entstanden ist, und Sie haben sich beide deshalb verdächtigen lassen müssen, ein lasterhaftes Leben geführt zu haben. Und Sie werden beide von den Gläubigen als die Mutter Jesu verehrt. Und schließlich ist die Geburt Ihres Sohnes Jesus bei jeder von Ihnen mit einer intensiven Friedensbotschaft verbunden.

„Stimmt", sagt die eine Maria. Und die andere: „ Im Sinne dieses Friedens, der mit unserem Sohn verbunden ist, können wir uns eigentlich schwesterlich die Hand reichen – und Du zu einander sagen." Sie geben sich die Hand und umarmen sich.

Ich stehe dabei und schaue gerührt zu. Es wird noch ein weiter Weg sein, bis dies auch die jeweiligen Gläubigen tun.

(Literatur: Der Koran, neu übertragen von Hartmut Bobzin, München 2010, Sure 3,33-37 u. Sure 19,16-33)

Amen.

16. Unverhoffter Besuch im Advent

Lukas 1,67-79

22.12.2013 - 4. Advent – Kirche

Wenn ich sonntags gut gegessen habe, habe ich die Gewohnheit mich ein Weilchen hinzulegen. Ich lese dann ein Buch und nicke kurz ein. Manchmal träume ich auch. Oft sind es Träume, in denen ich wieder Pfarrer bin – und irgendetwas vergessen habe, oder zu spät komme.
Heute Nachmittag zünde ich die vierte Kerze meines Adventskranzes an. Ich habe schon das Kaffeewasser aufgesetzt und den Stollen angeschnitten. Der Tisch ist gedeckt. Ich bekomme Besuch. Ich blicke in die Flamme der Kerze und warte darauf, dass es klingelt. Es ist ein längst angekündigter Besuch. Ob er überhaupt kommt? Er hat sich angesagt durch einen seltsamen Brief. Er wurde vor fast 2000 Jahren geschrieben und abgeschickt und erreicht uns eh und je zur Adventszeit. Es ist ein Brief in einer verschlüsselten Sprache, ein Stück Poesie, eingerahmt in eine Geschichte, die ihrerseits der Vorspann zu der eigentlichen Geschichte ist. Ziemlich kompliziert. Da wird einem betagten Vater die Geburt eines Sohnes verheißen, aber er glaubt es nicht und wird stumm. Erst nach der Geburt des Sohnes wird ihm die Zunge gelöst, und er spricht einen Lobpreis Gottes, und er beginnt mit dem Satz: „Gelobt sei der Herr, der Gott Israels! Denn er hat besucht und erlöst sein Volk." Und dann erklärt er, was er damit. meint, nämlich Gottes Handeln am Volk Israel durch die Erzväter und Propheten. Und so sagt Zacharias:

> **68** Gelobt sei der Herr, der Gott Israels! Denn er hat
> besucht und erlöst sein Volk **69** und hat uns aufgerichtet
> eine Macht des Heils im Hause seines Dieners David **70**
> - wie er vorzeiten geredet hat durch den Mund seiner
> heiligen Propheten -, **71** daß er uns errettete von unsern
> Feinden und aus der Hand aller, die uns hassen, **72** und
> Barmherzigkeit erzeigte unsern Vätern und gedächte an
> seinen heiligen Bund **73** und an den Eid, den er geschworen
> hat unserm Vater Abraham, uns zu geben, **74** daß wir,

erlöst aus der Hand unsrer Feinde, [75] ihm dienten ohne Furcht unser Leben lang in Heiligkeit und Gerechtigkeit vor seinen Augen.

Und dann fährt er fort' und verweist auf seinen Sohn, dessen Beschneidung und Namensgebung er feiert, und sagt über ihn:

„[76] Und du, Kindlein, wirst ein Prophet des Höchsten heißen. Denn du wirst dem Herrn vorangehen, dass du seinen Weg bereitest, [77] und Erkenntnis des Heils gebest seinem Volk in Vergebung ihrer Sünden;"

Und erst jetzt - nachdem der Vater, der Priester Zacharias, dem Sohn, Johannes, seine Rolle als Vorläufer und Vorbereiter meines Besuches zugeordnet hat, spricht er aus, weswegen ich warte und die Kerzen angezündet habe:

„[78] Durch die herzliche Barmherzigkeit unseres Gottes, durch die uns besuchen wird das aufgehende Licht aus der Höhe, [79] damit es erscheine denen, die sitzen in Finsternis und Schatten des Todes und richte unsere Füße auf den Weg des Friedens."

Es klingelt. Endlich! Ich öffne die Türe. Aber es ist nur ein Nichtsesshafter. Er kommt schon seit Jahren zu mir. Er wohnt gar nicht in meiner Gemeinde, aber er hat meinen Respekt, wenn er mir aus seinem Leben erzählt. Aber in dem Moment, indem ich ihm etwas Geld gebe, bekommt er etwas Kriecherisches. Gewöhnlich bitte ich ihn herein. Heute zücke ich mein Portemonnaie und sage: „Ich kann Sie leider heute nicht hereinbitten. Ich erwarte Besuch." „Ich will ja auch gar nicht stören", sagt er. Er sieht das Geldstück und krümmt sich demütig zusammen. „Übrigens, wissen Sie, warum Kohl immer. ..,?" seine Masche ist es, sich bei mir mit einem Kohl-Witz zu bedanken. Ich lache herzlich, weil ich den noch nicht kenne und geh wieder in mein Zimmer. „Hilfsbedürftige," denke ich, „mit wie vielen habe ich zu tun, die gar nichts mit meiner Kirche oder Gemeinde zu tun haben. Mit Nichtsesshaften, die an meine Türe kommen, mit Flüchtlingen, die

Angst vor Abschiebung haben oder die sich Sorgen um ihre Angehörigen in den Kriegsgebieten machen. Und was kann man schon tun? Oft kann man nur ohnmächtig das Übel der Welt etwas lindern, und man ist sich nicht einmal sicher, ob man immer das Richtige tut." Ich zünde eine Kerze an und stelle sie in eines der Fenster. Der Besucher soll sehen, dass ich ihn erwarte.
Da klingelt es wieder.
Es ist ein mir Unbekannter. „Guten Tag!" Er sagt seinen Namen. „Ich habe gestern angerufen. Es geht um die Patenbescheinigung." Das habe ich glatt vergessen. Ich bitte ihn in mein Büro und schreibe in einen Vordruck. Wie heißen Sie noch mal? Sind Sie vielleicht verwandt mit...?" „Das ist meine Oma." Ich erfahre, dass sie schon seit längerem krank ist. Der junge Mann sagt: „Sie würde sich vielleicht freuen, wenn Sie mal vorbei kämen. Sie ist eine sehr gläubige Frau." „Im Gegensatz zu Ihnen", möchte ich sagen, schlucke das aber herunter und begleite ihn zu Türe. „Die Gemeinde", denke ich. „Aber immerhin! Wenn er auch nie in den Gottesdienst kommt. Er denkt an seine Oma. Ich sollte ihm lieber dankbar sein, dass er mir von ihrer Krankheit erzählt hat. Viele gläubige Menschen trauen sich oft nicht, den Pfarrer anzusprechen, dass er sie besuchen soll. Für den Pfarrer ist es dann wichtig, dass Angehörige ihm Bescheid geben."
Wieder zünde ich eine Kerze an uns stelle sie in ein anderes Fenster. Die muss mein Besucher doch nun wirklich sehen und endlich kommen. Aber ich muss noch warten.
Und wieder klingelt es. Freudig stehe ich auf. Doch es ist Frau M. Sie fragt nach dem Kirchenblättchen, das sie verteilen will. Eilig reiche ich ihr ein paar. Sie ist eine sensible Frau und merkt, dass sie nicht die Person ist, auf die ich warte. „Sie haben immer so wenig Zeit!" Es trifft mich ein mitleidiger Blick. „Nun ja, „sage ich, „ich erwarte Besuch."
Wieder setze ich mich in die Stube und blicke in die Kerze. „Meine Mitarbeiter", denke ich. „Wie viele sind es, die einen Teil ihrer Zeit für einen Dienst einsetzen, für den sie kein Geld empfangen und der ihnen doch wichtig ist. Es gibt immer noch Frauen und sogar Männer, die sich ansprechen lassen. Wie viele mögen auch nur darauf warten, angespro-

chen zu werden. Und die Mitarbeiter, die bezahlt werden, wie viele Stunden gehen oft drauf, für die sie keinen Pfennig bekommen. Nicht alles wird abgerechnet, nicht jede Überstunde wird vergütet. Gotteslohn gibt es auch bei hauptamtlichen Mitarbeitern." Ich zünde eine dritte Kerze an und stelle sie in das nächste Fenster.
Hoffentlich kommt mein Besucher bald. Bei so vielen Kerzen sollte er sich nicht aufhalten lassen.
Und wieder klingelt es. Erwartungsvoll gehe ich zur Tür. Diesmal wird er es wohl sein, mein Besucher.
Aber es ist mein Sohn. „Hallo!" Er stürmt an mir vorbei die Treppe hoch. „Keine Zeit, muss weg! Ich komme schon zu spät. Kannst du mir eine Flasche Wasser aus dem Keller holen?" Ich sage: „Nein, hol sie selber. Ich warte auf Besuch." Ich meine immer, Eltern sollten ihre Kinder nicht zu sehr bedienen. Ich bleib an der Türe stehen und halte nach meinem Gast Ausschau. Mein Sohn kommt wieder die Treppe herunter, rast an mir vorbei, stoppt nach ein paar Schritten, kommt zurück, nimmt mich in den Arm und verschwindet wieder. Ich sehe ihm nach und schließe dann die Tür. Es mag noch so spät sein, immer nimmt er mich in den Arm, bevor er geht. „Meine Familie", denke ich. „Sie hat es nicht leicht mit mir. Oft bin ich da, und doch nicht da. Ich gehe ins Wohnzimmer und setze eine vierte Kerze in das verbleibende Fenster. Ob der Besucher noch kommt? Inzwischen ist es schon dunkel geworden. Das aufgehende Licht, das erscheint denen, die sitzen in der Finsternis und im Schatten des Todes. Ob es noch kommt? Oder vielleicht schon da gewesen ist? Da gewesen und ich habe es gar nicht gemerkt? Einmal da gewesen oder vielleicht sogar gleich viermal? Alle Besucher - wiewohl sie zu stören schienen - hatten mir etwas dagelassen: einen Witz, einen Auftrag, Mitleid, eine Umarmung, Jedes Mal spürte ich menschliche Nähe in der Dämmerung des Advents. Keinmal mochte ich mich ganz darauf einlassen. Ich warte ja noch auf das wirkliche und wahre Licht.
Hoffentlich habe ich es nicht verpasst!
Am besten ich mache mich auf und besuche die alte Dame, die krank ist und sich auf meinen Besuch freut.

Amen.

17. Adventskalender – Tür Nr. 24: Ina trifft Maria und Joseph

Lukas 2,1-20

24.12.1997 - Heiligabend - Arndthaus

Ina, gerade mal 7 Jahre alt, ist heute schon früh aufgewacht. Heute ist ja auch ein besonderer Tag. Es ist Heiligabend. Endlich! 24 lange Dezember-Tage hat sie gewartet. Heute ist es nun so weit. Am Nachmittag wird sie mit den Eltern zum Gottesdienst ins Arndthaus gehen. Vielleicht hat der Pastor wieder ein Weihnachtsspiel gemacht. Dann wird der Gottesdienst nicht ganz so lang, und hoffentlich redet er nicht so viel in der Predigt.
Aber bis zum Nachmittag sind es noch ein paar Stunden. Jetzt muss sie erst einmal den Morgen hinter sich bringen. Halt, da wartet ja noch eine Überraschung auf sie. Der Adventskalender. Heute muss das letzte Türchen aufgemacht werden. Nr. 24. Was da wohl hinter steckt? Das Türchen 24 ist nicht zu übersehen. Es ist genau in der Mitte des Adventskalenders. Der zeigt den Nikolaus vor einem Adventskranz, und weiter rechts auf dem Bild sieht man eine kleine Stadt mit einer Stadtmauer. In diese Stadtmauer ist ein Tor eingelassen. Und dieses Tor ist das größte Fenster im Kalender und das einzige, das noch nicht auf ist. Und auf den linken Flügel des Tores steht eine 2 und auf dem rechten eine 4. 24.
Ina steh auf und pult so lange mit dem Fingernagel, bis sich das Türchen öffnet. Sie sieht einen Esel, auf dem eine junge Frau sitzt, und daneben geht ein Mann. Aber Ina sieht sie von hinten. Sie kann sie gar nicht genau erkennen. Sie geht ganz nah heran, um genau hinzusehen. Der Adventskalender hängt vor dem Fenster, und draußen ist es schon ein bisschen hell, und das Licht beleuchtet die Gruppe im offenen Stadttor immer heller. Ina ist jetzt ganz dicht dran, und da werden der Mann und die Frau auf dem Esel ganz groß, und Ina sieht sich plötzlich hinter ihnen hergehen und hört sie reden.
„Maria“, sagt der Mann, „ich hätte nicht gedacht, dass es

so schwer werden wird, eine Unterkunft zu finden." Die Frau auf dem Esel sieht niedergeschlagen aus. „Ja, ja", sagt sie. „Es kennt dich keiner mehr hier. Obwohl du hier geboren bist, sind wir für sie Fremde. Klopf doch mal hier!" Ina sieht, wie der Mann an die Tür geht und klopft. Oben aus dem Fenster lehnt sich ein Hausbewohner heraus. „Was wollt ihr?" ruft er mürrisch. Der Mann zeigt auf die Frau auf dem Esel und sagt: „Wir suchen dringend eine Unterkunft. Hier, die junge Frau, sie ist schwanger." Ina sieht, wie der Mann einen Moment überlegt. Aber dann ruft er herunter: „Hier ist nichts frei. Schert Euch fort!" Und er knallt das Fenster zu. „Josef", sagt die Frau. „es gibt so viele Fremde hier, sie haben Angst vor uns." Josef zieht wieder den Esel am Zügel. „Warum soll man vor uns Angst haben? Wir tun doch keinem was zuleide. Wir wollen doch bloß einen Platz, wo wir uns ausruhen können..." Maria hält sich mit einer Hand fest, die anderen presst sie gegen ihren Leib. „...und wo ich mein Kind bekommen kann", ergänzt sie. Josef schweigt einen Moment. Dann sagt er: „Fremde stören ihre Ruhe. Sie haben Angst, dass sie teilen müssen, was sie sich erworben haben."
„Es sind schlechte Zeiten", sagt Maria. „Vielleicht kommt einmal eine Zeit, wo alle so viel haben, dass sie gerne und freudig denen schenken, die nichts haben." „Das wäre zu schön", meint Josef. „Wir werden das wohl nicht mehr erleben."
Plötzlich dreht er sich um und sieht Ina: „Weißt du vielleicht, wo wir irgendwo unterkriechen können." Ina blickt ihn verwirrt an. Sie sagt: „Ich glaube, einen Stall sollt ihr finden, mit einer Krippe darin. Das Kind wird da geboren." Josef runzelt die Stirn. Man sieht deutlich, dass er Inas Worten kaum glauben kann. „Woher willst du das wissen? Kannst du etwa in die Zukunft blicken?" Ina schluckt. Was soll sie sagen? Sie hustet. Schließlich aber hat sie ihre Sprache wiedergefunden. „Weihnachten", stößt sie hervor. „Wegen dem Kind!" Sie zeigt auf Marias Bauch. „Wegen deinem Kind feiern wir Weihnachten. Weil es geboren ist, im Stall, feiert man Weihnachten und man bekommt Geschenke." Josef sieht sie an, als ob sie nicht bei Verstand wäre. „Ich verstehe kein Wort",

sagt er, „wir jedenfalls bekommen nichts geschenkt. Wir sind hier fremd, obwohl ich hier geboren bin. Das ist schon bitter, wenn die eigenen Leute nicht einmal ein gutes Wort für einen haben.“ Maria sagt: „Du musst nicht so bitter reden. Ich bekomme bald ein Kind. Ist das nicht ein besonderes Geschenk? Ist nicht alles, was wir haben, ein Geschenk? Unsere Gesundheit? Unsere Kraft, unser Leben zu meistern, unser Vertrauen, auch in schwierigen Situationen zusammenzuhalten? Unsere Hoffnung, die uns auch fähig macht, Schweres auszuhalten?“
„Du hat recht“, sagt Josef. „Wir wollen Gott dafür danken. Aber lieb wäre es mir schon, wenn wir bald eine Unterkunft fänden, und sei es auch nur einen Stall.“
Ina wäre gerne noch weiter mitgegangen. Aber sie sieht plötzlich hinter sich ihre Mutter im Stadttor stehen. Die ruft: „Ina! Ina! Wach auf!“
Ina ist aufgewacht. Sie hat das nur geträumt von Maria und Josef. Ihr Blick fällt auf den Adventskalender am Fenster. Das Türchen 24 ist noch zu. Ina steht auf, um es aufzumachen. Dabei sieht sie durch das Fenster. Draußen geht ein Paar vorbei. Sie sehen aus, als kämen sie aus dem Orient. Die Frau ist schwanger. Ina sieht ihnen eine Weile nach. Die Mutter sagt zu ihr: „Denke daran, dass wir heute noch die Oma in Haus Abendfrieden besuchen wollen.“ „Ja“, sagt Ina. „Es ist schade, dass Oma manchmal nicht mehr so klar ist.“ Die Mutter sagt: „Ja, ihr Gedächtnis hat ein bisschen nachgelassen. Aber so ein paar Dinge kann sie noch regeln. Sie gießt zum Beispiel noch die Blumen in einem der Zimmer. Sie hat ein gutes Herz. Das ist wichtiger als alles andere. Daran wird man gerade zu Weihnachten erinnert.“ Ina sieht ihre Mutter nachdenklich an. Dann öffnet sie das letzte Türchen in ihrem Adventskalender.

Amen.

18. Weihnachtlicher Gestank: die Windeln

Lukas 2,7

26.12.1999 - 2. Weihnachtstag - Kirche

Es ist zweiter Weihnachtstag. Die Familie hat eben das Mittagessen eingenommen, das was vom Festtagsbraten am ersten Feiertag übrig war. Man wartet auf den Kaffee. Das fette Fleisch liegt schwer im Magen, eine leise Missstimmung zieht auf.

„Setz doch schon mal den Kaffee auf!" „Ich kann gerade nicht."

„Muss ich denn immer alles alleine machen?" Und schon wächst sich die Verstimmung zu einem Familienkrach aus. Vielleicht hat man auch ein Glas Wein zu viel getrunken. Jedenfalls kommen jetzt die Sachen auf den Tisch des Hauses, und nach und nach geht es ans Eingemachte. Alte Geschichten werden hervorgeholt, Leichen aus dem Keller geholt, alte Verletzungen reißen auf. Intimitäten werden preisgegeben, so richtig wird der innere Schweinehund herausgelassen.

Und das ausgerechnet zu Weihnachten, wo es doch eigentlich heißt ‚Frieden auf Erden'. Was sind wir doch für Menschen! Was steckt nicht alles in uns drin, das besser nicht ans Tageslicht geholt würde, und nun doch - in vielen Familien ist die Zeit unmittelbar nach Weihnachten die Zeit der Kräche.

Leider werden auch Pfarrersfamilien nicht von solchen Krächen verschont. Pfarrer M. ist ein wenig niedergeschlagen und flüchtet sich in sein Arbeitszimmer. Dort liegt noch die Bibel aufgeschlagen mit der Weihnachtsgeschichte, wo doch so schön vom Frieden die Rede ist, von dem nun leider an diesem Abend wenig zu spüren war. Dabei fällt sein Blick auf einen Vers, dem er bisher nie besondere Beachtung geschenkt hat, ein Versteil mit einem gewissermaßen leicht anrüchigen Charakter: Lukas, Kapitel 2, Vers 7: „..... und wickelte ihn in Windeln...".

Pfarrer M. stolpert gewissermaßen in diesen Vers hinein, er stutzt und fragt sich, warum der Evangelist Lukas diese so banale Tatsache erwähnt. Er hätte ja auch andere banale Tatsachen erwähnen können, die sich halt bei der Geburt eines Menschen ereignen, etwa: das Kind wurde abgewaschen,

oder es schrie und wurde angelegt, oder die Mutter drückte es an sich und wiegte es in den Schlaf. Nichts davon. Es heißt: „...und wickelte ihn in Windeln."
Wenn denn wenigstens die Windeln zu einem besonders heiligen Gegenstand geworden wären. Pfarrer M. fällt ein, dass ein anderes Stück Textil, das im Leben Jesu eine gewisse Rolle gespielt hat, in dieser Hinsicht erfolgreicher gewesen ist. Das Grabtuch Jesu, das berühmt-berüchtigte. Es hat die Menschen durch die ganzen 20 Jahrhunderte in Atem gehalten. Es gibt auch heute noch ernst zu nehmende Wissenschaftler - natürlich, meistens Amerikaner - die es für echt halten. Wie dem auch sei, von den Heiligen Windeln habe ich noch nie reden gehört. Es entzieht sich auch meiner Kenntnis, ob sie nicht doch irgendwo als Reliquie gehütet werden. Ich glaube eher nicht. Das wäre bestimmt bekannt.
Pfarrer M. grübelt weiter: Selbst das Mittelalter, das ja nun mit Legenden und frommen Geschichten nicht knauserte, erwähnt die Windeln kaum. Er holt sich ein Buch über Weihnachtslegenden und schaut nach. Da steht, dass ein franziskanischer Theologe aus dem 13. Jahrhundert über Jesu Windeln spricht. Aufgrund einer Erscheinung will er über die Ereignisse der Geburt Jesu genau informiert sein. Er behauptet, die Maria habe ihr Kind im Schleier ihres Hauptes gewickelt. Und die heilige Brigitta von Schweden aus dem 14. Jahrhundert redet in ihren Memoiren von linnenen Windeln. Jedenfalls konnte man sich die Windeln, in die das Jesuskind gewickelt wurde, nur als ganz besonders edel vorstellen.
Pfarrer M. denkt da als erfahrener Familienvater nüchterner. Die Windeln in der Weihnachtsgeschichte weisen doch wohl darauf hin, dass Marias Sorge in den ersten Stunden der Geburt weniger den dunklen Engelsprophezeiungen galt, sondern dem Problem, wie kann ich mein Kind in dieser ärmlichen Behausung sauber halten. Und das scheint Pfarrer M. in der Tat der springende Punkt der Windel zu sein. Gottes Sohn erschien als wahrer Mensch als ein Kind, das auch seine natürlichen Bedürfnisse hatte, ein Kind, das zwar in ärmlicher Umgebung geboren, aber doch von einer liebevollen

Mutter versorgt wurde, wie einer von uns.
Aber mit dieser Einsicht ist Pfarrer M. noch nicht zufrieden. Bei der Suche nach einer Antwort auf seine Frage, wie die Windeln in die Weihnachtsgeschichte gekommen sind, forscht er in den Schriften nach, die dem Evangelisten Lukas in seiner Zeit vorgelegen haben. Eines der Schriften, die damals bekannt waren und die auch in unserer Bibel bei den Apokryphen zu finden sind, ist das Buch der Weisheit. Dieses Buch wird dem König Salomo zugeschrieben, und hier gibt es eine Stelle, wo von Windeln die Rede ist. Diese bringt ein wenig Licht in die dunkle Geschichte von der Geburt Jesu. Pfarrer M. findet im 7. Kapitel dieses Buches einen Vers, wo der der weise König Salomo von sich selber redet:

> „Auch ich bin ein sterblicher Mensch wie alle anderen, ein Nachkomme des ersten aus Erde geschaffenen Menschen. Und bin Fleisch, im Mutterleib zehn Monate lang gebildet, im Blut zusammengeronnen aus Mannessamen und der Lust, die im Beischlaf dazukam. Auch ich habe, als ich geboren war, Atem geholt aus der Luft, die allen gemeinsam ist, und bin gefallen auf die Erde, die alle in gleicher Weise trägt; und Weinen ist wie bei den andern mein erster Laut gewesen, und bin in Windeln gelegt und voll Fürsorge aufgezogen worden. Denn auch kein König hat jemals einen anderen Anfang seines Lebens, sondern sie haben alle denselben Eingang in das Leben und auch den gleichen Ausgang.“

Pfarrer M. findet, dass sich hier die Windeln gewissermaßen wie eine Nabelschnur vom Alten Testament über die Apokryphen ins Neue Testament erstrecken. Was für den einen König Salomo gilt, wie er sich in den Apokryphen beschreibt, das gilt auch für den anderen König, nämlich, dass ihr Leben in Windeln beginnt, und es gilt eben nicht nur für Könige, sondern für den Menschen an sich überhaupt. Der König ist wie jeder gewöhnliche Sterbliche am Anfang ein Mensch, der gewindelt wird. Und auch Jesus, der ja noch mehr ist als Salomo und mehr ist als ein irdischer König, auch sein Weg führt ihn zu allererst in die Windeln. Die Windeln sind also

ein Prädikat für die Menschenebendbildlichkeit des Gotteskindes.
Pfarrer M. schlussfolgert: Wenn er, der König Salomo - und Salomo ist ja nicht irgendein König, sondern Symbolfigur für Weisheit - auch über die Bibel hinaus - wenn dieser Salomo von sich sagt: Ich war bei meiner Geburt nicht mehr als ein gewindeltes Menschlein, ich habe also anderen Menschen, was den Beginn meines Lebens angeht, vom Anfang her nichts voraus. Dann deutet die Erwähnung der Windeln bei der Geburt Jesu darauf hin, dass dasselbe auch von dem versprochenen Heiland gilt: am Anfang ein stinknormaler Mensch.
Trotz der weisen, dem König Salomo zugeschriebenen Worte findet Pfarrer M., dass eines immer noch nicht geklärt ist. Bei den klugen Sätzen, mit denen der antike König die Normalität seiner Geburt beschreibt, kommen ja auch andere Normalitäten zur Sprache, die in der Weihnachtsgeschichte nicht beschrieben werden., z.B. „auch ich habe, als ich geboren, war Atem geholt aus der Luft, die allen gemeinsam ist". Wäre das nicht einer Erwähnung wert gewesen bei der Geburt Jesu? Pfarrer M. fällt dazu auch eine Formulierung ein: „Und Maria gebar ihren erstgeborenen Sohn und er tat seinen ersten Atemzug." Man hätte damit durchaus einen theologischen Hintergrund ansprechen können. Da wäre an die Schöpfung erinnert, wie Gott dem ersten Menschen seinen Atem in die Nase geblasen hat und er damit zum lebendigen Menschen wurde. Also, wie beim ersten Adam, so auch beim zweiten Adam, dem neuen Menschen, der Neuschöpfung, dem wahren Menschen, dem Christus. Das wäre eine runde Sache gewesen. Aber es steht nichts vom ersten Atemzug, nur was von den Windeln. Oder: wie berichtet Salomo? „Und Weinen ist wie bei den andern mein erster Laut gewesen." Warum ist das nicht aufgenommen worden in die Weihnachtsgeschichte: „Maria gebar ihren erstgeborenen Sohn und er schrie."? Das hätte doch zum Schrei des sterbenden Jesu am Kreuz gepasst. Man hätte doch wunderbar einen Bogen spannen können: vom ersten Schrei des Kindes zu Weihnachten zum letzten Schrei am Karfreitag: Schon bei seiner Geburt hätte sich sein Sterben angekündigt. Aber es

steht nichts von einem Schrei in der Weihnachtsgeschichte, nur was von den Windeln.
Warum? fragt sich Pfarrer M. immer noch.
Er liest noch einmal die verschiedenen Aussagen, mit denen Salomo den Beginn seines Menschseins charakterisiert:

> „Auch ich habe, als ich geboren war Atem geholt aus der Luft, die allen gemeinsam ist, und bin gefallen auf die Erde, die alle in gleicher Weise trägt; und Weinen ist wie bei den andern mein erster Laut gewesen, und bin in Windeln gelegt und voll Fürsorge aufgezogen worden."

Dem Pfarrer fällt auf, dass dieser Text wundervoll das Gegensätzliche des menschlichen Lebens am Anfang beschreibt. Und was nach dem hebräischen Denken am Anfang ist, ist immer das Wesentliche. Am Anfang das Atemholen, der erste Atemzug eines Neugeborenen, wie notvoll, wie qualvoll, wie neu, und doch nimmt er ab jetzt von der Luft, die allen gehört, er integriert sich in die Umwelt der Natur und der Menschen. Zum ersten Schrecken tritt gleich die Fürsorge der Schöpfung Gottes, die jedem vom gewaltigen Reichtum der Atemluft abgibt. Und auch wenn der Mensch fällt und sich wehtut und schreit. Er fällt doch nicht ins Bodenlose, sondern auf eine Erde, die alle trägt. Erde und Luft, das Materielle und das Geistige, beides verursacht dem Menschen Not, aber es gibt immer auch das bewahrende Element der Schöpfung Gottes. -
Und was ist nun mit den Windeln?
Nach der mittelalterlichen Legende waren sie von edler Natur, das Kopftuch der Mutter Maria oder aber das linnene, edle Zeug. Doch Pfarrer M. sieht das anders:
Der Zweck, dem Windeln dienen, ist weniger edel. Die Windeln der Weihnachtsgeschichte erinnern mit Verlaub daran, dass auch das Heilige Kind Verdauung gehabt hat. Das heißt, sie sprechen einen ganz bestimmten Teil der Menschlichkeit an, wenn er es vor dem Hintergrund des Königs Salomos sieht: nicht allein das Bodenhaftige, schon gar nicht das Geistige, sondern das Fäkalische. Das Schmierige, das Schleimige, das Stinkende am Menschen, das Anrüchige.
Pfarrer M. wird auf einmal klar: Offensichtlich will der Ver-

fasser der Weihnachtsgeschichte sagen: Auch dieses gehört zur Menschlichkeit Jesu.

Pfarrer M. sieht plötzlich auch den größeren Zusammenhang: Die ganze Vorgeschichte der Geburt Jesu, sowohl wie sie Matthäus als auch Lukas erzählen, ist belastet mit der Anrüchigkeit einer ungeklärten Vaterschaft Jesu. Und doch: Gott ist der handelnde, der bewahrt und der auch mit dem Anrüchigen und der Anrüchigen sein Ziel verfolgt zum Heil der Menschen.

Denn auch das Anrüchige gehört zum menschlichen Leben dazu; mehr noch, es setzt dem wahren und wirklichen menschlichen Leben das I-Tüpfelchen auf. Deshalb erwähnt der weise Salomo seine Windeln, und deshalb nimmt sie auch die Weihnachtsgeschichte des Lukas mit auf.

Pfarrer M erinnert sich an ein Märchen der Brüder Grimm, in dem dieser Aspekt des Menschlichen eine Rolle spielt. Es ist das Märchen von den Drei Sprachen. Es ist kurz erzählt. Ein Graf, dessen Sohn nichts Rechtes lernen will, schickt ihn zu drei Meistern. Der erste lehrt ihn, wie die Hunde bellen, der zweite, wie die Vögel zwitschern, und der Dritte, wie die Frösche quaken. Der Vater wird von mal zu mal unzufriedener und verstößt schließlich den Sohn.

Der kommt nun zunächst zu einer Burg, in der es ihm gelingt, mit seinen Sprachkenntnissen die wilden Hunde, die das Land unsicher machen, zu bändigen. Sie verraten ihm einen Schatz, und er könnte nun als gemachter Mann leben. Aber die materielle Sicherheit ist nicht alles. Auf der Suche nach wahrer Menschlichkeit sucht er mehr. Er begibt sich auf eine Pilgerreise nach Rom. Unterwegs kommt er an einem Teich vorbei, und was die Frösche dort zu quaken haben, lässt ihn erschrecken. Als er in Rom ankommt, ist eben der Heilige Vater gestorben. Es heißt, der, bei dem sich zwei Tauben auf die Schultern setzen, der soll der Nachfolger sein. Kaum kommt der junge Mann in Rom an, setzen sich ihm die beiden Tauben auf die Schultern und sagen ihm vor, damit er die Messe lesen kann. Und er denkt daran, dass die Frösche im Teich unterwegs ihm seine Karriere als Heiliger Vater vorausgesagt haben.

Wer die höchste Stufe der Heiligkeit erreichen will, so deu-

tet Pfarrer M. dieses Märchen, muss mit drei wichtigen Ebenen des menschlichen Lebens vertraut sein: mit der Erde - dafür stehen die Hunde - mit der Luft, dafür stehen die Tauben - und mit dem Morast - dafür stehen die Frösche. Mit der Sprache der Hunde sichert der junge Mann im Märchen seine materielle Existenz, die Sprache der Vögel bereichern seine geistigen und geistlichen Fähigkeiten, aber die Sprache der Frösche macht ihn fähig, mit dem umzugehen, was den Menschen ekeln lässt, was in seinem Unterbewusstsein schlummert, wofür er sich vielleicht schämen müsste, auch das ist Teil seiner menschlicher Wirklichkeit, auch der eines Heiligen. Und der wahre Heilige muss sich dem stellen, muss lernen diese Dinge zu meistern.
Und so schließt Pfarrer M.: Zur Menschlichkeit Jesu gehören auch die Windeln, und deshalb werden sie in der Geschichte seiner Geburt erwähnt.
Pfarrer M. findet, dass die Frage, warum nun ausgerechnet die Windeln in der Weihnachtsgeschichte vorkommen, keine spitzfindige Frage von Theologen ist, denn es geht bei der Menschlichkeit Jesu auch immer um unser aller Menschlichkeit. Auch zu unserem Menschentum gehören diese Dinge der Scham, des Ekels, und auch wir sind gefragt, wie gehen wir damit um?
In der Weihnachtsgeschichte obliegt die Sauberkeit des kleinen Jesus noch der Fürsorge der Maria. Den Hirten auf den Feldern verkündigen die Engel Frieden auf Erden den Menschen Seines Wohlgefallens, und dieser Friede umfasst auch den Teil des Menschseins, der uns nicht geheuer ist, den wir gerne verstecken möchten, und der gerade zur Weihnachtszeit manchmal Schmutz nach außen wirft. Auch in der Familie eines Pfarrers. Aber letztlich gilt auch da. Friede auf Erden! Pfarrer M. wäre kein Pfarrer, wenn er nicht eine angemessen Botschaft hätte: Lassen wir uns diese Dinge von der liebenden Fürsorge unseres Gottes windeln.

Amen.

19. Der zu spät gekommene Hirte

Lukas 2,11

25.12.2000 - 1. Weihnachtstag - Kirche

Wir alle kennen die Weihnachtsgeschichte, die wir ja vorhin auch nach dem Evangelisten Lukas gehört haben. Demnach erschien in der Heiligen Nacht den Hirten ein Engel und verkündete die frohe Botschaft: Euch ist heute der Heiland geboren.
Und nach einer präzisen Ortsangabe, in denen die Hirten über den Ort Bethlehem und das Erkennungszeichen Krippe und Windeln informiert wurden, machten sie sich bekanntlich eilend auf und fanden beide, Maria und Josef, dazu das Kind in der Krippe liegend und so weiter. Das alles ist bekannt, man kennt es fast auswendig.
Was jedoch niemand weiß, ist, dass es einen Hirten gab, der die entscheidenden Stunden verpasste und überall zu spät kam.
Ich weiß nicht, ob es seine schlampige Veranlagung war - oder Vergesslichkeit, - beides kenne ich auch sehr gut - oder ob er einfach eine wichtige Arbeit draußen außerhalb der Hürden zu erledigen hatte, einen Wolf verfolgen, eine ausgerissene Ziege suchen, Holz für das Lagerfeuer holen – oder ob er auch bei einem Mädchen war. Man weiß es nicht. Jedenfalls, als der Engel kam, war er nicht da, und selbst den Glanz der himmlischen Heerscharen hatte er nicht mitbekommen. Er kam irgendwann zurück, fand die Hürden verlassen, die Tiere allein, das Feuer heruntergebrannt. Er pustete es wieder an, machte einen Rundgang um die Hürden, prüfte, dass da keine Stelle war, wo ein wildes Tier eindringen oder eines der zahmen ausreißen konnte und legte sich noch eine Runde schlafen bis der Morgen graute. Und erst dann, am nächsten Morgen, erreichte auch ihn die Kunde der Kollegen. Uns ist heute der Heiland geboren, heute in aller Frühe, als es noch dunkel war. Wir waren in Bethlehem, wir haben das Kind gesehen in einer Krippe liegend, und die Engel haben gesagt: „Christ, der Retter ist da!"
Und natürlich wollte er sich das nicht entgehen lassen, zu sehen, was die Kollegen erzählt hatten. Die Engel waren weg,

aber das Kind mit seinen Eltern musste noch im Stall sein, so schnell konnte eine Wöchnerin nicht verschwinden. Also machte er sich auch auf und kam, nicht gerade eilend, eher gemächlich, am nächsten Morgen, so gegen halb 11, also zu unserer Gottesdienstzeit, in den Stall von Bethlehem.
Man weiß natürlich nicht, ob Maria und Josef nach der langen und ereignisreichen Nacht sehr erbaut waren von seinem Besuch. Wer wird schon gerne gesehen, wenn er hereinkommt und sagt: „Entschuldigen Sie, ich gehöre zu den Hirten, aber ich konnte gestern Abend nicht, ich war verhindert." Vielleicht hat Josef ihn der Gastfreundschaft der damaligen Zeit entsprechend zwar hereingelassen, sich aber dann doch so frei gefühlt, den zu spät gekommenen Gast um allerlei Handgriffe zu bitten. „Ach, kannst du mir mal ein paar Scheite Holz klein hacken, wir brauchen auch frisches Stroh, und wenn du dem Esel etwas Heu und Hafer zu fressen gäbest, wäre das nett von dir." Und durch diese kleinen Handgriffe und Gefälligkeiten und durch die sich dabei ergebenden Gesprächsfetzen war es dem Hirten möglich, mehr von der heiligen Familie zu sehen und zu verstehen, als seine Kollegen, die ja nur die Zeichen wahrnahmen. Jene prüften kurz, ob es stimmte, was die Engel sagten: Ein Kind, in Windeln gewickelt und in einer Krippe liegend", und dann mussten sie ja sofort die Neuigkeit unter die Leute bringen. Der zu spät kommende Hirte aber ließ sich Zeit. Und er hatte die Muße, sich seine eigenen Gedanken zu machen:
Zunächst einmal fiel ihm auf, dass mit dieser Familie irgendetwas nicht stimmte. Es war keineswegs eine harmonische Einheit, wie sie später gerne von der Kirche als Vorbild für alle Familien dargestellt worden ist. Unser verspäteter Hirte spürte durchaus eine gewisse innere Distanz zwischen diesem Paar. Als er einmal zusammen mit Josef draußen Holz hackte und ihn fragte, warum er eigentlich nach Bethlehem gekommen sei, wo er doch einen galiläischen Dialekt spreche, da erklärte ihm sein Gastgeber stolz, er, Josef, sei aus der Nachkommenschaft des legendären König Davids. Das passt gut, dachte sich der verspätete Hirte, glauben doch viele, dass der versprochene Retter vom Stamme David sein müsse.
Später jedoch, als er Maria half, den Esel zu füttern, tat die-

se sehr geheimnisvoll. Sie erzählte ihm, sie sei gar nicht mit Josef verheiratet, sondern nur seine Verlobte. Und das Kind sei gar nicht von Josef, ein Engel habe ihr gesagt, dass sie vom Geist Gottes schwanger werde, und dass sei wohl auch so, denn Josef habe ihr noch nicht beigewohnt. Natürlich wusste der Hirte als Kind seiner antiken Zeit auch von anderen großen Männern. Von vielen gab es solche Geschichten, dass sie jungfräulich gezeugt worden wären. Also stand wohl auch einem so bedeutenden Kinde wie diesem eine jungfräuliche Geburt gut an, wenn von ihm die Engel sangen, es sei der Retter der Welt. Nachkomme Davids durch Josef und jungfräuliches Kind ohne Josef, jedes für sich passte gut zu dem wunderbaren Kind - nur beides zusammen stimmte hinten und vorne nicht.

Und überhaupt, gab es eine weitere Ungereimtheit: Warum waren die Engel nicht hier, bei der Krippe erschienen, sondern draußen bei den Hirten auf dem Felde? War die Verkündigung wichtiger als der Vorgang? Warum schickte Gott seine Engel zu den Menschen und nicht zu dem göttlichen Kind? Die Engel hatten dafür gesorgt, dass seine Kollegen sich in Bewegung setzten, um die Geschichte zu sehen, die da geschehen ist. Und zwar mit allen Mitteln. Eine Engelerscheinung kam, wie er sich erinnern konnte, nicht gerade häufig vor, nicht einmal in der Bibel. Und wenn, dann erschienen Engel vielleicht einzelnen, besonderen Menschen. Aber hier hatten sie sich gleich an eine ganze Gruppe von Menschen gewandt, an seine Hirten-Kollegen. Und nicht nur, dass ein Engel erschien, sondern am Ende dieser Erscheinung trat gleich der gesamte Hofstaat Gottes auf. Die Menge der himmlischen Heerscharen.

Und zu dem ganzen Jubel, zu dieser Gloria und dem Glanz der Erscheinung passte eigentlich gar nicht, was da als Zeichen zu sehen war: Ihr werdet finden das Kind in Windeln gewickelt und in einer Krippe liegend.

Natürlich hatte der Hirte genügend Zeit gehabt, sich die Krippe genau anzusehen. Es war keineswegs eine symbolische Futterkrippe aus Marmor oder Gold, sondern man mag angesichts des Ortes der Handlung diesen Ausdruck verzeihen, es war eine „stink"normale Futterkrippe. Der

erste Aufenthaltsort des göttlichen Kindes war die Stelle, an der sonst Tiere ihre allerprivimitivsten Bedürfnisse befriedigten, nämlich zu fressen und zu saufen. Merkwürdig, dass die Engel, die himmlischen Boten, ihn an einen solchen Ort schickten, wo das Neugeborene dem Tierischen nahe war, als wollten sie sagen: der neugeborene Retter ist da, wo gefressen und verdaut wird. Er ist so sehr ein Mensch, dass er am Anfang ist wie ein Tier. Sein erster Platz ist bei den Tieren; die Menschen hatten für ihn ja keinen Platz. Und doch ist er der versprochene Retter von Gott, der kommt zum Heil der ganzen Welt.
Lange saß der verspätete Hirte - er hatte ja genügend Zeit - vor der Krippe und betrachtete das Kind. Aber keineswegs kann unser verspätete Hirte bezeugen, was spätere legendenhafte Erzählungen berichten, dass es an der Krippe wunderbar zugegangen sei oder - wie es sogar der Koran wissen will - dass dieses Kind zu sprechen begann und schon als Säugling den Menschen von Gott verkündigte. Nein, das Kind war nichts Besonderes. Besonders war der Ort seiner Geburt - ein wenig unterhalb der Norm; besonders war die Bekundung der Bedeutung seiner Geburt durch den Engel – weit oberhalb jeder Norm. Er verkündete: „Freude für das ganze Volk. Euch ist heute der Retter geboren, der Messias, der Herr, in der Stadt Davids. Und dann die Menge der himmlischen Heerscharen: Ehre sei Gott und Friede auf Erden den Menschen seines Wohlgefallens."
Auch das: wieder eine Merkwürdigkeit:
Schließlich noch fiel dem verspäteten Hirten auf, als er länger darüber nachdachte:
Messias, Volk, Retter, Stadt Davids, alle diese Begriffe entstammten einer Hoffnung, dass sein Volk befreit würde von Fremdherrschaft; dass wieder die alten Zeiten der Großmachtstellung unter dem König David zurückkehren würden. Jeder kannte diese nationalistisch-religiösen Hoffnungen. Also war dieses Kind ein zukünftiger politischer Befreier, ein Freiheitskämpfer für das jüdische Volk, ein Revolutionär gegen Ausbeutung und Tyrannei? Aber dann war da noch das andere: Friede auf Erden; nicht nur im eigenen Lande: auf Erden, also auch mit den anderen Völkern. Ehre für Gott!

Sollten denn auch die Römer anfangen, an den einzigen Gott der Juden zu glauben, oder noch andere Völker? Konnte das denn möglich sein, Freiheit von den Römern - und zugleich Friede auf Erden, Freiheit von den Tyrannen - und zugleich Friede mit ihnen?

Der geneigte Zuhörer wird gemerkt haben, dass der zu spät gekommene Hirte unsere Position einnimmt. Denn auch wir sind ja verspätete Gäste der heiligen Nacht, nicht nur verspätet um wenige Stunden, sondern um fast 2000 Jahre.

Auch für uns lösen sich die Widersprüche der Weihnachtsgeschichte nicht einfach auf:

Die Widersprüchlichkeit der Beziehung zwischen dem Paar Maria und Josef, die Widersprüchlichkeit, dass der Retter, der Herr, ein Kind ist, das den Tieren fast näher ist als den Menschen; die politische Widersprüchlichkeit, dass die Freiheit der Opfer nur dann zu erlangen ist, wenn es Frieden gibt zwischen Opfern und Tätern.

Aber spiegelt die Weihnachtsgeschichte mit ihren Widersprüchlichkeiten nicht auch die Widersprüchlichkeit der Liebe wieder? Geben ist seliger denn nehmen, heißt es einmal in der Apostelgeschichte. Kinder freuen sich über Geschenke. Aber wenn man erwachsen wird, weiß man: das schönste Geschenk ist die Freude im Gesicht des beschenkten Nächsten. Bei meinem vorweihnachtlichen Besuch im Altenheim traf ich eine Dame, da sagte die Schwester: „Sie hat alle Blumen, die sie bekommen hat, verschenkt. Sie ist ja so glücklich."

Vielleicht erwartet man von einer Weihnachtspredigt neue oder alte Antworten auf menschliche Fragen.

Weihnachten schenkt Gott seinen Sohn, Gott wird Mensch, Gottes Sohn in einem Stall;

Aber einfache Antworten überleben sich, wenn nicht auch Widersprüchliches ihnen beigemischt ist, das zu jeder Zeit neu herausfordert.

Diese Herausforderung traf den zu spät gekommenen Hirten damals und sie trifft uns noch später Gekommene heute. Widersprüche in den Antworten sind dazu da, dass wir uns an ihnen reiben, aber dass wir auch geistig und geistlich an ihnen wachsen. Sie halten uns lebendig, aber auch Weihnachten und was es bedeutet.

Und deshalb danken wir Gott jedes Jahr neu, dass er uns mit seinem Sohn ein Geschenk gemacht hat, das nie seine Spannung und seine Herausforderung an uns verliert. Gott segne uns.

Amen.

---

20. Der unter die Räuber Gefallene erzählt

Lukas 10,25-37

14.9.2003 - 13. So. n Tr. - Kirche

Übersetzung Walter Jens:

> Ein Schriftausleger, der Jesus auf die Probe stellen wollte, ging auf ihn zu: „Du bist ein Lehrer, sag, was muss ich tun, um das ewige Leben zu gewinnen?"
> „Du kannst doch lesen", sagte Jesus, „was steht im Gesetz?"
> „Lieben wirst du den Herrn, deinen Gott", antwortete der Schriftausleger, „mit deinem Herzen, deiner Seele und deinen Gedanken - mit all deiner Kraft! Lieben wirst du den, der ein Mensch ist wie du – deinen Bruder! Du wirst ihn lieben, wie du dich selbst liebst!"
> „Du hast richtig geantworter", sagte Jesus, „tu's, und du wirst leben."
> Der Schriftausleger wollte sich rechtfertigen: „Wer aber ist mein Bruder", fragte er, „was heißt ‚ein Mensch wie ich'?"
> „Es gab einen Mann", begann Jesus, „der von Jerusalem nach Jericho ging und, zwischen dem Gebirge und der Ebene, den Räubern in die Hände fiel. Die warfen ihn nieder, zogen ihn aus, schlugen ihn halbtot und ließen ihn liegen:
> So fand ihn ein Priester, der zufällig den gleichen Weg ging wie er. Der sah den Mann – und ging weiter.
> Später kam ein Levit an die Stelle; auch er sah den Mann – und auch er ging weiter.
> Schließlich kam ein Samariter vorbei, und als der den

Mann sah, hatte er Mitleid mit ihm, trat auf ihn zu, wusch ihm seine Wunden mit Öl und Wein aus, verband sie, hob den Mann auf sein Lasttier und brachte ihn zu einer Herberge.
Dort versorgte er ihn und blieb bei ihm bis zum anderen Tag.
Dann gab er dem Wirt zwei Silberstücke: ‚Das ist für die Pflege,' sagte er, ‚wenn du mehr brauchst, will ich dir's bezahlen. Ich komme zurück.'
Was meinst du," fragte Jesus, „wer von den dreien stand dem Überfallenen bei? Wer ist ihm ein Bruder gewesen?"
Da sagte er Schriftausleger: „Der Barmherzige ist es gewesen", und Jesus antwortete ihm: „Tu, was der Samariter getan hat. Geh – und sei wie er!" **(aus: Der Barmherzige Samariter, hg. V. Walter Jens, Stuttgart 1973, 1.Aufl., S.7f)**

Ich bin der, der unter die Räuber gefallen ist.
Was ich zu berichten habe, ist den meisten bekannt. Aber habt ihr es wirklich schon mal aus meiner Perspektive gehört?
Also: Die Straße von Jerusalem nach Jericho ist ja berühmt-berüchtigt. Fast 1000 Höhenmeter führt sie tief in den Jordangraben, in endlosen Windungen. Es gibt dort hervorragende Schlupflöcher für allerlei Gesindel. Jeder weiß es. Aber natürlich, wenn man als Händler unterwegs ist, muss man etwas riskieren. Meistens geht es ja gut. Man trifft andere, mit denen man zusammen gehen kann und kann sich sicherer fühlen. Aber an diesem Tag war niemand auf der Straße. Ich musste also alleine durch. Ihr könnt euch vorstellen, dass mir das Herz klopfte. Vielleicht zieht gerade so was das Gesindel an. Jedenfalls hatte ich Pech. Irgendwo hinter einem Felsen stürzten sie auf mich zu, die Kerle, rissen mich nieder, hielten mich fest, nahmen mir alles ab, was ich hatte, sogar das, was ich auf dem Leibe trug. Dann versetzten sie mir Fußtritte, schlugen mit Knüppeln auf mich ein. Ich verlor das Bewusstsein. Irgendwann wachte ich wieder auf. Sie hatten mich halbtot liegen lassen und waren verschwunden. Könnt ihr euch vorstellen, wie das ist, wenn man so wehrlos

ist und erleben muss, wie man so erbarmungslos zusammengeschlagen wird? Wenn einem Gewalt angetan wird, und man hat nicht die leiseste Chance, etwas dagegen zu tun? Alles Schreien, alles Bitten hilft nichts.
Für manche Leute ist es ja schon schlimm, wenn ein Taschendieb ihnen das Portemonnaie geklaut hat, oder wenn in ihre Wohnung eingebrochen oder ihr Auto aufgebrochen wurde. Man ärgert sich, man stellt sich vor, was man mit diesen miesen Ganoven, die das getan haben, machen müsste, man hat Rachegefühle. Diebstahl und Raub zerrütten das Urvertrauen. Man kann nicht mehr gehen, ohne Angst zu haben. Viele Menschen, in deren Wohnungen eingebrochen wurde, können sich darin nie mehr angstfrei bewegen.
Und umso schlimmer, wenn einem körperliche Gewalt angetan wird. Die Ohnmacht, die man empfindet, die Wut, die Hilflosigkeit; Kann man noch an das Gute im Menschen glauben, wenn man so etwas erlebt hat? Ist nicht das seelische Trauma viel gravierender noch als die körperlichen Verletzungen, wenn sie denn heilen? So lag ich da. Mal voll Wut, mal total am Ende, ich wollte am liebsten sterben, ich fühlte mich von Gott und aller Welt verlassen.
Bis sich dann jemand näherte. Durch ein halbgeschwollenes Auge konnte ich erkennen, was das für einer war. An seiner Kleidung. Und plötzlich kehrten meine Lebensgeister zu mir zurück, als ich ihn erkannte. So ein Glück! „Zufällig hat Gott einen Priester zu mir geführt, welche Gnade!" So dachte ich. Erwartungsvoll drehte ich mich ihm zu. Ein Priester muss doch die Gebote kennen: Liebe Gott, liebe deinen Nächsten! Er muss mir helfen. Er gehört doch meinem Volk an. Er teilt doch meinen Glauben. Er muss doch Vorbild sein: Bestimmt wird er mir helfen.
Aber was auch immer seine Beweggründe gewesen sein mögen. Er sieht mich zwar, ich sehe deutlich, wie er einen Augenblick stutzt. Aber dann geht er vorbei.
Wieder versinke ich in Mutlosigkeit. Wenn schon ein Priester nicht hilft, wer soll denn dann noch für mich da sein? Wer wird mein Nächster, wer mein Bruder sein?
Wieder kommt jemand. Und wieder schöpfe ich Hoffnung. An der Kleidung erkenne ich: Es ist ein Levit, ein Angehö-

riger des Stammes aus Israel, denen der Dienst am Tempel anvertraut ist. Vielleicht hat ja ein Priester besondere Gründe, sich mit so einem wie mir nicht abzugeben. Aber einer vom praktischen Personal, der doch auch gelernt hat, dass Frömmigkeit eine praktische Seite haben muss, wenigstens der wird mir doch helfen.
Aber wieder werde ich enttäuscht. Er sieht mich liegen. Und geht weiter.
Wieder versinke ich in Traurigkeit. Wenn das die Welt der Religion und des Glaubens ist. Hat sie dann überhaupt noch einen Wert?
Wieder nähert sich jemand. Ein Mann mit einem Lasttier. Aber diesmal kann ich wohl nicht mit Hilfe rechnen. Es ist ein Mann aus Samaria. Wir Juden sind mit denen verfeindet. Und sie natürlich auch mit uns. Wir gehen uns gegenseitig aus dem Wege. Sie gehören nicht mehr zu unserem Volk, seitdem sie sich mit anderen Völkern vermischt haben. Und sie halten es mit der Frömmigkeit nicht so genau. Sie gelten als abtrünnig, fast so wie heidnische Götzendiener. Schlimmer noch, denn sie müssten's besser wissen. Jedenfalls von so einem habe ich nichts zu erwarten.
Und doch. Welches Wunder! Gerade der kommt auf mich zu. Er untersucht mich. Wäscht meine Wunden mit Öl und mit Wein. Hebt mich auf sein Lasttier, und so bringt er mich zu einer Herberge am Wegesrand. Mir, der ich ihm nichts geben kann, weil man mir alles genommen hat, mietet er ein Zimmer, zahlt für mich, opfert seine Zeit, bleibt sogar noch einen Tag, um mich zu pflegen. Dann werde ich Zeuge, wie er dem Wirt zwei Münzen gibt, so viel, wie ein Tagelöhner in zwei Tagen verdient. Er zahlt für meine Pflege im Voraus und verspricht, wiederzukommen und noch mehr zu zahlen, falls das erforderlich sein sollte. Das tat für mich ein Samariter, ein Fremder, ein Feind. Aber er wurde mein Nächster.
Jetzt habe ich euch meine Geschichte erzählt. Aber es gibt noch mehr über mich zu sagen. Ich bin ja eigentlich kein Mensch aus Fleisch und Blut, keine geschichtliche Persönlichkeit. Ich verdanke meine Existenz der Erzählkunst des Jesus von Nazareth. Er hat sich mich ausgedacht. Es sieht so aus, als wäre ich dadurch festgelegt. Ich habe keine andere

Geschichte, als nur Opfer zu sein. Opfer schlechthin. Als der Zusammengeschlagene, Vergewaltigte, Verhungernde, Verletzte. Wo immer einer euch im Weg liegt und Hilfe braucht. Wo auch immer, wann auch immer. Das bin ich.
Aber ich bin keineswegs wehrlos. So wie Jesus sich mich ausgedacht hat, habe ich eine große Macht.
All die Zögernden, die ernsthaften, die überlegen, wo kann ich helfen, wo sind auch Grenzen zu setzen, bin ich nicht überfordert und was bringt es eigentlich letztlich, wenn ich helfe? Alle die mit den klugen Gedanken und frommen Einwänden, ich ziehe sie alle, jeden einzelnen, hierher zu mir in den Staub. Auch den Schriftgelehrten. Ich packe ihn, tue ihm das Gleiche an, was mir angetan wurde, und dann lass ich ihn halbtot liegen. Ich steh auf und geh. Und dann ist er wie ich. Und ich bin wie er und kann es mir aussuchen, ob ich ihm helfe oder nicht. Ich komme zurück als Priester, und gehe vorbei, ich komme als Levit und lass ihn liegen. Und tauche ihn in das Wechselbad von Hoffnungen und Enttäuschungen. Und ich komme zuletzt, womit er am wenigsten rechnet, als Samariter, und ich helfe ihm. Und er wird die Freude spüren, die mir geschah. In der Rolle des Fremden, des ganz anderen, des Feindes, werde ich ihm zum Nächsten, den ich liebe, denn er ist wie ich. Und er liebt mich, seinen Retter.
Ich bin aber nicht nur eine erdachte Denkfigur des Jesus von Nazareth. Ich bin auch eine literarische Figur des Evangelisten Lukas. Ich bin eine biblische Figur, wenn auch bloß eine erdachte. Aber nichtsdestoweniger haben alle Menschen, die jemals meine Geschichte gehört haben, eine Vorstellung von mir. Ich gehöre zu ihren Bildern. Bewusst oder auch unbewusst mache ich mich bemerkbar, wenn euch einer im Weg liegt, der eure Hilfe braucht, ganz konkret, dann bin ich das, der da liegt. Und ihr möchtet nicht sein wie der Priester oder der Levit, sondern sein wie der Samariter, weil ich euer Mitleid erregt habe. Und ihr wollt retten, weil ihr selber gerettet seid.
Lukas, der von Jesus redet, ist ein Komponist. In seiner Geschichte klingt als Motiv an, was das Evangelium zum Klingen bringen will. Du bist der unter die Räuber Gefallene,

der du unter deiner Sünde leidest, der du von der Angst beherrscht bist und unter der Gewalt des Bösen stehst. Und er, Jesus, der Herr, kommt und rettet dich. Er, der selber später unter die Räuber fällt und deinen Platz annimmt - unter dem Kreuz als Geschundener. Und deshalb begegnet er dir auch in jedem anderen Geschundenen. Das mag ein Wechsel sein!
Bei Matthäus heißt es: Was ihr einem der Geringsten getan habt, das habt ihr mir getan.
Seht ihr, das ist meine Geschichte: die Geschichte, des unter die Räuber Gefallenen, der mal diese, mal jene Identität annimmt. Und der euch immer begegnen kann, nicht um euch ein schlechtes Gewissen zu machen, sondern um euch daran zu erinnern, wie stark die Liebe ist, die unser Herr für uns hat, die Grenzen übersteigt, die einfach für euch da ist, dass ihr euch von ihr nehmt und sie lebt.

Amen.

---

21. Es spricht der Wirt: Diakonie ist auch ein Geschäft

Lukas 10,25-37

5.11.1999 - Kreissynode-Petrikirche/Mülheim
Thema der Synode war Diakonie

Ich bin eine jener Figuren, die es gar nicht gibt, weil sie erdachte Figuren sind, die aber doch wirklich vorkommen. Aus den Geschichten drängen wir heraus, nisten uns in den Köpfen und Herzen lebendiger Menschen ein und existieren so als ihre manchmal offenen, manchmal heimlichen Leitbilder und bekommen so unser Leben und unsere Wirklichkeit.
Ich verdanke meine Existenz der Phantasie Jesu als eine Figur im bekannten Gleichnis vom barmherzigen Samariter.
Aber, um es gleich vorweg zu sagen, ich bin nicht der Held der Geschichte, auch nicht eine der bekannteren Nebenfiguren, weder einer der vorübergehenden mehr oder weniger geistlichen Herren noch der unter die Räuber gefallene noch einer der Räuber - obwohl Kostenträger mich oft als solchen ansehen. Nein ich bin eine mehr zufällige Randfigur,

die eigentlich mehr zu den Requisiten gehört, als dass sie selber Handlungsträger ist. Ich bin genauer gesagt, die letzte Randfigur der Geschichte: Ich bin der Wirt.
Ich muss sagen, dass ich mit dieser Rolle meine Probleme habe. Ich fühle mich ehrlich gesagt missbraucht. Denn ich verdanke meine virtuelle Existenz dem Umstand, dass Jesus noch eine Figur brauchte, um das gute Werk des Samariters als noch größer herauszustellen, als es sowieso schon war. Der Samariter, der Fremde - er wird ja heute gerne mit einem Türken verglichen, gleicher Gott, aber anderer Glaube - er hilft dem unter die Räuber Gefallenen, wo doch die beamteten Gottesdiener vorübergehen, und - das ist ja das Tolle, wo ich dann in die Geschichte komme - er drückt mir einen Geldbeutel in die Hand, und gibt mir den Auftrag, den Verletzten zu pflegen, und verspricht, darüber hinaus, noch mehr zu zahlen, wenn es notwendig sein sollte. So toll ist der. Und ich, ich stehe da, halte die Hand auf und sage gar nichts. Ich werde ja nicht einmal gefragt, ob ich nicht vielleicht auch seinem Beispiel folge und um Gotteslohn ihn pflege. Ich stehe auch nicht zur Debatte, wenn es darum geht, wer ist wem der Nächste. Ich bin ja bloß der Wirt, Staffage für die guten Werke anderer.
Dabei habe ich die Hauptarbeit. Gut, ich gebe zu, es war eine moralische Leistung des Samariters, sich auf der Straße, wo es nicht ungefährlich war, anzuhalten und sich über den Verletzten hinabzubeugen. Und ich finde es auch gut, dass der Meister die Geschichte so erzählt, dass nun der Samariter keineswegs den Verletzten mit zu sich nach Hause nimmt, oder falls der eine Reise dahin nicht übersteht, alle seine Geschäfte aufgibt, und bei ihm bleibt. Auch die Barmherzigkeit des Samariters hat Grenzen. Doch er sorgt weiter für ihn, indem er ihn materiell versorgt und mir anvertraut. Wo die Barmherzigkeit des Samariters aufhört, beginnt meine Professionalität, die Professionalität des Wirtes.
Wenn mich auf der einen Seite meine Randlage im Gleichnis schmerzt, so möchte ich doch herausstreichen, dass Jesus mir auch eine gewisse Würde gegeben hat. Im traditionellen Märchen, z.B. in Tischlein-Deck-Dich, kommt der Wirt schlecht weg, nämlich als Betrüger. In der Beispielgeschich-

te Jesu habe ich eine bessere Rolle. Ich bin keineswegs ein Diener oder ein Sklave. Ich bin ein freier, selbständig denkender Unternehmer, was viele, die heute als Krankenpfleger in der Diakonie Tätigen, nicht sind.
Ich lebe davon, dass ich Menschen unterbringe und versorge, die auf der Durchreise sind. Ein Krankenhaus gab es nicht zu der Zeit, als meine Geschichte erzählt wird. Nur die Institution der Herberge und seinen Betreiber, den Wirt. Und obwohl ich im Gleichnis Jesu nur eine Randfigur bin, leiste ich die Hauptarbeit. Wenn mich auch der Samariter bezahlt hat, gewissermaßen meine Arbeitszeit zugunsten des Verletzten eingekauft hat, macht er sich nun nicht mehr die Hände schmutzig. Die alltägliche Arbeit leiste ich. Er hat ihn vielleicht einen halben Tag auf seinem Esel sitzen gehabt, hat ihn auch verbunden, und ist eine Nacht bei ihm geblieben. Das erzählt Jesus ausdrücklich, aber ich bin in der folgenden Zeit jeden Tag um ihn, verbinde ihn; ich muss es ertragen, wenn er stöhnt. Ich muss mir sein Jammern anhören und seine Geschichten, und, was das Schlimmste ist, ich muss auch das schlechte Gewissen auf mich nehmen, wenn ich mal keine Zeit für ihn habe. Denn schließlich habe ich noch andere Gäste zu versorgen. Ich lebe von dieser Arbeit. Ich habe eine Familie zu ernähren und einen Betrieb zu erhalten. Da hängen auch Arbeitsplätze dran. Ich kann es mir nicht leisten, umsonst zu arbeiten. Wenn ich genau darüber nachdenke, finde ich entlastend, dass Jesus in der Geschichte mir gar keine Chance einräumt, wie der Samariter ehrenamtlich tätig zu werden. Er erzählt so selbstverständlich davon, dass ich entlohnt werden muss, als wenn er davon erzählte, dass ein Dachdecker entlohnt wird, der das Synagogendach repariert. Kein Mensch würde erwarten, dass ein Dachdecker umsonst arbeitet. Kein Mensch fragt auch nach seinem Glauben; es wird erwartet, dass er sein Handwerk versteht und preisgünstig arbeitet. Aber nicht umsonst, um Gotteslohn. Ich bin Jesus dankbar, dass er in der Geschichte auch vom Geld redet und selbstverständlich voraussetzt, dass es auch diakonische Tätigkeit gibt, die bezahlt wird.
Und darüber hinaus nennt er sogar eine konkrete Summe, die mir der Samariter aushändigt. Zwei Silberstücke sind

zwei Tageslöhne eines Landarbeiters. Bei einer Tagesleistung von etwa 10 Stunden pro Tag sind das 20 Stundenlöhne. Wenn ich also 1 Silberstück rechne für Verpflegung, Betriebskosten, Löhne von zu arbeitenden Knechten und Mägden, Steuern usw., dann, habe ich 10 Stunden Zeit für den Patienten. 10 Tage lang je eine Stunde, oder 5 Tage 2 Stunden. Ich habe jetzt mit dem Lohn eines Tagelöhners vom Lande gerechnet. Der Samariter hat aber von mir keine Landarbeit, sondern die professionelle Arbeit eines Wirtes und Krankenpflegers gekauft. D.h. ich hätte das Recht, meinen Stundenlohn höher anzusetzen. Anstatt 10 Stunden Arbeit wären für den Preis von einem Silbergroschen auch 8 Stunden angemessen. Denn es kommt mir ja meine Professionalität zugute. Ich bin geübt im Verbände wechseln und brauche weniger Zeit als ein ungelernter Samariter.
Sie finden das herzlos, wenn ich so über meine Arbeit am Patienten rede? Sie meinen, ich müsse da mehr mit Gefühl, mit mehr Menschlichkeit heran gehen? Mehr das Wohl des Patienten im Blick haben? Und schon gar nicht über Geld sprechen?
Aber auch Menschlichkeit muss verwaltet werden, muss planbar sein. Denn die Ressourcen sind begrenzt, sowohl, was die finanziellen Ressourcen angeht, aber auch was die psychischen Ressourcen angeht, die jeder hat. Und ich weiß, dass meine Nachfolger, die vielen Menschen, die in der Diakonie für Geld arbeiten, Gegenstand von Plänen sind, sie werden verplant, in Planstellen, in Arbeitszeittakten, in Bemessungs-Einheiten. Und sie selber planen den Einsatz ihrer Minuten und ihre abrechenbaren Leistungen.
Ich möchte einmal fragen, wie denkt man eigentlich beim Verlesen des Gleichnisses über die Arbeitnehmer der Diakonie?
Die meisten werden sie mit dem barmherzigen Samariter vergleichen wollen. Und man hat manchmal den Verdacht, dass ihnen zwar auf der einen Seite mit dieser Rolle auch die Tugenden der Barmherzigkeit zugeschrieben werden, was sehr gut klingt, aber auf der anderen Seite kann man ihnen mit dieser Rolle auch ein schlechtes Gewissen machen, denn schließlich hat der Samariter umsonst geholfen.

Doch die vielen bezahlten Kräfte in den diakonischen Häusern, sind nicht in der Rolle des Samariters. Denn sie kommen nicht zufällig im Krankenhaus oder Altenheim vorbei und helfen keinem aus Mitleid. Sie kommen zur Pflege, weil das ihr Beruf ist, sie haben das gelernt und sie leben davon. Ihre Rolle ist meine Rolle, die des Wirtes.

Die Rolle des Samariters aber ist die des diakonischen Arbeitgebers, der mich, den Wirt, bezahlt. Und dieser Arbeitgeber - dichterisches Geschöpf aus Jesu Phantasie - ist ein Arbeitgeber, der am Wohl des Verletzten interessiert ist. Jesus legt ihm in den Mund, dass er bereit ist, für eine begrenzte Zeit einen genau festgesetzten Preis aufzuwenden. Es gefällt mir, dass sogar eine konkrete Summe genannt wird. Dieser Punkt macht auch das Buchhalten zum Charisma. Geld stinkt nicht nur, sondern es kann auch Leben retten. Und es muss klar sein, dass es begrenzt ist. Das ist der Grund, warum eine konkrete Summe genannt wird. Es muss also auch sinnvoll eingesetzt und darf nicht verschwendet werden.

Darin gleicht der Samariter den Arbeitgebern von heute.

Aber darüber hinaus zeigt der Samariter-Arbeitgeber, und damit Jesus, dass es letztlich in der Aufwendung der Leistungen um das Wohl des Verletzten geht. Er versichert mir, dem Wirt: Wenn mehr gebraucht wird für die Pflege, darf es nicht am Geld scheitern. Ich will wiederkommen und mehr bezahlen.

Ich, der Wirt, habe nun zu verantworten, wie ich die Pflege durchführe. Das ist mein Teil an Menschlichkeit, den ich einbringe. Professionalität und Ehrlichkeit. Denn natürlich könnte ich den Samariter betrügen, das Geld für mich behalten und den Kranken vernachlässigen. Aber darin sehe ich meine moralische Herausforderung, meine Arbeit gut zu machen, und meine Zeit für den Patienten einzusetzen, und die Mittel, die mir zu Verfügung gestellt werden, nicht zu vergeuden. Und ich weiß mich darin von meinem Samariter-Arbeitgeber unterstützt, denn er wird zahlen, wenn ich mehr brauchen sollte. Ich weiß, dass er mir das Geld vorzählen wird, aber er wird mir kein Sparprogramm aufzwingen.

Ich würde mir wünschen, dass auch meine Nachfolger, die heute sich um die vielen Hilfsbedürftigen kümmern, ähnliche Arbeitgeber hätten.
Auch ich weiß von den Sparplänen und finanziellen Einschnitten und Zwängen, unter denen sie arbeiten müssen. Kein Geld wäre da, sagen die Arbeitgeber. Aber ich, der Wirt, der ich den Weit- und vielleicht sogar Überblick einer erdachten Figur von vor 2000 Jahren habe, ich sehe den unermesslichen Reichtum und finanziellen Appetit jener unter Euch, die mit Geld umgehen; die Massen von scheinbarem und wirklichem Geld hin- und herschieben, und dabei nie genug kriegen, wohingegen, denjenigen, die wirkliche Arbeit leisten, die Löhne gedrückt werden, und denen, die mit Menschen arbeiten, am meisten.
Wer das Gleichnis gut kennt, weiß, dass Jesus die Perspektive wechselt, aus der die Frage nach dem Nächsten kommt. Fragt der Schriftgelehrte noch aus der Perspektive des möglichen Helfers: Wer ist denn nun mein Nächster? fragt Jesus ihn nach der Geschichte aus der Perspektive des Überfallenen: Wer ist der Nächste gewesen dem, der unter die Räuber gefallen war?
Meine Rede sollte euch dazu bringen, einmal das Gleichnis aus der Perspektive des Wirtes zu sehen, also aus der bezahlter Arbeitnehmer in der Diakonie.
Sie leisten viel, sie begegnen auch, so gut sie können, ihren Schutzbefohlenen mit Menschlichkeit, aber ihr Dienst wird durch immer schärfere Kostenkalkulationen erschwert.
Gut, sie haben ihren Arbeitsplatz und ihr Auskommen. Und sie sind ja auch nicht unter die Räuber gefallen
- oder vielleicht doch?

Amen.

---

22. Zupacken oder Zuhören? Gedanken einer Kirchen-Marta

Lukas 10,38-42

11.1.2003 – Allianzgebetswoche – Steinweg

38 Als sie aber weiterzogen, kam er in ein Dorf. Da war
eine Frau mit Namen Marta, die nahm ihn auf. 39 Und
sie hatte eine Schwester, die hieß Maria; die setzte sich
dem Herrn zu Füßen und hörte seiner Rede zu. 40 Marta
aber machte sich viel zu schaffen, ihm zu dienen. Und sie
trat hinzu und sprach: Herr, fragst du nicht danach, dass
mich meine Schwester lässt allein dienen? Sage ihr doch,
dass sie mir helfen soll! 41 Der Herr aber antwortete und
sprach zu ihr: Marta, Marta, du hast viel Sorge und Mühe.
42 Eins aber ist not. Maria hat das gute Teil erwählt; das
soll nicht von ihr genommen werden.

„Liebe Gemeinde,
Wir haben eine der schönsten Geschichten aus dem Evangelium gehört. Die von Maria und Martha. Sie gewährt einen Einblick in Jesu tägliches Leben. Zwei charakterlich verschiedene Frauen, die beide Jesus lieben, werden uns vorgeführt. Martha ist eifrig und emsig bemüht, dem Herrn äußerlich zu dienen. Sie ist nach außen gekehrt und begreift nicht, dass es Jesus auf etwas anderes ankommt, als unermüdlich für den Herrn betriebsam zu sein..."

An dieser Stelle der Predigt wird Frau Marita Betanowski abgelenkt und hängt ihren eigenen Gedanken nach. Sie kann eine Weile den Ausführungen des Predigers nicht folgen. Sie fühlt sich direkt angesprochen und findet sich ungerecht behandelt.

Frau Betanowski stammt nicht aus der Gemeinde, sondern, wie man damals, als sie ankam, sagte „von drüben". Dort hatten sie und ihr Mann nichts mitgebracht als ein oder zwei Koffer mit dem Notwenigsten. Er hatte allerdings einige Spezialkenntnisse gehabt auf seinem Gebiet, und sie konnten sich hier im Westen einen kleinen Handwerksbe-

trieb aufbauen; Frau Betanowski hat tüchtig mit zupacken müssen, im Haushalt und zuweilen auch im Geschäft. Sie ist das Arbeiten gewohnt und kann nicht leicht ohne sein.
Als ihr Mann dann verstorben ist und ihr Sohn den Betrieb übernommen hat, ist sie keineswegs beschäftigungslos geblieben. Ihre Tätigkeit in Vereinen und der gesellschaftliche Verkehr füllen ihr Leben aus; am meisten jedoch der Dienst für die Kirchengemeinde. Verstärkt hat sie sich für die Frauenhilfe eingesetzt, und es ist ihr gelungen, eine schlagkräftige Truppe zusammenzubringen, die zuverlässig und treu immer zur Stelle ist, wenn Arbeit gemacht werden muss. Und es gibt viele Aufgaben, für die sich sonst keiner bereit findet; es gibt einige Frauen, die Kranke besuchen, andere, die alte Menschen betreuen. Das Gemeindeblättchen muss verteilt werden, und man ist sich auch nicht zu schade, von Tür zu Tür zu gehen, um für diakonische Zwecke zu sammeln. Und wenn Gemeindefest ist oder Basar, oder wenn der Pfarrkonvent sich im Gemeindehaus trifft, sind immer die Frauen zur Stelle, um Kaffee zu kochen, Kuchen zu backen, zu verkaufen, zu servieren, aufzuräumen.
Frau Betanowski ist gewissermaßen die leitende Kraft der Frauenhilfe, zugleich aber auch die Seele des Ganzen. Mit ihrer ruhigen und sicheren Art kann sie manchen Konflikt schlichten. Sie weiß genau, dass bei aller Arbeit die Frauen Zeit brauchen, wo sie bei einer Tasse Kaffee gemütlich beisammen sitzen, plaudern und Lieder singen. Und sie weiß auch, dass es für die Frauen wichtig ist, regelmäßig ein Wort aus der Bibel, eine Andacht oder eine erbauliche Geschichte zu hören. Denn wenn auch nicht sehr viel und offen über Fragen des Glaubens geredet wird, so ist bei einer jeden von ihnen eine Stelle tief in der Seele verborgen, wo solch ein Wort oder eine Geschichte auf fruchtbaren Boden fällt und etwas anrührt, worüber sie nicht immer öffentlich sprechen kann, was sie aber dennoch bewegt oder am Leben hält.
Frau Betanowski ist klug genug, um zu merken, dass ihr Dienst in der Gemeinde nicht nur Gott und der Gemeinde und den Menschen darin gilt, sondern dass er auch ihr selbst gut tut. Indem sie ihr Leben unter eine sinnvolle Aufgabe

stellt, wachsen ihr Kraft und Lebensmut zu.
Und doch: Manchmal fühlt sie sich überfordert. Denn wie bei jeder Frau in ihren Jahren gibt es auch Tage, an denen sie sich nicht so wohl fühlt. Aber sie beißt dann die Zähne zusammen und ist eben doch da, weil sie gebraucht wird. Sie wäre manchmal gerne ins zweite Glied zurückgetreten und hätte ihre Tätigkeiten mehr darauf ausgerichtet zu sitzen und zuzuhören, anstatt zu organisieren und zu machen. Aber wer sollte sie denn ersetzen? Frau Betanowski hat den Verdacht, dass die meisten jüngeren Leute in der Gemeinde sich auf ihre Kosten ausruhen, und dass berufliche oder private Überbelastungen nur vorgeschobene Gründe sind, um am Leben der Gemeinde nicht aktiv teilzunehmen. Sie kommt sich ein wenig ausgenutzt vor, weil sie in ihrer Aktivität wirklich bis an die Grenze des Möglichen, und wahrscheinlich darüber hinaus geht, während junge Leute abseits der Pflichten in Beruf, Familie und Gemeinde auch noch etwas von ihrem Leben - wie sie sagen - genießen wollen. Und auch der Pfarrer setzt sich nicht so für die Gewinnung neuer, jüngerer Leute ein, wie Frau Betanowski das erwartet. Sie fühlt, wie sie sich mehr und mehr darüber aufregt, und dies ist auch der Grund - so merkt sie -, warum sie aus der Predigt des Pfarrers ausgestiegen ist, weil sie sich nämlich geärgert hat, dass der Prediger die Martha - und damit auch sie, Frau Betanowski, - so billig und vorschnell abgefertigt hat.
Sie kann die Marta gut verstehen. Marta ist offensichtlich der Haushaltungsvorstand in dem Haus in Bethanien und sieht sich plötzlich vor die Aufgabe gestellt, Jesus und eine Anzahl der führenden Männer unter seinen Anhängern zu bewirten. Marta hätte sich sicher gerne - und das hat der Prediger unterschlagen - auch hingesetzt und zugehört und andere für die Bewirtung sorgen lassen. Aber sie tut es nicht; sie will dem Herrn eine Freude bereiten, sie, die Marta, opfert sich auf, damit andere zuhören können. Jawohl, so ist das. Und von ihrem Standpunkt aus hat die Marta Recht, der Maria vorzuwerfen, dass sie sich nicht an der Hausarbeit beteiligt. Und es ist nicht nur der Standpunkt von Marta und Frau Betanowski, sondern eigentlich auch der Standpunkt Jesu. Hat er nicht selbst gesagt, so fällt es Frau Betanowski

ein, dass der größte unter seinen Jüngern derjenige sei, der am meisten dient? Und hat Jesus nicht ein Beispiel gegeben, indem er sich selbst aufopferte bis zum Tode am Kreuz? Haben nicht also alle, die ihm nachfolgen, auch ein Kreuz zu tragen und müssen sich aufopfern? Frau Betanoswki ist ganz verwirrt; sie kommt mit der Geschichte von Maria und Marta nicht zurecht und beschließt daher, weiter dem Prediger zuzuhören.

Dieser ist gerade dabei, ein Bild zu beschreiben, welches in seiner Kinderstube im elterlichen Hause hing, ein Bild der Geschichte von Maria und Martha. Das Bild stellt Jesus im Nazarener-Stil dar, mit Bart und langem Gewand, wie er da sitzt und redet. Hinter ihm steht Marta, einen gefüllten Krug auf der Schulter, den sie mit der einen Hand hält, während sie die andere ärgerlich in die Hüfte stemmt. Vor Jesus kniet Maria in andachtsvoller Pose, ganz in sich versunken, für nichts anderes empfänglich als für die Worte des Meisters.

Eigentlich will Frau Betanoski ihr Inneres vor einer solchen Darstellung versperren, aber sie spürt eine ferne Anziehungskraft, der sie sich nicht entziehen kann. Je mehr sie sich in das Bild hinein vertieft und es vor ihrem geistigen Augen Kontur und Farbe bekommt, desto deutlicher wird es ihr. Die vor dem Herrn kniende Maria auf dem Bild ist sie selber, als sie noch ein kleines Mädchen war. Die Olivenbäume und das orientalische Dekor, das sie noch der Schilderung des Predigers entnimmt, verwandeln sich in eine Schulstube mit niedrigen Fenstern, aus denen man auf die hohen dunklen Kastanienbäume des Schulhofes blickt. Vor ihr steht ihr alter Lehrer, der sie in dem Dorf drüben, wo sie aufgewachsen ist, unterrichtet hat, und erzählt. Es sind Geschichten von Menschen vergangener Zeiten, die in ihrer Heimat gelebt haben, aber auch Geschichten von den Menschen des Alten und Neuen Testamentes, von den Erzvätern und Propheten, Geschichten von Jesus und Paulus; aber auch die Zusammenhänge der Natur weiß der Lehrer seinen Schülern in Form von Geschichten nahe zu bringen. Und die kleine Marita ist seine eifrigste Schülerin und hängt an seinen Lippen und hat alles begierig eingesogen, was ihr Lehrer erzählt. Manches von dem hat sie ihr ganzes Leben nicht verlassen. Und die-

ser Lehrer hat den Grund gelegt für ihre Freude am Lernen und an der aktiven Gestaltung der Welt um sie herum. Keine Aufgabe war ihr zu schwer, kein Auftrag zu mühsam gewesen. Für ihn hatte sie im Wald Kräuter und Blättchen und Pilze gesammelt, aber auch die Nacherzählungen seiner Geschichten illustriert und ihre krakeligen Buchstaben mit zusammengebissenen Zähnen in die vorgeschriebenen Zeilen gepresst, bis sie so gerade standen, als hätte sie der Lehrer selbst geschrieben. Sie liebte diesen Lehrer, ohne Zweifel, dies war der Grund für ihren Arbeitseifer. Sie hätte alles für ihn getan. Aber am glücklichsten fühlte sie sich doch, wenn er erzählte und sie zuhörte, und während Frau Betanowski in der Kirche sitzt, überkommt sie so etwas wie eine Sehnsucht. Sie hätte so gern noch einmal diesem Lehrer zugehört; aber es ist jetzt nicht mehr möglich.
Und Frau Betanowski versteht auf einmal die Maria, ja, sie entdeckt die Maria in sich selber und weiß, warum Maria ihrer Schwerster nicht hilft. Maria nutzt die Stunde, wo Jesus da ist und hört ihm zu, solange sie Gelegenheit dazu hat. Sie hat sich, als Jesus kommt, über ihre Rolle als Frau, wie Marta sie ihr aufzwingen will, hinweggesetzt. Während Marta den Zuhörern Jesu nur zudienert, sie versorgt, reiht sich Maria selbst unter die Zuhörer. Sie macht damit deutlich, dass sie als Frau nicht nur für die Bewirtung und die Bequemlichkeit der Männer zu sorgen hat, an die sich die Botschaft Jesu richtet, sondern dass sie selbst gemeint ist, dass sie auch zu denen gehört, denen die Botschaft von der Befreiung von der Sünde gilt und denen die Kindschaft Gottes offen steht. Und Befreiung bedeutet nicht nur Lossprechung von verborgener und unvergebener Schuld, sondern eben auch, dass sie nicht mehr unter dem Zwang steht, sich aufopfern zu müssen. Vielleicht hat Jesus deshalb die Marta so barsch zurechtgewiesen, weil er spürt, dass sie selber sich aufopfern will, wo doch gerade sein Auftrag darin besteht, sich stellvertretend für die Menschen aufzuopfern.
Frau Betanowski ist froh, dass sie die Maria in sich entdeckt hat. Sie freut sich darüber, dass sie in ihrem Leben einmal hingebungsvoll gewesen ist, und zwar nicht in dem Sinne, dass sie sich aufopferte, sondern dass sie gebannt sein

konnte durch die Liebe zu einem anderen Menschen. Sie fragt sich, ob es in ihrem Alter noch einmal möglich sein wird. Doch sie weiß es nicht. Aber sie verspricht sich, darauf zu achten.
Inzwischen ist die Predigt zu einem Ende gekommen, und Frau Betanowski wird aus ihren Gedanken herausgerissen, weil plötzlich alles aufsteht. Eilig erhebt sie sich als letzte. Es ist offenkundig, dass sie das Ende der Predigt nicht mitbekommen hat.
Am Ausgang fragt sie der Pfarrer, als er ihr die Hand gibt, etwas spitz: „Na, Frau Betanowski, haben Sie sich in der Predigt wiedererkannt?" „Ja, das habe ich", antwortet sie zu seiner Überraschung, „in der Maria."

Amen.

23. Ein gendergerechtes Gleichnis: von Hirten und Hausfrauen

Lukas 15,1-10

15.6.1997 - 3. So n. Tr. - Kirche

Mit Kirche hat er schon lange nichts mehr am Hut gehabt. So wie viele, eigentlich die meisten. Aber was will das schon heißen. Als Künstler versteht er sich. Er möchte das, was er jeden Tag sieht, abbilden, aber so, dass auch die verborgenen Linien zum Vorschein kommen. Wenn er eine Rose malt, dann reichen die Wurzeln bis tief in den Schlamm der Unterwelt, und doch erhebt sie sich in ihrer Schönheit und ihrem Glanz bis in den Himmel. Wer nicht zum Sehen geboren ist, sieht die Rose, wie sie ist, aber ihm, dem Künstler, zeigt sie sich, wie sie wirklich ist. Er sieht sich als ein Priester des Alltags. Im Alltag die feinen Linien entdecken, die nach oben zeigen, zu Gott, oder die nach unten führen in die Unterwelt oder nach innen, wo sich beide Linien kreuzen. Darin sieht er seine Aufgabe als Künstler. Aber hat das etwas mit Kirche zu tun?
Als er neulich in einem gemeindlichen Hauskreis, wohin ihn ein kunstliebender Pfarrer zum Vortrag eingeladen hatte,

seine Bilder erklärte, hat ihn anschließend ein Presbyter beiseite genommen und ihm gesagt: „Wir haben da in unserer Gemeinde ein kleines Zentrum mit einer weißen Wand, ob Sie da wohl in der Lage wären, uns etwas zu gestalten?" Es stellte sich heraus, dass es auch schon eine Idee gab. Eine Gemeindegruppe, bestehend aus Männern und Frauen, hatte sich schon auf ein Motiv festgelegt: „Wissen Sie," sagte der Pfarrer, der doch noch ein bisschen mehr wusste als der Presbyter, "wir haben lange überlegt, wo in der Bibel in einer Geschichte ein Mann und eine Frau gleichberechtigt eine Rolle spielen. Und da sind wir auf das Doppelgleichnis vom verlorenen Schaf und vom verlorenen Groschen gekommen." Und so sitzt der Künstler nun über einer aufgeschlagenen Lutherbibel und denkt nach, ob sich ein solcher Bibeltext auf eine weiße Wand setzen lässt. Bevor er mit dem Lesen beginnt, schließt er für einen Moment die Augen und nimmt sich vor, sich die Figuren zu merken, die ihm beim allerersten Lesen vorkommen. Wem gleichen sie, welchen Personen, die er kennt? Dann liest er laut - wie sich ja auch die Menschen der Antike ihre Texte laut vorgelesen haben:

> 1 Es nahten sich ihm aber allerlei Zöllner und Sünder, um
> ihn zu hören. 2 Und die Pharisäer und Schriftgelehrten
> murrten und sprachen: Dieser nimmt die Sünder an und
> isst mit ihnen. 3 Er sagte aber zu ihnen dies Gleichnis und
> sprach: 4 Welcher Mensch ist unter euch, der hundert
> Schafe hat und, wenn er eins von ihnen verliert, nicht
> die neunundneunzig in der Wüste lässt und geht dem
> verlorenen nach, bis er's findet? 5 Und wenn er's gefunden
> hat, so legt er sich's auf die Schultern voller Freude. 6 Und
> wenn er heimkommt, ruft er seine Freunde und Nachbarn
> und spricht zu ihnen: Freut euch mit mir; denn ich habe
> mein Schaf gefunden, das verloren war. 7 Ich sage euch:
> So wird auch Freude im Himmel sein über einen Sünder,
> der Buße tut, mehr als über neunundneunzig Gerechte,
> die der Buße nicht bedürfen. 8 Oder welche Frau, die zehn
> Silbergroschen hat und einen davon verliert, zündet nicht

ein Licht an und kehrt das Haus und sucht mit Fleiß, bis sie
ihn findet? 9 Und wenn sie ihn gefunden hat, ruft sie ihre
Freundinnen und Nachbarinnen und spricht: Freut euch
mit mir; denn ich habe meinen Silbergroschen gefunden,
den ich verloren hatte. 10 So, sage ich euch, wird Freude
sein vor den Engeln Gottes über einen Sünder, der Buße
tut.

Der Künstler hält einen Moment inne, dann fährt er noch einmal die einzelnen Stationen ab, durch die ihn die Reise mit dem Text geführt hat:
Die 1. Szene: mit Jesus, Zöllnern und Sündern auf der einen Seite, und Pharisäern und Schriftgelehrten auf der anderen Seite.
Wie sollen die biblischen Gruppen dargestellt werden? Wäre es möglich, sie durch Menschen von heute zu ersetzen? Und welche Menschengruppen stünden auf der einen Seite und welche auf der anderen? Er entscheidet sich dafür, die rechte und die linke Bildseite für die Rahmengeschichte freizuhalten. Er skizziert Figuren, die er zuordnet, links die Zöllner und Sünder: eine Gestalt, die aussieht, wie man sich einen Penner vorstellt, eine Frau, grell geschminkt, in Anmachepose, einen Banker will er zeichnen, aber er weiß nicht, gehört der auf die Seite der Sünder, wie die Zöllner damals, oder auf die Seite der guten Gesellschaft wie die Pharisäer damals? Ihm fällt auf, dass die Trennungslinie zwischen Sündern und Gerechten oftmals die sozialen Feldlinien überschreitet. Deshalb stellt er sich vor, er bildet eine symmetrische Gruppe. Der grellgeschminkten Dirne auf der linken Bildhälfte entspricht eine gleich gekleidete Dame, eben nur in anderer Pose auf der rechten Seite. Dem Pennertyp setzt er einen salopp gekleideten Intellektuellen entgegen, aber wie sollen die Gesichter sein?
Noch haben die skizzierten Figuren keine Gesichter. Auf den mittelalterlichen Altären zeigen die Zöllner- und Sünder-Figuren halb zerknirschte, halb glücklich lächelnde Gesichter, während die Pharisäer- und Schriftgelehrten-Gruppe mit verzerrten, hasserfüllten Mienen schmollt. Er will das auch aufgreifen, aber er gibt den Gesichtern eine Besonderheit. Er gibt einem jeden sein eigenes Gesicht. Er will damit sa-

gen: Ich, der Künstler, stecke in jeder Figur, bei den Zöllnern oder Sündern seht ihr mich, aber auch als Schriftgelehrten oder Pharisäer. In mir gibt es alles: Verloren sein, verachtet sein, ausgestoßen sein, aber auch Ausstoßung und Verachtung und Murren. Und ich bin alles, Penner und Intellektueller, Dame und Hure, Banker und Priester.

Szene 2 und 3: Das Verlorene

Wie könnte man die beiden Gleichnisse in eine Gesamtkomposition einfügen, dass ihre Besonderheit nicht verloren geht? Der Künstler stellt es sich so vor: Die Menschen der Rahmenszene, die ja alle sein Gesicht tragen, stehen wie vor einem Altar, dessen beiden Flügel leicht geöffnet sind, so dass man gut die Bemalung auf ihnen erkennen kann. Auf dem Flügel, links ist die Gleichnis mit dem Hirten zu sehen, auf dem Flügel rechts das Gleichnis von der Hausfrau mit den 10 Groschen.

Auf dem linken Altarflügel wäre vielleicht im Hintergrund die Herde der 99 sichtbar, das arme verlorene Schaf in seiner Verzweiflung, oder der Hirte bei der Suche oder aber als der Hirte, der das eine Schaf auf der Schulter trägt und zurückkehrt, oder alles zusammen wie in einer Bildergeschichte.

Aber der Künstler ist sich noch unschlüssig und liest noch einmal nach in der Geschichte vom verlorenen Groschen. Er fragt sich, was ist eigentlich bei beiden das Gleiche, das Vergleichbare? Und er weiß, was er zu tun hat. Ganz gleich wie er es darstellt, auf jedem Fall muss im Mittelpunkt die große Freude zum Ausdruck kommen. Das Fest des Hirten und das Fest der Hausfrauen und ihre Freude darüber, dass das Verlorene wiedergefunden wurde. Und es wäre gut, wenn sich beide Bilder verschränkten. Warum sollte der Hirte nicht mit den Nachbarinnen der Hausfrau ein Tänzchen wagen? Und was würde er sich vergeben, wenn sowohl das wiedergefundene Schaf, als auch die wiedergefundene Münze sein Gesicht trüge? Denn das hat er wohl begriffen, Gott freut sich auch über ihn. Wie dem Hirten es wichtig ist, seine 100 Schafe, jedes einzelne beisammen zu halten, wie es der Hausfrau wichtig ist, dass ihr auch nicht der letzte Groschen fehlt, so ist auch Gott, ein Perfektionist. Einer, dem es wichtig ist, dass alles, was er geschaffen hat, bei ihm bleibt, auch das Kleinste und Unbedeutendste. Gera-

de das liegt ihm besonders am Herzen. Und wenn ihm einer wegkommt, sucht er so lange, bis er ihn gefunden hat. Und wenn er ihn gefunden hat, freut er sich, dass er wieder alle beisammen hat. Seine Freude ist alles.
In seinem Bildnis an der Kirchenwand wäre deshalb auch die wichtigste Station des Gleichnisses mit einzubeziehen:
Das ist die ganz andere Ebene, die Jesus in seinem Gleichnis mit einbringt. Auch Jesus zieht die Linie von der alltäglichen Welt in die Hinterwelt Gottes. Und ihre Freude ist die eigentliche Freude, die Freude der Engel über den verlorenen und wiedergefundenen Menschen, welche der Freude der Nachbarinnen und des Hirten entspricht. Die Freude der Engel, dieses Motiv wäre einzutragen in das Innere des Altarbildes, in die Fläche hinter den beiden Flügeln, die zwar von den beiden Flügeln verdeckt, aber doch ein wenig schon sichtbar ist, ein Bild von der himmlischen Welt Gottes. Wäre es möglich, den Herrn inmitten seiner Engel sitzend abzubilden, und sein Gesicht dem sich freuenden Hirten und der sich freuenden Hausfrau zu leihen?
Aber Gott darstellen? Stößt man da nicht an ein Tabu?
Wo ist überhaupt Gott?
Bisher hat sich alles so schön glatt aufgelöst. Aber er begreift auf einmal, dass jegliche Mühe, Gott darzustellen, in eine Wüste führt, in der man 99 gewonnene Vorstellungen liegen lassen muss, um eine bestimmte, die plötzlich ungeheuer wichtig wird, zu suchen. Jesus hatte die beiden Geschichten erzählt für Menschen, für die Gott keine unbekannte Größe war. Aber heute, fast 2 Jahrtausende später, wer hat da noch eine gesicherte Vorstellung von Gott? Nicht einmal die Kirchen, und schon gar nicht die, die mit der Kirche nichts am Hut haben, so wie er.
Sollte es so sein, dass das Gleichnis auch umkehrbar ist? Nicht allein Gott sucht den verloren Menschen, sondern die Menschen suchen - den verlorenen Gott. Ist nicht der Erzähler selbst, Jesus, ein Mensch gewordener Gott, der verloren ging? Gott zeigt sich, wer und was er ist, in einem Menschen, und dieser Mensch wird ans Kreuz geschlagen und zu den Verlorenen gerechnet. Gott selber begibt sich in die Verlorenheit, und er wird auch gefunden. Doch von wem?

Vom Menschen, von sich selbst, von mir?
Ist Finden und Gefundenwerden ein gegenseitiger Prozess? Indem Gott mich findet, finde ich Gott. Indem ich Gott finde, findet er mich?
Er als Künstler, der nichts mit der Kirche am Hut hat, malt und findet Gott; und jetzt findet Gott auch ihn und bringt ihn mit seiner behutsamen Treue zurück in seine Hut.
Ich weiß nicht, ob Sie sich das Bild von den Sündern und Pharisäern, von dem Hirten und der Hausfrau und der Freude der Engel vorstellen können. Eingeladen sind Sie jedenfalls zum Freudenfest Gottes, zum Fest der Hausfrauen und Hirten, der Nachbarinnen und Engel, gleich ob sie selber suchen oder finden oder gesucht oder gar gefunden werden.

Amen.

---

24. Der verlorene Sohn: aus der Sicht der Säue

Lukas 15, 1-3.11-32

20.6.99 - 3. So. n. Tr. Kirche

1 Es nahten sich ihm aber allerlei Zöllner und Sünder, um
ihn zu hören. 2 Und die Pharisäer und Schriftgelehrten
murrten und sprachen: Dieser nimmt die Sünder an und
isst mit ihnen. ....
11 Und er sprach: Ein Mensch hatte zwei Söhne. 12 Und
der jüngere von ihnen sprach zu dem Vater: Gib mir,
Vater, das Erbteil, das mir zusteht. Und er teilte Hab und
Gut unter sie. 13 Und nicht lange danach sammelte der
jüngere Sohn alles zusammen und zog in ein fernes Land;
und dort brachte er sein Erbteil durch mit Prassen. 14 Als
er nun all das Seine verbraucht hatte, kam eine große
Hungersnot über jenes Land, und er fing an zu darben
15 und ging hin und hängte sich an einen Bürger jenes
Landes; der schickte ihn auf seinen Acker, die Säue zu
hüten. 16 Und er begehrte, seinen Bauch zu füllen mit den
Schoten, die die Säue fraßen; und niemand gab sie ihm.
17 Da ging er in sich und sprach: Wie viele Tagelöhner hat

mein Vater, die Brot in Fülle haben, und ich verderbe hier
im Hunger! 18 Ich will mich aufmachen und zu meinem
Vater gehen und zu ihm sagen: Vater, ich habe gesündigt
gegen den Himmel und vor dir. 19 Ich bin hinfort nicht
mehr wert, dass ich dein Sohn heiße; mache mich zu
einem deiner Tagelöhner! 20 Und er machte sich auf und
kam zu seinem Vater. Als er aber noch weit entfernt war,
sah ihn sein Vater, und es jammerte ihn; er lief und fiel
ihm um den Hals und küsste ihn. 21 Der Sohn aber sprach
zu ihm: Vater, ich habe gesündigt gegen den Himmel und
vor dir; ich bin hinfort nicht mehr wert, dass ich dein Sohn
heiße. 22 Aber der Vater sprach zu seinen Knechten: Bringt
schnell das beste Gewand her und zieht es ihm an und
gebt ihm einen Ring an seine Hand und Schuhe an seine
Füße 23 und bringt das gemästete Kalb und schlachtet's;
lasst uns essen und fröhlich sein! Denn dieser mein Sohn
war tot und ist wieder lebendig geworden; er war verloren
und ist gefunden worden. Und sie fingen an, fröhlich zu
sein. 25 Aber der ältere Sohn war auf dem Feld. Und als er
nahe zum Hause kam, hörte er Singen und Tanzen 26 und
rief zu sich einen der Knechte, und fragte, was das wäre.
27 Der aber sagte ihm: Dein Bruder ist gekommen, und
dein Vater hat das gemästete Kalb geschlachtet, weil er
ihn gesund wiederhat. 28 Da wurde er zornig und wollte
nicht hineingehen. Da ging sein Vater heraus und bat ihn.
29 Er antwortete aber und sprach zu seinem Vater: Siehe,
so viele Jahre diene ich dir und habe dein Gebot noch nie
übertreten, und du hast mir nie einen Bock gegeben, dass
ich mit meinen Freunden fröhlich gewesen wäre. 30 Nun
aber, da dieser dein Sohn gekommen ist, der dein Hab und
Gut mit Huren verprasst hat, hast du ihm das gemästete
Kalb geschlachtet. 31 Er aber sprach zu ihm: Mein Sohn,
du bist allezeit bei mir, und alles, was mein ist, das ist
dein. 32 Du solltest aber fröhlich und guten Mutes sein;
denn dieser dein Bruder war tot und ist wieder lebendig
geworden, er war verloren und ist wiedergefunden.

Ich weiß nicht, ob jemals schon jemand gewagt hat, die Geschichte vom verlorenen Sohn aus der Sicht der Säue zu erzählen. Man mag das abstrus finden. Aber die Säue haben meiner Ansicht im Gleichnis Jesu eine wichtige dramaturgische Funktion. Sie markieren den Wendepunkt auf dem Wege des zweiten Sohnes. Vom Vater kommt er zu den Säuen, und von den Säuen aus kehrt er zurück zum Vater. Die Säue sind der Gegenpol zum Vater. Wie Magneten ziehen sie ihn an, drehen ihn um und stoßen ihn wieder ab.
Wenn ich mich auf die Ebene der Säue begebe, mag das Unwillen, vielleicht sogar Missfallen auslösen, weil man an Schmutz, an Schlamm, an Gestank erinnert wird. Solches ist doch für das Innere einer Kirche nicht zumutbar. Dagegen setze ich, dass in der Geschichte, das Fest, der Tanz und das Mastkalb, der goldene Ring, das Kleid und die Schuhe nicht zu haben sind ohne die Säue. Der ältere Sohn beschwert sich, dass für ihn nie ein Bock geschlachtet wurde. Aber er war ja auch nicht bei den Säuen. Die Säue kennzeichnen die Ebene, auf die der junge Mann herabgesunken ist; und wenn ihm unsere Sympathie gehört, müssen wir uns dahin begeben.
Hören wir also, was sie, die Säue, zu berichten haben:
Wir Säue verdanken unser Existenz der Fressgier der Menschen. Wir werden gemästet, gezüchtet, müssen Ferkel werfen, die dann ihrerseits gemästet werden, und sie werden am Ende ebenso geschlachtet und zu Wurst und Fleischwaren verarbeitet.
Wir selber zählen zu den Allesfressern, sind also gute Futterverwerter. In unseren Koben werden wir mit Johannisbrotschoten gemästet. Das sind die Früchte eines Baumes, und sie schmecken gar nicht so schlecht, so dass sie früher sogar als Süßungsmittel benutzt wurden. Bei den frommen Rabbinen hatten die Johannisbrotfrüchte sogar eine symbolische Bedeutung. Sie galten als das Brot der Umkehr zu Gott.
Natürlich wühlen wir gerne im Schlamm, wir Säue, und es stört uns wenig, dass wir bei den frommen Juden - damals wie heute - als unrein gelten. Wer uns isst, kann schon nicht besonders fromm sein, geschweige denn, wer mit uns sein Geld verdient, oder dabei mithilft. Der Ort, wo man uns hält und mästet, ist so ziemlich der letzte Ort, zu dem ein

Mensch sinken kann, ganz abgesehen von dem Schmutz und dem Geruch, den er annimmt.
Den jungen Mann, den Sohn des Vaters, haben wir gewissermaßen von weitem angezogen. Wir Säue haben viel mit Erde und Dreck zu tun. Und Erde und Dreck gibt es auch im Inneren eines Menschen. Gier, Leidenschaft, Lüsternheit, die Angst, etwas zu verpassen, Nicht-warten-Können, irgendetwas davon oder alles zusammen ist die Triebfeder des jüngeren Sohnes. Das zieht ihn runter zum dumpfen Sumpf der Triebhaftigkeit, da wo beim Menschen die Säue wohnen. Der Vater teilt. Aber der Sohn sammelt, rafft alles zusammen, zieht damit in die Ferne, außerhalb der Kontrolle seines Vaters, und prasst. Das Erbteil, das Schöne und Gute, das Gut, das der Vater ihm mitgegeben hat, es gleitet ihm aus der Hand, die Goldstücke, die Silbertaler, aber auch seine Bildung, seine Talente, seine Gaben, er verschleudert sie, er wirft sie wie Perlen unter die Säue - bis nichts mehr davon übrig ist. Und ausgerechnet dann, als er vielleicht noch eine Chance hätte, sich auf eigene Beine zu stellen, ausgerechnet da wird er Opfer einer wirtschaftlichen Krise. Sie trifft jenes Land, in dem er fern von seinem Vater, aber schon ganz nah bei uns, den Säuen, lebt. Das Land wird von einer Hungersnot heimgesucht. Wieder geht es ums Essen. Ihn, den Sohn, der jetzt nichts mehr hat, was ihm der Vater mitgegeben hat, trifft es besonders hart. Als erstes verliert er seine Freiheit, seine Selbständigkeit, seine Unabhängigkeit. „Er hängt sich an einen Bürger jenes Landes." Welch ein Ausdruck, sich an jemanden hängen. Und dieser Bürger ist ein Mensch, der sich sein Geld mit uns, den Säuen verdient - allerdings ohne sich selber die Hände schmutzig zu machen. Da hat unser Besitzer seine Leute, dafür stellt er die ein, die am Ende sind, den letzten Dreck, zu dem auch der Sohn des Vaters geworden ist. Der muss sich gefallen lassen, dass er auf einen Acker geschickt wird, zu uns, zu den Säuen. So nah ist er uns jetzt gekommen. Er arbeitet für einen Menschen, der andere seine Drecksarbeit machen lässt. Und seine Arbeit ist es, mit uns umzugehen, mit uns, den Säuen, uns zu füttern, uns zu hüten, uns zu hegen und pflegen. Aber das ist noch nicht alles.

Nicht nur, dass er fast mit uns gemein geworden ist, schlimmer noch. Er begehrt, seinen Bauch zu füllen mit den Schoten, die für uns bestimmt sind, aber keiner gibt sie ihm. Er neidet uns unser Futter! Er neidet uns, den Säuen, unser Fressen! Er ist weniger als eine arme Sau.
Das ist das Ende -
und zugleich ein Ende für einen Neuanfang. Sein Vater interpretiert diese Situation später wie ein Theologe, der von Kreuz und Auferstehung Jesu redet: „Er war tot und ist wieder lebendig geworden." Der Wandel geschah bei uns, bei den Säuen. Denn Schlamm und Moder sind nicht nur schmutziger Dreck, sie sind zugleich auch die Kinderstube für neues Leben. Bei uns war es, dass der Sohn in sich ging, bei uns sah er, wie gut es ihm bei seinem Vater gegangen war, wie gut es selbst der letzte Tagelöhner im Bereich seines Vaters hatte im Vergleich zu ihm hier bei uns. Und hier bei uns fasste er den Plan, vor seinem Vater den inneren Saustall aufzuschließen und auszukehren mit dem Bekenntnis: „Vater ich habe gesündigt gegen den Himmel und vor dir", in der Hoffnung auf eine Chance höchstens als Tagelöhner. Etwas anders ist für einen, der bei den Säuen war, nicht mehr denkbar.
Und nun dreht er sich von uns weg. Sein Weg führt ihn jetzt in die Richtung seines Vaters. Und wir, aus der Ferne beobachtend, sehen, wie sein Vater ihm schon entgegenkommt, ein Stück läuft er selber in unsere Richtung, in die Richtung der Säue, aber nur um seinen innerlich und äußerlich stinkenden Sohn in die Arme zu schließen, ihn heimzuholen. Zwar bringt der Sohn noch vor, was er sich vorgenommen hat zu sagen, als er noch bei uns, den Säuen war. Aber der Vater weiß schon Bescheid, hat vielleicht auch den Geruch in der Nase und befiehlt einem Knecht, das beste Gewand zu holen. Und alles was jetzt geschieht, ist das Gegenteil von Saustall. Er bekommt das Kleid, er verliert den Gestank; er bekommt Schuhe an seine Füße, er kann wieder auftreten wie ein Mann. Er gewinnt seine Freiheit wieder, denn er bekommt den Sohnesring - und endlich etwas zu essen, und zwar das Feinste vom Feinen, das Luxusmenü, das Kalb.
Und dann ist es Zeit, fröhlich zu sein. Und die Freude des

Vaters, die er in Worten ausdrückt wie: „Dieser mein Sohn war tot und ist wieder lebendig geworden," und: „Er war verloren und ist gefunden worden," setzt sich in den Feiernden fort.
Die Geschichte ist noch nicht zu Ende. Was nun geschieht, wissen wir Säue nur vom Hörensagen. Es geht um den älteren Sohn. Selbstverständlich hat er nichts mit uns zu tun und wir nichts mit ihm. Er ist immer beim Vater geblieben, und es hat ihm gereicht. Er war so. Es wäre ungerecht, ihm Phantasielosigkeit oder mangelnde Risikofreude vorzuwerfen. Ihm genügte es, so zu leben, wie er lebte, er brauchte kein Fest und keine Fete, keine Höhepunkte, er war ja immer beim Vater. Was er für den Vater tat, tat er gerne und auch nicht aus Berechnung oder Pflichtbewusstsein oder um ein gutes Gewissen zu haben. Eigentlich lebte er mit sich und seinem Wesen im Einklang und war zufrieden. Bis jetzt. Bis jetzt, wo der verlorene Bruder auftaucht, und die Barmherzigkeit des Vaters seine Zufriedenheit in Ärger verdreht. Auch er erlebt eine Umkehr, aber in die falsche Richtung. Was bis jetzt selbstverständlich war, was aus Liebe geschah, wird zu einer verrechenbaren Sache. Erbsen werden gezählt. Als wenn er bei seinem Vater für einen Lohn gearbeitet hätte, der ihm vorenthalten würde. Der Bock, die Freunde, die plötzlich eingeklagt werden, alles stellt sein bisheriges Leben in Frage, dreht alles um. Aus seinem zufriedenen, vielleicht sogar glücklichen Leben beim Vater wird eine mühevolle Plackerei, für die man sich durch Feste mit Freunden schadlos halten soll. Fröhlich wäre er auf einmal gerne gewesen mit seinen Freunden, hört man, als wenn Fröhlichkeit plötzlich in den Bereich gehört, wo er mal Ruhe hat vor dem Vater. Die Barmherzigkeit des Vaters gegenüber seinem Bruder wandelt sein Leben beim Vater in eine Kette von Leistungen, die er erbracht hat. Plötzlich fragt er sich, warum bin ich nicht aus dem Ruder gelaufen und hätte mein Erbteil verprasst? Und der Hinweis auf die angeblichen Huren seines Bruders zeigt deutlich, dass er durchaus eine Idee hat, auf welche Weise er sein Geld durchgebracht hätte. Warum bin ich nicht von meinem Vater weg, hätte mein Geld verprasst und wäre zurückgekommen und wäre mit offenen Armen

empfangen worden? Und hätte mir all die Plackerei die Jahre sparen können? Der Neid macht ihn blind dafür, dass sein Bruder auch bei den Säuen gelandet ist. Ob er das auch auf sich genommen hätte? Ich zweifele.
Der Vater sagt ihm genau das Richtige: Mein Sohn, nennt er ihn auch, du bist allezeit bei mir, und alles, was mein ist, ist dein. Er erinnert ihn an die innere und äußere Harmonie, in der sie beide, der Vater und der ältere Sohn, miteinander leben, und die jetzt zu zerbrechen droht durch den Neid auf die Großherzigkeit des Vaters.
Der appelliert an seinen Erstgeborenen. Dein Bruder ist seinen Weg gegangen. Es ist ein Weg gewesen, der in die Abgründe zu den Säuen geführt hat, aber nun ist er wieder bei uns.
Deshalb ärgere dich nicht! Freu dich! -
Ich weiß nicht, zu welchem Typus von Menschen Sie sich zählen, zu dem Typus von Menschen, die sich selber in Schwierigkeiten bringen, die durch extreme Höhen und Tiefen gehen, die auch mal bei den Säuen landen und doch wiedergeboren werden? Eine gewisse Sympathie Jesu für diese Figur seiner Erzählung lässt sich nicht verbergen und überträgt sich auch auf uns. Aber wir gehören wohl zu den Menschen, die eher in Ehrbarkeit und Ruhe, in Beständigkeit und Pflichterfüllung ihren Lebensweg gehen und sich dabei auch ganz wohl fühlen. Wir wollen gar nicht die Höhen und Tiefen, wir wollen auch nicht hinab zu den Säuen. Wir müssen auch nicht. Aber wir sollen nicht über andere den Stab brechen, die diese Wege gehen und gegangen sind.
Viele Arten und Weisen, vor Gott zu leben, sind möglich.
Die Berichte im Fernsehen über den Kirchentag zeigen uns immer wieder eine Vielzahl von dem, was beim großen Fest möglich ist. Unmöglich wird es, wenn wir anfangen gegeneinander aufzurechnen und Gott vorzurechnen. Dann machen wir alles kaputt, was uns als Christen Freude und Leichtigkeit gibt. Dann werfen wir das Evangelium, die Frohe Botschaft, vor die Säue.
Davor bewahre uns unser himmlischer Vater.

Amen.

25. Report: der Richter und seine impertinente Klientin

Lukas 18,1-8

12.11.1995 - Drittletzter So. n. Tr. – Kirche

Ein Reporter berichtet:
Manchmal gibt, es Augenblicke im Leben, da wagt man es wieder, an die Gerechtigkeit zu glauben. Und es sind manchmal nicht die dramatischen, sondern die eher komischen Ereignisse, die so etwas bewirken.
Die Stadt, in der ich wohne, ist wie jede andere. Es gibt die guten Viertel mit den Häusern der Reichen, meist von hohen Mauern umgeben, von Hunden bewacht oder von schwarzen Sheriffs. Ich gehe dort aus und ein. Ich kenne diese Sorte Mensch. Sie geben
sich jovial, sie hören sich gerne reden, sie wollen mich benutzen, um ihr Erfolgsrezept zu verkaufen. „Immer genau wissen, was man will", raten sie. Oder: „Niemals den Verhandlungspartner unterschätzen!" Sie haben einen schon missionarisch zu nennenden Eifer, um ihre Botschaft, ihre ‚Message', wie sie sagen, rüberzubringen. Auch haben sie alle eine soziale Ader. Sie fühlen sich gut, wenn sie ihr Scheckbuch zücken. Sie fragen mich: „Reichen tausend?", wenn ich sie für einen besonderen Notfall bitte. Aber es ist immer Zynismus dabei. Man sieht ihnen an, es macht ihnen nichts aus, viel zu geben. Aber sie setzen ihre Unterschrift unter den Scheck, als wollten sie sagen: „Diese Art von Leuten bringt es nie zu etwas. Wer darauf angewiesen ist, um etwas zu bitten, der hat schon verloren. Und wenn er etwas bekommt, nutzt es ihm nichts. Man könnte das Geld ebenso zum Fenster hinauswerfen. Aber man ist schließlich kein Unmensch. Es hat noch nie geschadet, sich mit der Presse gut zu stellen und sich den Anschein von Großzügigkeit zu geben."
Im Geschäftsleben sind dergleichen Leute knallhart. Manchmal, nicht immer, aber wenn es nicht anders geht, findet man sie schon mal jenseits der Gesetze.
Natürlich kenne ich auch die Viertel der Armen. Man kann

es riechen, wo man ist. Man stelle mich mit einer Binde vor den Augen irgendwohin, und ich würde auf Anhieb zu sagen wissen, wo ich bin, bei den Häusern der Vornehmen oder bei den Baracken der Armen.

Ich komme selber aus einer der Baracken und bin dort aufgewachsen. Mein Vater wurde entlassen, als er älter wurde. Es hieß, es sei keine Arbeit da. Aber wenig später wurde ein jüngerer eingestellt. Man hatte ihm unter Zeugen eine Abfindung versprochen. Aber dann hat er sie nie gekriegt. Es gab sogar eine Verhandlung. Aber die Zeugen, die mein Vater aufrufen ließ, konnten sich plötzlich nicht mehr erinnern. Man hatte sie wahrscheinlich nicht mal bestochen. Sie hatten lediglich ihren Arbeitsplatz behalten.

Ich weiß, was es heißt arm zu sein. Ich kenne die Wut, das Gefühl, ums Leben betrogen zu sein, das Aufbegehren und schließlich - das Versinken in der Resignation, das Nichtstun, das Sich-Ergeben in die Sinnlosigkeit jeder Anstrengung, da herauszukommen. Ich habe es gesehen. Aber ich habe dagegen gekämpft. Auf meine Art. Ich habe mich hochgearbeitet, ich habe gegen mich selbst gekämpft, zuerst, und als ich diesen Kampf gewonnen hatte, konnte ich es auch mit anderen aufnehmen. Und ich habe mich nie meiner Herkunft geschämt und mich nie von meinen Leuten abgesetzt. Gerade deshalb werde ich auch von den anderen, von den Reichen und Wohlhabenden geachtet. Viele von ihnen sind meine Freunde und meine Feinde zugleich...aber das will ich nicht weiter ausführen. Ich will stattdessen meine Geschichte erzählen:

Neben der Baracke, in der ich meine Kindheit verbracht habe, steht ein Haus, in dem eine Frau wohnt. Sie ist noch nicht zu alt, aber auch nicht mehr ganz jung. Ich mag sie. Als ich noch klein war, ging ich oft zu ihr rüber, und sie hat mir erzählt. Damals lebte ihr Mann noch; der arbeitete im Hafen. Aber nun ist er gestorben. Ein Unfall. Ist plötzlich vom Gerüst gefallen und hat sich den Hals gebrochen. Nun steht sie alleine. Kinder hat sie keine. Aber arm ist sie eigentlich auch nicht. Es gehört ihr ein Haus in dem Viertel der Reichen. Ein großes Haus. Ihr Vater, der ihre Mutter als seine Geliebte hielt, hat es ihr, seiner Tochter, vermacht. Sie hat ein Testament, da steht es wortwörtlich drin. Doch ihr Halbbruder, der in diesem Haus wohnt, will nichts herausgeben. Obwohl er doch alles andere geerbt hat. Aber er ist geizig. Er gönnt seiner armen Halbschwester nichts. Er hat das Testament angefochten. Jetzt liegt das Testament beim Gericht. Aber da tut sich nichts. Meine Nachbarin hat Pech. Sie hat einen Richter, der nichts tut. Er verschleppt die Sache. Ich vermute, er hat auch Geld genommen. Er ist bekannt dafür. In einer anderen Sache habe ich ihn mal darauf angesprochen. „Die Gerechtigkeit hat ihren Preis", hat er gesagt und dabei so eine Handbewegung gemacht und gegrinst. Er ist ein Zyniker. Ihm ist nichts heilig. Nicht die Gerechtigkeit, auch nicht Gott, keine Humanität. Aber das Grinsen ist ihm jetzt vergangen. Jetzt grinst die Stadt über ihn. Und das kam so: Als meine Nachbarin merkte, dass ihr Prozess von Woche zu Woche, von Monat zu Monat, verschleppt wurde, ließ sie sich was einfallen. Sie erzählte mir davon, als ich sie irgendwo zufällig traf, und ich dachte, das könnte vielleicht eine gute Story werden,

und ich beobachtete daher aus der Entfernung ihre Wege. Zuerst erschien sie jeden Tag, wenn der Richter seinen Dienst antrat, vor seinem Amt, sprach ihn an und sagte: „Machen Sie endlich einen Termin in meiner Rechtssache. Sie kennen mich, ich war schon oft bei Ihnen." Der Richter hatte jedes Mal müde

abgewinkt und gesagt: „Es braucht alles seine Zeit. Nur Geduld, liebe Frau, nur Geduld." Schließlich hatte er den Portier des Gerichts angewiesen, die Frau, sobald sie auftauchte, davonzujagen. Daraufhin fand ich die Witwe regelmäßig morgens, wenn der Richter aus seinem Haus trat, an seiner Gartentür. Immer rief sie ihn an und schrie: „Schaff mir mein Recht! Mach endlich einen Termin für die Verhandlung!" Schließlich bestellte der Richter extra seinen Assistenten zu sich nach Hause. Er musste ihm morgens den Weg freihalten und die Frau wegkomplimentieren, bevor der Richter das Haus verließ. Das kostete aber oft Zeit, und der Richter wurde zusehends genervter. Schließlich ließ er der Frau per einstweiliger Verfügung untersagen, ihn vor seinem privaten Grundstück zu belästigen. Er glaubte schon, sich die lästige

Frau vom Hals geschafft zu haben. Aber da hatte er den Erfindungsreichtum der rechtssuchenden Frau unterschätzt. Eines Tages gab es eine öffentliche, religiöse Prozession. Ich musste dienstlich am Rande stehen und sollte über die Stimmung der Leute schreiben. Sonst eine eher langweilige Aufgabe. Aber diesmal geschah etwas. Unser Richter, obwohl er an nichts glaubte, schritt vorneweg unter den Honoratioren und Ehrenmännern. Plötzlich lief aus dem Publikum eine wie eine Braut in schwarzen Schleiern verhängte Frau auf ihn zu. Auf ihrem dunklen, lang wallenden Kleid waren blutrote Hände aufgeheftet, und sie trug eine Schärpe mit der Aufschrift FRAU UNGERECHTIGKEIT. Diese Frau hängte sich nun bei ihrem Richter ein und lächelte ihn maliziös an. Der Richter brauchte eine Weile, bis er erkannte, wer sich da bei ihm eingehängt hatte, und was für ein Bild das abgab. Spätestens als die Umstehenden anfingen zu lachen, stieß er die Frau wütend von sich weg und suchte nach einem Ordner, der ihm die Frau vom Leibe halten sollte. Sicher, er konnte sich für diesen Augenblick von der Frau befreien. Aber er verhinderte nicht, dass sich das Bild bei den Umstehenden eingeprägt hatte und kolportiert wurde: Bei ihm, dem Richter, von dem jeder wusste, dass er sich um Recht und Gerechtigkeit nicht scherte, hatte sich ‚Frau Ungerechtigkeit' eingehängt. Nicht dass er auf die Meinung der Leute was gab. Es machte ihm auch nichts aus, in der Öffentlichkeit bloßgestellt zu werden. Dieselben, die heute lachten, würden morgen kommen und ihm Bestechungsgelder anbieten. Im Grunde besaß er sogar genug Humor und ausreichend Zynismus, um über die Aktion der Frau zu lachen. Aber er hatte einfach genug. Sie ging ihm auf die Nerven. Gewiss konnte er wieder eine einstweilige Verfügung erwirken und ihr was auch immer untersagen. Aber er wusste, sie würde sich was Neues einfallen lassen. Sie würde kein Ende finden. Also musste er ein Ende machen und ihren Prozess so schnell wie möglich durchziehen und ihr zum ihrem Recht verhelfen. Zwei Wochen später traf ich meine Nachbarin. Sie hatte sich ein weißes Kleid gekauft und sagte: „Irgendwann siegt die Gerechtigkeit, wenn auch nicht ganz von alleine."
Mich hat diese Geschichte ermutigt, berichtet der Reporter.

Wer als Reporter so wie ich im Elend der Welt wühlt, fragt sich oft, warum Gott dem nicht endlich ein Ende bereitet. Warum gibt es so viel Unrecht auf der Welt? Warum siegen immer wieder Korruption und Gleichgültigkeit und Zynismus?

Die Geschichte von meiner Nachbarin hat mir eine Antwort gegeben: Ich denke mir, wenn schon ein korrupter Richter sich von der Penetranz einer einfachen Frau beeindrucken lässt, um wie viel eher dürfte doch Gott wohl auf die hören, die ihm nahestehen, wenn sie ihn denn lange genug darum bitten. Aber wir haben uns daran gewöhnt, Gott nichts mehr zuzutrauen. Wir haben schon die Hoffnung aufgegeben, bevor wir mit dem Beten angefangen haben.

Natürlich nützt Beten alleine nichts. Aber Handeln, Widerstand leisten alleine zermürbt. Wer sich gegen das Unrecht auflehnt, braucht einen langen Atem und die Hoffnung, dass eines Tages etwas geschieht. Das heißt auf Gott zu vertrauen. Wer hofft, betet. Beten hält die Hoffnung wach. Gottes Mühlen mahlen langsam, aber sicher. Und manchmal schneller als man denkt.

Der Reporter könnte heute leben. Aber auch zur Zeit Jesu. Vielleicht hat er auch Jesus seine Geschichte erzählt, und der hat sie an seine Jünger weitergegeben. Und so ist sie zu uns gekommen.

Sie ist aufgeschrieben von Lukas im 18. Kapitel seines Evangeliums. Wir hören die Verse 1--8:

> 1 Er sagte ihnen aber ein Gleichnis darüber, dass sie
> allezeit beten und nicht nachlassen sollten, 2 und sprach:
> Es war ein Richter in einer Stadt, der fürchtete sich
> nicht vor Gott und scheute sich vor keinem Menschen.
> 3 Es war aber eine Witwe in derselben Stadt, die kam
> zu ihm und sprach: Schaffe mir Recht gegen meinen
> Widersacher! 4 Und er wollte lange nicht. Danach aber
> dachte er bei sich selbst: Wenn ich mich schon vor Gott
> nicht fürchte noch vor keinem Menschen scheue, 5 will
> ich doch dieser Witwe, weil sie mir soviel Mühe macht,
> Recht schaffen, damit sie nicht zuletzt komme und mir
> ins Gesicht schlage. 6 Da sprach der Herr: Hört, was der

ungerechte Richter sagt! 7 Sollte Gott nicht auch Recht
schaffen seinen Auserwählten, die zu ihm Tag und Nacht
rufen, und sollte er's bei ihnen lange hinziehen? 8 Ich sage
euch: Er wird ihnen Recht schaffen in Kürze. Doch wenn
der Menschensohn kommen wird, meinst du, er werde
Glauben finden auf Erden?

Amen.

---

26. Kleine Männer haben es schwer

Lukas 19,1-10

1986 Kirche - Ich glaube, mit dieser Predigt habe ich mich bei der Gemeinde Kettwig vorgestellt.

1 Und er ging nach Jericho hinein und zog hindurch. 2
Und siehe, da war ein Mann mit Namen Zachäus, der war
ein Oberer der Zöllner und war reich. 3 Und er begehrte,
Jesus zu sehen, wer er wäre, und konnte es nicht wegen
der Menge; denn er war klein von Gestalt. 4 Und er lief
voraus und stieg auf einen Maulbeerbaum, um ihn zu
sehen; denn dort sollte er durchkommen. 5 Und als Jesus
an die Stelle kam, sah er auf und sprach zu ihm: Zachäus,
steig eilend herunter; denn ich muss heute in deinem Haus
einkehren. 6 Und er stieg eilend herunter und nahm ihn
auf mit Freuden. 7 Als sie das sahen, murrten sie alle und
sprachen: Bei einem Sünder ist er eingekehrt. 8 Zachäus
aber trat vor den Herrn und sprach: Siehe, Herr, die Hälfte
von meinem Besitz gebe ich den Armen, und wenn ich
jemanden betrogen habe, so gebe ich es vierfach zurück.
9 Jesus aber sprach zu ihm: Heute ist diesem Hause Heil
widerfahren, denn auch er ist Abrahams Sohn. 10 Denn
der Menschensohn ist gekommen, zu suchen und selig zu
machen, was verloren ist.

Eigentlich ist es schwer zu verstehen, warum die Geschichte Herrn K. so getroffen hat. Denn Herr K. ist immerhin eine stattliche Gestalt von 1 Meter 94. Und der Mann, der in der

Geschichte vorkommt, soll klein gewesen sein. Herr K. hat auch mal einen kleinen Mann gekannt. Das war sein Lehrer gewesen. Ein sehr gestrenger Lehrer, aber ein guter Lehrer. Hinter vorgehaltener Hand wurde an der Schule erzählt, der Mann sei ehrgeizig, weil er so klein sei. Er versuche, die Nachteile seiner Gestalt dadurch wettzumachen, dass er besonders eifrig sei. Und in der Tat. Dieser Lehrer war immer gut vorbereitet, hatte ein immenses Wissen, und Disziplinlosigkeiten der Schüler kamen bei ihm so gut wie nie vor. Herr K. hatte noch eine Menge Einzelheiten aus seinem Unterricht behalten. Später hatte der Lehrer tatsächlich Karriere gemacht und war Direktor an einer anderen Schule geworden.

Herr K. besitzt genügend Fantasie, um sich vorstellen zu können, wie kleine Männer darunter leiden, ständig übersehen zu werden, vor allem von Frauen. Wie sie kämpfen um Anerkennung, um Beachtung, und wie sie lernen sich durchzuboxen, wie sie andere zwar nicht mit Fäusten bezwingen, wohl aber mit ihrem Scharfsinn, ihrem Spott, ihrer Ironie, so dass mancher vor ihnen Angst hat, der sie im Ringkampf Mann gegen Mann mühelos umwerfen würde. Aber es gibt keine Ringkämpfe; solche Leute verstehen es, Auseinandersetzungen mit anderen immer auf die Ebene zu ziehen, auf der sie Meister sind. Wie ein Fechtkünstler, der bei einem Duell dafür sorgt, dass er die Waffe wählt.

Auch der Mann in der Geschichte hat dies offensichtlich verstanden. Seine Stärke besteht in seiner Fähigkeit, sich die Dinge jederzeit so zurechtlegen zu können, wie sie ihm passen. So ist er Steuereinnehmer geworden. Irgendeiner muss es ja machen. Sorgt er nicht auch auf seine Weise für den Frieden im Lande? Denn solange die Römer pünktlich ihr Geld bekommen und niemand aufmuckt, kann man in Ruhe leben. Und warum soll er nicht seine Stellung, seine Macht dazu nutzen, dafür zu sorgen, dass er selber nicht zu kurz kommt?

Auch der Hass und die Verachtung, die ihm allenthalben entgegenschlagen, haben ihren Preis. Es macht ihm Spaß, die Leute bitten und betteln zu sehen, die sonst - hinter seinem Rücken - ihm alle Übel der Welt an den Hals wünschen und die ihn verspotten wegen seiner kleinen Gestalt. Das können sie das ganze Jahr über tun, es gibt niemanden, der sie daran hindert. Aber wenn Zahltag ist, dann ist er dran, dann lacht er; denn er kennt ihre kleinen Tricks und ihre Schwächen, und er braucht nur anzudeuten, wenn einer sich weigert zu zahlen, dass er wohl weiß, wo jener das Korn versteckt hält, das er für die Steuerliste nicht angegeben hat. Aber nicht nur die Wohlhabenden, auch die Armen verachtet er, weil sie Angst haben und vor ihm kriechen, weil sie zu dumm sind oder zu faul, so zu werden wie er. Er sagt sich, dass ihre Anständigkeit einfach nichts Anderes ist, als Feigheit, Feigheit, sich über das Geschwätz der Leute hinwegzusetzen. Sie zahlen oft schon freiwillig und katzbuckelnd mehr, als sie müssen, weil sie meinen, ihn damit zu besänftigen.

Aber einmal geschieht es eben doch, dass er seine Sicherheit verliert, dass es nicht mehr stimmt, was er sich ausgedacht hat um sich zu rechtfertigen. Herr K. denkt darüber nach, warum der Steuereinnehmer Zachäus wohl den Wunsch hat, Jesus zu sehen. Warum er sich dem Gespött der Leute aussetzt und auf einen Maulbeerbaum steigt. Die Geschichte sagt direkt nichts darüber aus, aber trotzdem kann es sich Herr K. denken. Und das hängt mit seiner eigenen Entwicklung zusammen:

Herr K. stammt, wie er sich manchmal ausdrückt, aus „kleinen Verhältnissen". Seine Eltern haben ihm wenig mitgeben können an finanzieller Unterstützung, und noch weniger an geistigem Rüstzeug und Bildung, worum er manchmal später auf der Universität seine Kommilitonen beneidete. Er hat darunter gelitten, wenn sie sich über hochgeistige Angelegenheiten unterhielten, so leicht, als handle es sich um Klatsch. Man merkte, dass sie dergleichen Gesprächsgegenstände vom Familientisch gewohnt waren. Und Herr K. hatte alle Mühe gehabt, nachzulesen, nachzuschlagen, was er nicht verstand, um wenigstens den Gesprächen einigermaßen folgen zu können. Jedoch, je mehr er las, je eifriger er studierte, desto mehr wurde ihm auch bewusst, dass sich häufig hinter manchen kaum verständlichen Fremdwörtern

Unsicherheit, Oberflächlichkeit oder gar Unwissenheit verbarg. Herr K. lernte die Geister zu scheiden. Immer mehr fühlte er sich seinen Gesprächspartnern gewachsen und überlegen, weil er immer besser wurde und immer noch ein treffenderes Argument parat hatte und so oft seine Diskussionspartner zum Schweigen brachte.

Er kommt sich tatsächlich vor wie Zachäus, der zwar klein an Wuchs, aber doch auf einen Baum gestiegen ist und so alle überragt.

Nun lacht keiner über ihn. Die Zeiten, wo man ihn mitleidig ansah, wenn er ein Fremdwort falsch betonte oder einen Zusammenhang nicht begriff, waren vorbei. Jetzt ist er gefürchtet wegen seiner gedanklichen Schärfe, wegen seiner treffenden Formulierungen und seiner Schlagfertigkeit. So leicht kann es keiner mit ihm aufnehmen. Herr K. fühlt sich deshalb auch selbstsicher und unabhängig von dem, was andere über ihn denken oder meinen. Er kann deshalb nachvollziehen, warum es Zachäus nichts ausmacht, zum Gespött der Leute auf den Maulbeerbaum zu steigen.

Herr K. ist als Vorgesetzter nicht besonders beliebt, und er weiß das auch. Aber alles, was schlecht über ihn geredet wird, legt er aus als Neid oder als Rache aus für kritische Bemerkungen, die er sich erlaubt hat, oder auch als Uneinsichtigkeit in seine Anordnungen.

Ich brauche nicht extra auszuführen, dass es Herrn K. materiell sehr gut geht; trotzdem ist er nicht glücklich. Und das liegt daran, dass sein Verhältnis zu seinen Kindern nicht das Beste ist. Dabei hat sich Herr K. eingedenk seiner eigenen Herkunft bemüht, seinen Kindern so viel wie möglich von dem mitzugeben, was er an seinem Elternhaus vermisst hat. Er hatte ihnen gute Bücher zu lesen gegeben, hatte sie auf die Höhere Schule geschickt, hatte ihnen, wo immer er konnte, Nachhilfen zukommen lassen und war immer bereit, mit ihnen über Gott und die Welt zu diskutieren. Aber er musste spüren, dass seine Kinder ihn ablehnten. Sie waren in der Schule nicht so gut, wie er es gerne gehabt hätte. Sie gaben nichts auf seine Ermahnungen, auch nichts auf seine gewiss wohlgemeinten Ratschläge. Noch immer kommt er einfach nicht zurecht mit ihnen und kann es kaum ertragen,

sie manchmal in ihr Unglück rennen zu sehen, ohne etwas dagegen tun zu können.
Ihm hat es auch nicht gefallen, dass seine beiden Kinder so sehr an den Großeltern hingen, die kürzlich gestorben waren. Was konnten diese unbedarften Leute tun, - so dachte Herr K. - um seine Kinder für ihren späteren Lebensweg zu fördern?
Herr K. fällt wieder Zachäus ein, der oben reichlich komisch im Maulbeerbaum sitzt und auf Jesus wartet. Er kann ihn gut verstehen. Auch Zachäus, der so unabhängig wirkt, der scheinbar keiner Hilfe bedarf, hat gemerkt, dass ihm etwas fehlt. Gerade er braucht jemand, der ihn nicht verachtet, der ihn nicht auslacht, der ihn aus dem Teufelskreis, verachtet zu werden und zu verachten, heraushilft. Und er wartet auf Jesus, weil er begriffen hat, dass Jesus - genau wie er - unabhängig ist vom Geschwätz der Leute. Doch im Gegensatz zu ihm selbst leidet Jesus nicht zutiefst daran, ist die Unabhängigkeit Jesu nicht wie die von Zachäus nur aufgesetzt, scheinbar, ist nicht verbunden mit Menschenverachtung und Hass. Zachäus spürt, dass Jesu Unabhängigkeit gerade zu den Menschen hinführte, dass sie selbst verbitterte und harte Herzen erweichen kann und dass sie eigentlich nur denjenigen mit Härte trifft, der nicht einsehen will, dass zu aller Selbstsicherheit, zu aller Stärke auch ein Stück Verlorenheit gehört; ein Gefühl dafür, dass man jemanden braucht, der sich ganz für einen öffnet. Die Pharisäer waren solche Leute, die das nicht begriffen hatten. Sie strotzten vor Selbstgerechtigkeit, verfolgten Jesus mit blindem Hass, weil sie wussten, dass Jesus die Brüchigkeit ihres Lebens durchschaut hatte. Ihnen gegenüber sagte Jesus harte Worte. Aber solche Menschen, die sich ein Stück preisgaben, die ihre Erbarmungswürdigkeit sichtbar machten, solchen begegnete er mit Wärme und Verstehen. Deshalb muss Zachäus auf den Baum, muss sich zum Gespött der Leute machen, muss sich angreifbar machen, um Jesus zu sagen: „Hier bin ich, armer, elender, verlorener Mensch." Und Jesus sieht ihn, den kleinen Mann, über allen andern hoch im Baume sitzen, und indem er ihn herunterbittet, macht der den Kleinen groß. Aber auch: Indem Jesus sich bei ihm zu

Tisch einlädt, macht er sich selbst angreifbar, setzt sich selber dem Gespött und Unwillen der Leute aus; das ist totale Hingabe, er begibt sich in die Situation der Menschen, er hat Teil an ihrer Verachtung, trägt sie mit, aber zugleich lässt er sie teilhaben an der Stärke und Unabhängigkeit, die er ausstrahlt. Der Zöllner, für den Reichtum die Waffe war, die ihn vor der Verachtung der Menschen schützt, er gibt sie aus der Hand, freiwillig, weil er eine neue, ganz andere Stärke bekommen hat, weil er angesteckt ist von der Kraft Jesu.
Als er herumzieht von Tür zu Tür, um von seinem Reichtum zurückzugeben, vielleicht haben die Leute darüber noch mehr gelacht als über seinen kleinen Wuchs. Herr K. ist überzeugt, dass die Armen und Betrogenen nur mit größtem Misstrauen die Geldgeschenke des Zachäus entgegengenommen haben. Aber Zachäus kann wohl seinerseits darüber lachen, weil er frei ist, frei von dem Zwang, seinen kleinen Wuchs mit aller Gewalt zu kompensieren und die Verachtung der Menschen mit gleicher Menschenverachtung heimzahlen zu müssen.
Und mit einem Male geht Herrn K. auch auf, was seine Kinder bei seinen Eltern gefunden haben, nämlich Wärme, Herzlichkeit, Geborgenheit, die sie bei ihm vermisst haben. Obwohl er selber sie doch mitbekommen hat, anders hätte er die schwere Zeit seines Aufstiegs nie durchhalten können. Deshalb sind seine Kinder so gerne und so oft aus seinem Haus geflohen, haben sich seinem Blick entzogen, der sie ständig mahnte, noch ein Buch zu lesen oder sich in eine Mathematikaufgabe zu vertiefen oder ein Gedicht zu lernen, sind zu den Großeltern gegangen, die ihnen Kaffee kochten, Kuchen buken oder sogar mal eine Zigarette anboten. Diese haben nie etwas von ihnen verlangt, sie haben sich nur mit ihnen gefreut über Erfolge, und mit ihnen getrauert bei Misserfolgen in der Schule. Und ihm wird klar, dass seine eigenen Eltern es möglich gemacht haben, dass seine Kinder ihn ertragen, dass sie nicht schon längst fortgelaufen sind und ihn verlassen haben. Er wird traurig bei dem Gedanken, dass seine Eltern nun tot sind und er ihnen nicht mehr danken kann.
Abends lädt Herr K. sein Kinder zu sich zum Essen ein. Nach

dem Mahl geht er zum Schrank und holt aus einer Schublade einige alte Papiere heraus. „Dies sind meine Schulzeugnisse", sagt er und legt sie auf eine Schale. Dann zündet er an einer Kerze ein Streichholz an und setzt die Papiere in Brand. Als seine Kinder verwirrt in die Flammen starren, sagt er: „Ich bin lange Zeit stolz auf sie gewesen und ich hatte Grund dazu. Aber nun sind sie mir im Wege. Sie hindern mich zu euch zu finden. Ich verbrenne sie, weil ich heute an einer uralten Geschichte festgestellt habe, dass es Wichtigeres gibt als gute Zeugnisse zu haben und Karriere zu machen. Ich habe gespürt, dass nicht ihr meine Ratschläge und Erfahrungen so dringend braucht, dass ich aber eure Zuneigung und euer Vertrauen nötig habe."
Als das Feuer heruntergebrannt ist, steht seine Tochter auf, nimmt ihn in den Arm und sagt: „Du bist wunderbar, Vater!" Und sie küsst ihn.

Amen.

---

27. Emmaus – Auferstehung: sehen - verstehen - feiern

Lukas 24,13-15

1.4.2013 - Ostermontag - Kirche
Einfach mal nacherzählt: Eine der schönsten Geschichten aus dem Neuen Testament.

Über die staubige Straße wandern zwei Männer. Die drückende Mittagshitze ist vorbei und rüstig schreiten sie aus. Und doch liegt etwas Bedrückendes in ihren Mienen. Deutlich merkt man, dass sie mehr davonlaufen, als dass sie ein Ziel suchen. Ihre Gesichter sind nicht frei herausblickend, sondern in sich gekehrt, überanstrengt, als habe sich eben vor ihren Augen etwas Entsetzliches abgespielt, als sei ihnen etwas genommen worden, eine Hoffnung, eine Glaube, eine Zukunft. Sie reden miteinander, aber ihr Reden wird gleichsam vom Sand verschluckt und vom Staub. Es ist ein Reden, das zu nichts führt, ein Reden, das aussichtslos ist, ein verzweifelter Versuch, etwas zu verstehen, was nicht verstehbar ist.

Dann nähert sich eine Staubwolke von hinten. Jemand kommt heran. Scheinbar willens, sie zu überholen, bleibt er eine ganze Weile hinter ihnen, hört ihren nutzlosen Reden zu, bis sie - unsicher geworden - langsamer werden, einen Moment warten, dann geht der Fremde neben ihnen. Sie sind still geworden und können doch die fragenden Blicke des Fremden kaum ertragen. Gut, dass dieser den Anfang macht und das Schweigen bricht: „Worüber redet ihr eigentlich, was beschäftigt euch so, dass ihr redet und redet, und nun, da ich neben euch gehe, seid ihr still?"
Da bleiben sie einen Moment traurig stehen. Und in ihre Traurigkeit mischt sich auch der Zorn. Wie kann man nur solche Fragen stellen? Weiß denn dieser Mann, der offensichtlich aus der gleichen Richtung kommt wie sie, nicht, was los gewesen ist, dort hinten, in der Hauptstadt? Hat er nicht gehört von jenem Jesus von Nazareth? Hat er nicht gemerkt, dass sie von ihm gesprochen haben? Ist ihm nicht klar, wie sehr sie betroffen sind? Und der eine, der Kleopas genannt wird, fragt zurück: „Bist du denn der einzige, der keine Ahnung hat, der nicht weiß, was los gewesen ist? Kommst aus Jerusalem und weißt nicht, was dort in diesen Tagen geschehen ist?"
„Was denn?" Die Frage eines Ahnungslosen. So scheint es. Aber es ist eine Aufforderung zum Reden. Es kommt Bewegung in sie. Sie gehen weiter und beginnen zu erzählen: Erst langsam tasten sie sich vor. Erzählen die Fakten, das, was jeder wissen könnte, was mit Jesus von Nazareth passiert ist, ein Mann, der wie ein Prophet redete, mächtig in Worten, aber einer der nicht nur Worte machte, sondern auch handelte, vor Gott und dem ganzen Volk, wie der von den Hohenpriestern und führenden Männern gefangen wurde, verhört, verurteilt und schließlich der Besatzungsmacht übergeben, wieder verurteilt als Staatsfeind, der ruppigen Brutalität der Soldateska ausgeliefert, geschunden, verhöhnt und verspottet, wie er den Querbalken des Kreuzes schleppen musste, bis er umfiel, und schließlich ans Kreuz geschlagen wurde, nicht nur gebunden, wie gewöhnliche Mörder und Staatsfeinde, sondern genagelt - und dort ist er den Tod eines Verbrechers gestorben. Und mit einem Male

merken die beiden Wanderer, dass die ahnungslose Frage des Fremden nicht so ahnungslos war. Sie merken, dass sie zugehört bekommen, dass ihr Reden sinnvoll ist, weil es ein Reden ist, bei dem jemand zuhört, wo sie loswerden können, was sie belastet. Und sie öffnen sich ein Stück mehr gegenüber dem Fremden, geben preis, was auch gefährlich sein könnte. Sie geben sich als solche zu erkennen, die zu diesem Jesus gehörten, merken selber auch, wo sie stehen - oder vielmehr - gestanden haben: „Wir aber hofften, er sollte Israel erlösen." Das war es, weshalb sie ihm nachgelaufen waren! Deshalb hatte sie das alles ertragen, die Wanderungen, die Unsicherheit, das Leben von einem Tag auf den anderen, von der Hand in den Mund - das alles - auch die Abhängigkeit von der Mildtätigkeit fremder Leute und den Wundern Gottes. „Wir aber hofften, er sollte Israel erlösen." Das war es gewesen. Die Hoffnung, dass Jesus als der Messias, der gesalbte Gesandte Gottes, ein Königreich aufrichtete ohne Fremdherrschaft der Römer, mit Gerechtigkeit und Frieden für alle, vielleicht auch ein Reich, in dem Leiden und Tod aufgehoben worden wären, in dem die Blinden sehen, die Tauben hören und die Gefangenen befreit würden. Eine tiefe Sehnsucht aller Menschen hatten sie geteilt und auf jenen Mann Jesus von Nazareth gesetzt. Er sollte ihnen das alles bringen. Und nun war er schon drei Tage tot, und das war jetzt wohl endgültig. Wiederbelebungen von Toten hatte es ja schon gegeben. Aber immer nach ein paar Stunden. Drei Tage aber waren endgültig. Jetzt gab es nichts mehr zu hoffen. Alles, was jetzt noch an Hoffnung aufkeimen wollte, konnte nur verwirren. Zum Beispiel das Gerede der Frauen von heute morgen. Da gab es ein paar, die hatten seltsame Dinge berichtet - und nun vertrauen sie dem Fremden auch diese Geschichte an, selbst auf die Gefahr hin, sich lächerlich zu machen; diese Frauen hatten berichtet, sie hätten den Leichnam Jesu nicht gefunden und es wären ihnen Engel erschienen, die sagten, Jesus lebe. Und darüber hinaus hätten sich sogar einige von den Männern dorthin bemüht - denn man wisse ja, was auf Weibergeschwätz zu geben sei - aber auch diese Männer hätten das Grab leer gefunden - freilich wäre ihnen niemand erschienen. Sie sel-

ber seien auch durch diese Berichte nicht froher geworden. Ihre Verwirrung wäre nur größer. Sie wüssten jetzt überhaupt nicht mehr, woran sie seien. Geradezu der Schrecken sei ihnen in die Glieder gefahren. Sie könnten mit all dem nicht mehr fertig werden. Sie wären wohl überanstrengt und ruhebedürftig und hätten sich deshalb erst einmal zurückgezogen aufs Land in ein Dorf, wohin sie unterwegs wären, um Abstand von den ganzen Ereignissen zu gewinnen.
Und nun, nachdem sie so ausgeredet, als sie sich Luft gemacht haben, alles losgeworden sind, was es zu erzählen gib, nachdem sie sich auch in ihrer Ratlosigkeit dem Fremden gegenüber geöffnet haben, beginnt der Fremde zu reden. Und er redet so, dass sie gleich von Anfang an merken, er steht auf ihrer Seite, er hat sie verstanden, obwohl ein Fremder, ein Ahnungsloser, wie es am Anfang schien, spricht er mit Autorität, nicht von oben herab, sondern in der Autorität der Sache. Und doch, wenn er auch Verständnis zeigt, ist seine Rede nicht ohne Vorwurf: „O ihr Toren, zu trägen Herzens, all dem zu glauben, was die Propheten geredet haben! – Was seid ihr doch schwer von Begriff! Warum rafft ihr euch nicht endlich auf zu glauben, was die Propheten gesagt haben?" So sagt er ihnen. „Wenn dem nicht so wäre, hätten euch die Verzweiflung und die Ratlosigkeit nicht übermannen können. Ihr hättet gewusst, warum dies alles geschehen musste. Ihr hättet euch nicht von den Ereignissen bange machen lassen. Und auch die Reden der Frauen und der Männer vom leeren Grab hätten euch nicht erschreckt. Sondern ihr wärt stärker im Glauben gewesen und bestimmter in der Hoffnung und brennender in der Liebe." Und dann beginnt der Fremde ihnen auszulegen, aus den alten Büchern und Schriften: „Was die Propheten visionär gesehen haben, mehr ahnungsvoll als wissend, das habt ihr erlebt - und habt es doch nicht begriffen. Harte Fakten habt ihr gesehen, aber ihr habt den Zusammenhang nicht verstanden. Deshalb sind euch die Tatsachen, die ihr mit euren eignen Augen sehen und euren eigenen Ohren hören konntet, zu nichts nutze gewesen. Kommende Generationen mögen nur auf das Wort von Zeugen vertrauen und glauben, werden nur vage schriftliche Berichte finden; ihr

aber habt's gesehen und glaubt doch nicht. Lest doch einmal in der Schrift nach, in der Bibel Israels"! Und der Fremde zitiert ihnen aus der Schrift, Jesaja: „Er war verachtet und gemieden, ein Mann der Schmerzen und mit Krankheit vertraut... Jedoch unsre Krankheit war es, die er getragen hat, und unsere Schmerzen hat er sich aufgeladen, während wir ihn für einen Gestraften und von Gott Geschlagenen hielten. Und doch war er verwundet um unserer Übertretungen willen und zerschlagen infolge unsrer Verschuldung. Wir gingen alle in die Irre wie die Schafe, ein jeder wandte sich seinem eigenen Weg zu. Der Herr aber hat unser Schuld auf ihn fallen lassen." (aus Jesaja 53) Und anderes mehr zitiert er. Und mit einem Male wird den beiden Wanderern klar, welchen Sinn all das entsetzliche Leiden und Sterben Jesu gehabt hat, und sie erkennen: Jesus, der Messias, musste das alles erleiden und in seine Herrlichkeit eingehen, um der Sünde der Menschen willen, um ihretwillen.
Inzwischen sind sie weitergegangen und in die Nähe des Dorfes Emmaus gekommen. Die Sonne steht schon tief, der Abend will hereinbrechen. Der Fremde wendet sich zum Abschied. Aber die beiden Jünger wollen nicht. Zu viel verdanken sie ihm. Vielleicht möchten sie noch mehr von ihm hören, oder sie suchen einfach seine Gemeinschaft, die Gemeinschaft eines Menschen, der sie versteht, ja mehr noch, der sie besser versteht als sie sich selbst, der ihnen einen Weg zeigen kann. Und so bitten sie, drängen sie ihn, bei ihnen zu bleiben: „Herr, bleibe bei uns, denn es will Abend werden und der Tag hat sich geneigt." Und er bleibt auch bei ihnen, isst mit ihnen. Und dann werden ihnen die Augen geöffnet, als er plötzlich ein Dankgebet spricht und das Brot bricht und es ihnen reicht. Da wissen sie, wer ihr Weggefährte ist: es ist der Herr selbst. Die Tischgemeinschaft mit ihm, das Brotbrechen, das sie so oft beeindruckt hat, die enge, vertraute Gemeinschaft, das alles ist dasselbe. Er, der jetzt das Brot mit ihnen teilt, ist derselbe, der es ihnen früher gereicht hat. Er ist wahrhaftig auferstanden. Der Fremde zeigt sich ihnen als der Vertraute, der Tote als der Lebendige. Die Erscheinung, welche die Frauen bezeugten, hatte sie erschreckt, hatte sie noch ratloser werden lassen. Erst

die Reden des Fremden haben sie den Sinn des Todes Jesu verstehen lassen. Mit dem Verstand hatten sie wohl begriffen, aber auch das reichte nicht. Erst die enge Tischgemeinschaft hat sie vollends die Wahrheit der Auferstehung Jesu spüren lassen.
Und das ist auch genug.
Der Auferstandene schwindet vor ihren Augen. Und sie sehen sich an und denken daran, dass sie schon vorher, als er ihnen erklärte, etwas davon gespürt hatten von jener Freude, die man später Osterfreude genannt hat, und sie sagen, der eine zum anderen: "Brannte nicht unser Herz in uns, als er mit uns auf dem Wege redete und uns dabei die Schrift öffnete?"
Und nun kennen die beiden kein Halten mehr. Alle Müdigkeit ist wie weggeblasen. Zur selben Stunde noch eilen sie durch die kühle Nacht auf Jerusalem zu.
Und jene Osterfreude, die sie weitergeben wollen, ist schon vor ihnen da. Als sie ankommen, sind die Jünger zusammen und auch andere, und noch ehe sie ihre Geschichte los werden, schallt es ihnen froh und befreit entgegen: „Der Herr ist wirklich auferstanden. Er ist dem Petrus erschienen!"
Erst jetzt kommen sie zu Wort und erzählten von der Begegnung, die für sie alles deutlich und sinnvoll gemacht hat. Jawohl, den Frauen und Petrus ist Jesus vorher erschienen, aber ihnen, den Wanderern nach Emmaus, hat er darüber hinaus erklärt; - und mit ihnen hat er zuerst das Brot gebrochen.
Aus den beiden Jüngern, wir kennen nur den Namen des einen, Kleopas, sind keine bedeutenden Männer geworden. Nachdem sie in Jerusalem berichtet haben, wird es still um sie. Sie sind keine Führerpersönlichkeiten wie Petrus, keine eifrigen Missionare wie Paulus. Sie bleiben wohl in der zweiten Reihe, einfache Christen, wie die meisten von uns.
Was ihnen blieb, nachdem Jesus ihren Blicken entzogen war, ist das was auch wir noch haben: die Tischgemeinschaft der Christen im Abendmahl und Gottes Wort, die Schrift.
Weil sie für die Zeugnisse der Bibel die Ohren geöffnet bekamen, wurden ihnen auch Augen und Herz geöffnet. Und sie wurden selber Zeugen, freilich nur an einer Stelle. Aber das reichte. Es reicht bis zu uns heute Morgen. Gott sei Dank.

Hören Sie noch einmal die Geschichte, wie sie uns Lukas im 24. Kapitel seines Evangeliums berichtet hat:

13 Und siehe, zwei von ihnen gingen an demselben
Tage in ein Dorf, das war von Jerusalem etwa zwei
Wegstunden entfernt; dessen Name ist Emmaus. 14 Und
sie redeten miteinander von allen diesen Geschichten. 15
Und es geschah, als sie so redeten und sich miteinander
besprachen, da nahte sich Jesus selbst und ging mit
ihnen. 16 Aber ihre Augen wurden gehalten, dass sie ihn
nicht erkannten. 17 Er sprach aber zu ihnen: Was sind das
für Dinge, die ihr miteinander verhandelt unterwegs?
Da blieben sie traurig stehen. 18 Und der eine, mit
Namen Kleopas, antwortete und sprach zu ihm: Bist du
der einzige unter den Fremden in Jerusalem, der nicht
weiß, was in diesen Tagen dort geschehen ist? 19 Und er
sprach zu ihnen: Was denn? Sie aber sprachen zu ihm:
Das mit Jesus von Nazareth, der ein Prophet war, mächtig
in Taten und Worten vor Gott und allem Volk; 20 wie
ihn unsre Hohenpriester und Oberen zur Todesstrafe
überantwortet und gekreuzigt haben. 21 Wir aber hofften,
er sei es, der Israel erlösen werde. Und über das alles
ist heute der dritte Tag, dass dies geschehen ist. 22 Auch
haben uns erschreckt einige Frauen aus unserer Mitte,
die sind früh bei dem Grab gewesen, 23 haben seinen
Leib nicht gefunden, kommen und sagen, sie haben eine
Erscheinung von Engeln gesehen, die sagen, er lebe.
24 Und einige von uns gingen hin zum Grab und fanden's
so, wie die Frauen sagten; aber ihn sahen sie nicht. 25
Und er sprach zu ihnen: O ihr Toren, zu trägen Herzens,
all dem zu glauben, was die Propheten geredet haben!
26 Musste nicht Christus dies erleiden und in seine
Herrlichkeit eingehen? 27 Und er fing an bei Mose und
allen Propheten und legte ihnen aus, was in der ganzen
Schrift von ihm gesagt war. 28 Und sie kamen nahe an das
Dorf, wo sie hingingen. Und er stellte sich, als wollte er
weitergehen. 29 Und sie nötigten ihn und sprachen: Bleibe

bei uns; denn es will Abend werden, und der Tag hat sich
geneigt. Und er ging hinein, bei ihnen zu bleiben. 30 Und
es geschah, als er mit ihnen zu Tisch saß, nahm er das Brot,
dankte, brach's und gab's ihnen. 31 Da wurden ihre Augen
geöffnet, und sie erkannten ihn. Und er verschwand vor
ihnen. 32 Und sie sprachen untereinander: Brannte nicht
unser Herz in uns, als er mit uns redete auf dem Wege
und uns die Schrift öffnete? 33 Und sie standen auf zu
derselben Stunde, kehrten zurück nach Jerusalem und
fanden die Elf versammelt und die bei ihnen waren; 34
die sprachen: Der Herr ist wahrhaftig auferstanden und
Simon erschienen. 35 Und sie erzählten ihnen, was auf
dem Wege geschehen war und wie er von ihnen erkannt
wurde, als er das Brot brach.

Amen.

28. Die ersten Jünger auf der Rentnerbank im Himmel

Johannes 1,35-42

4.7.1999 - 5. n. Tr. - Kirche

35 Am nächsten Tag stand Johannes abermals da und
zwei seiner Jünger; 36 und als er Jesus vorübergehen sah,
sprach er: Siehe, das ist Gottes Lamm! 37 Und die zwei
Jünger hörten ihn reden und folgten Jesus nach. 38 Jesus
aber wandte sich um und sah sie nachfolgen und sprach
zu ihnen: Was sucht ihr? Sie aber sprachen zu ihm: Rabbi
- das heißt übersetzt: Meister -, wo ist deine Herberge?
39 Er sprach zu ihnen: Kommt und seht! Sie kamen und
sahen's und blieben diesen Tag bei ihm. Es war aber um
die zehnte Stunde. 40 Einer von den zweien, die Johannes
gehört hatten und Jesus nachgefolgt waren, war Andreas,
der Bruder des Simon Petrus. 41 Der findet zuerst seinen
Bruder Simon und spricht zu ihm: Wir haben den Messias
gefunden, das heißt übersetzt: der Gesalbte. 42 Und er

führte ihn zu Jesus. Als Jesus ihn sah, sprach er: Du bist Simon, der Sohn des Johannes; du sollst Kephas heißen, das heißt übersetzt: Fels.

Eigentlich ist das Evangelium etwas für junge Menschen, die unverbraucht und begeisterungsfähig einen neuen Aufbruch wagen und Großes hoffen. Ich stelle mir vor, dass die Jünger Jesu bei ihrer ersten Begegnung mit dem Herren solche jungen Leute gewesen sind, die auf der Suche waren und was wollten. Aber irgendwann sind sie natürlich auch älter geworden und eines Tages gestorben. -
Ob es im Himmel auch so etwas wie eine Rentnerbank gibt, wo die ganz alten Strategen sitzen, jene, die sich zu den ersten und ursprünglichen Jüngern zählen, die von Anfang an dabei gewesen sind?
Warum eigentlich nicht? Schließlich sind die Geschichten der Bibel auch immer aus der Nachperspektive geschrieben, d.h., sie waren längst passiert und man kannte das Ende. Und heute, wenn wir sie hören, vernehmen wir sie nur als Kinder zum ersten Mal. Später haben wir einige vielleicht vergessen. Aber gröblich wissen wir, wie es ausgegangen ist, und vor allem, wie es weitergegangen ist bis zu uns heute. Also hören wir die Geschichten unserer Bibel selber wie Rentner, die sich über sie austauschen wie über Lebenserinnerungen: Weißt du noch, wie das war?
Wenden wir uns deshalb denjenigen zu, die dabei gewesen sind, Andreas und ein anderer Jünger, dessen Name uns verschwiegen ist. Diese betrachten sich als die ersten Jünger. Sie sitzen auf besagter himmlischer Rentnerbank und machen sich so ihre Gedanken:
„Weißt du", beginnt Andreas das Gespräch, „das heute auf der Erde für uns ein besonderer Sonntag ist?" Der andere Jünger nickt. „Ja", sagt er, „ich hab auch schon drüber nachgedacht. Alle sechs Jahre wird am 5. Sonntag nach Trinitatis in der Evangelischen Kirche in Deutschland über die Geschichte gepredigt, in der wir beide eine Rolle spielen. Als die ersten Jünger."
„Jedenfalls wenn man das Johannesevangelium liest", ergänzt Andreas. „Deshalb liebe ich ja auch das Johannes-

evangelium so", spricht der andere Jünger, „weil wir darin vorkommen und weil so toll erzählt wird. Schlicht und einfach. Direkt und grade, eben wie wir so als junge Burschen waren." „Ja", sagt Andreas, „das ist schon eine besondere Geschichte, wie wir an Jesus gekommen sind. Und wir sind da auch was Besonderes. Wir sind Models für den Glauben." „Was meinst du denn damit?" fragt der andere Jünger. Andreas antwortet. „So wie Models Klamotten zeigen, die alle tragen sollen, so zeigen wir, wie man zum Glauben an Jesus kommt. Hören, suchen, kommen, sehen, bleiben, weitersagen." „Na ja", meint der andere Jünger, „so einfach hören, das reicht nicht aus. Denk mal daran, dass wir schon vorher was wussten. Wir waren immerhin Jünger von Johannes dem Täufer, und er hat uns viel erzählt, von den Verheißungen eines Messias, vom Lamm Gottes, es war für uns alles dunkel und wirr, aber es hat uns neugierig gemacht. Wir waren auf der Suche, aber Johannes konnte uns keine Antwort geben. Er hat immer nur gesagt. 'Ich bin nicht, der da kommen soll. Wartet auf einen anderen.'" „Stimmt", sagt Andreas. Er macht eine Pause. „Ich möchte wissen, ob die Menschen, die heute die Gottesdienste auf der Erde besuchen, auch auf der Suche sind." Der andere Jünger überlegt. „Ich habe beobachtet, dass eigentlich alle Menschen immer auf der Suche sind, weil sich ihre Lebenssituationen ändern. Immer wieder gibt es Wechselfälle in ihrem Leben, es gibt Schicksalsschläge, wenn es schlimm kommt, oder neue Herausforderungen, und immer müssen sie sich fragen, ob die Antworten, die sie gefunden haben, noch gültig sind. Es gibt natürlich auch Phasen, Gott sei Dank, wo man eine Zeit lang mit gefundenen Antworten und Lebensinhalten gut zurechtkommt. Aber das kann sich schnell ändern, und dann ist man wieder auf der Suche." Andreas erinnert sich: „Wir haben auch als Jünger des Johannes eine Weile von seinen Antworten gelebt, aber er war klug genug, uns zu sagen, dass es nicht die letzten Antworten sind." „Ja, und dann hörten wir, wie er plötzlich sagte: 'Siehe, das ist Gottes Lamm.' Und wir wussten erst gar nicht, was er meinte, und dann sahen wir einen Mann vorbeigehen, fast war er schon wieder weg. Und ihm nachzugehen war eine Entscheidung von einer Sekunde auf die andere." „Ja", sagt Andreas, „wenn ich heute im Johannesevangelium nachlese, die erste aktive Rolle, die Jesus nach seiner ersten Begegnung mit dem Täufer dort spielt, ist die eines fast zufällig Vorbeigehenden. Und wenn wir nicht aufgeschnappt hätten, was Johannes sagte: 'Siehe, das ist das Lamm Gottes', dann wären wir nicht hinterhergegangen, dann hätte es vielleicht gar keine Jünger gegeben. Keinen Petrus, keine Kirche." Der andere Jünger sagt nachdenklich: „Es gibt von vielen Menschen eine Nachfolgegeschichte. Es gibt Begegnungen, die zufällig erscheinen, so glauben wenigstens die Menschen. Aber wir Himmlischen wissen es besser." Der andere Jünger ist wieder bei seiner eigenen Geschichte: „Hast du dir jemals Gedanken darüber gemacht, dass wir Johannes den Täufer haben ganz schön allein da stehen gelassen?" Andreas hat da keine Bedenken: „Das war nicht anders möglich. Man muss manchmal Altes hinter sich lassen, um sich auf Neues voll einzulassen. Johannes der Täufer hat auf Jesus hingewiesen. Das hat er getan und damit war seine Aufgabe erfüllt. Er kommt ja auch im Johannesevangelium nicht mehr vor." „Du sagst das so leicht daher", wendet der andere Jünger ein. „ich glaube, dass es für einen Menschen nicht so einfach ist zu ertragen, bloß Hinweiser, Zeuge zu sein oder Vorläufer." Andreas antwortet: „Als Glaubender muss man damit klar kommen und akzeptieren, dass man nicht allen Menschen alles geben kann. Manchmal muss man sich mit der Rolle eines Hinweisgebers begnügen. Aber es ist trotzdem eine wichtige und notwendige Aufgabe, Menschen, die auf der Suche sind, auf den richtigen Weg zu schicken. Damals jedenfalls haben wir nicht an Johannes den Täufer gedacht. Sondern wir sind hinter Jesus her, ehe er wieder verschwand, und ich erinnere mich noch daran, wie er sich zu uns umdrehte und uns ansprach." „Weißt du eigentlich, dass dieses der erste Hauptsatz im Johannesevangelium ist, in dem Jesus das Subjekt ist", fragt der andere Jünger, „'Jesus aber wandte sich um und sah sie nachfolgen.'" „Ja," sagt Andreas, „es ist immer wieder erstaunlich, mit welch stilistischem Feingefühl der Evangelist zum Ausdruck bringt, Jesus kommt zu uns, wendet sich uns zu, ist für uns da. Und dann die Frage, die er uns stellte: 'Was sucht ihr?' Ich fand das damals ungeheuer cool. Nicht: 'Wen sucht ihr?', nicht: 'Was wollt ihr von mir?'". Nein: 'Was sucht ihr?', als wenn darin alles enthalten wäre, was Menschen an Fragen, an Wünschen, an Sehnsucht je in sich tragen. 'Was sucht ihr?' Mir war damals, als hätte er mir bis tief ins Herz geschaut." „Und was haben wir gesucht?" fragt der andere Jünger. „Seine Nähe", antwortet Andreas, „nichts als seine Nähe. Ich weiß noch, wir haben gefragt, wo er wohnt, nach seiner Bleibe. Denn bleiben wollten wir selber bei ihm, wenigstens den Tag." „Ja", sagt der andere Jünger, „er hat uns eingeladen. 'Kommt und seht,' hat er gesagt. Und wir sind gekommen und haben gesehen, wo seine Bleibe war, und sind auch bei ihm geblieben, den ganzen Tag und eigentlich noch länger, unser Leben lang." Es entsteht eine Pause. „Jeder ist eingeladen: Kommt und seht." Der andere Jünger hat aufmerksam zugehört. „Du hast recht", sagt er. „Es gilt auch für die Menschen, die heute in der Kirche sitzen. Sie sind gekommen. Gewiss. Aber was sehen sie? In was für einer Bleibe begegnen sie Jesus? " „Es sind ehrwürdige Kirchen", sinniert der andere Jünger, „ein wenig zu alt und ehrwürdig für meinen Geschmack. Es sind irgendwie historische Rentnerbänke, die wenig mit dem Leben draußen zu tun haben. Dabei stehen ihnen eigentlich die Rentnerbänke noch nicht zu. Es gibt noch vieles zu suchen, vieles zu sehen." „Aber auch zu bleiben", ergänzt Andreas, „so wie wir." Der andere Jünger berichtigt: „Bei Jesus bleiben heißt aber nicht stehen bleiben, sondern mit ihm gehen, ihm nachfolgen. Dazu braucht es Elan und Jugendlichkeit." „Den gibt es auch bei manchen, und er hängt auch nicht vom Alter ab", sagt Andreas. „Es gibt viele Christen, die echte Nachfolger sind, die sich für andere Menschen einsetzen oder gar das Evangelium weitersagen." „So wie du damals deinem Bruder Simon", erinnert der andere Jünger. „Weißt du noch, wie du ihn zu Jesus geschleppt hast?" „Ja", sagt Andreas, „Ich habe ihm gesagt: ‚Wir haben den Messias gefunden.' Und als Jesus ihn sah, wusste er gleich seinen Namen und hat ihm einen neuen Namen gegeben: Kephas - Petros - Fels." „Ja, „sagt der andere Jünger, „und Petrus hat ja dann bei Jesus Karriere gemacht." „So würde

ich das nicht nennen", widerspricht Andreas. „Mein Bruder ist durch Höhen und Tiefen gegangen. Er war nicht immer der Harte. Aber letztlich konnte man doch auf seine Führungsfähigkeiten und seinen Bekennermut bauen. Und er ist schließlich auch für den Glauben gestorben." „Ich finde die Geschichte unserer ersten Begegnung mit Jesus cool", sagt der andere Jünger, „erst Johannes der Täufer, dann wir, dann Petrus. Und wir treten zurück in den Hintergrund, genau wie Johannes. Von mir wird nicht einmal der Name erwähnt." „Aber im Mittelpunkt steht Jesus", sagt Andreas. „Warum sind wir eigentlich damals bei ihm geblieben, was hat er uns eigentlich gesagt in seiner Bleibe, als wir den ganzen Nachmittag bei ihm waren?"
Der andere Jünger überlegt. „Das Johannesevangelium schweigt sich darüber aus. Was zwischen einem Menschen und Jesus geschieht, lässt sich in keine Formel, in kein Dogma pressen, das muss jeder für sich selber herausfinden." „Aber", beharrt Andreas, „es gibt wohl einen Hinweis. Von Johannes dem Täufer haben wir sagen hören: 'Siehe, das ist das Lamm Gottes.' Und Simon Petrus haben wir interessiert mit den Worten: 'Wir haben den Messias gefunden.'" „Klar," sagt der andere Jünger, „auf das Lamm Gottes hätte er nicht reagiert." „Aber auf Messias", erklärt Andreas „das ist was, womit junge Leute was anfangen können. Ein Messias, das verspricht Glanz und Gloria. Ein Messias kommt groß raus wie ein Star." Der andere Jünger sagt leise: "Dass dieser Messias dadurch zum Messias wurde, dass er sich als Lamm Gottes opferte, versteht man erst, wenn man älter wird..." „Oder lange dabei bleibt", ergänzt Andreas, „so wie wir, die Rentner Jesu." „Ich glaube, du hast noch nicht begriffen, worum es geht", sagt der andere Jünger. „Wir sind keine Rentner und werden nie welche sein. Wir sind Figuren des Evangelisten Johannes, ewig jung, ewig suchend, immer findend und bleibend und sind gesandt in die Herzen der Menschen, ihnen den Schwung der ersten Jünger zu bringen, auf der Suche die Worte des Herrn vernehmend, 'Kommt und seht!' und bei ihm zu bleiben und andere zu ihm zu bringen, zu denen er dann auch sagt: „Du bist ein Fels".

Amen.

29. Die Frau am Brunnen mit dem Durst nach Liebe

Johannes 4,1-29

2.6.1991 - 1. So. n. Tr. - Kirche

1 Als nun Jesus erfuhr, dass den Pharisäern zu Ohren
gekommen war, dass er mehr zu Jüngern machte und
taufte als Johannes - obwohl Jesus nicht selber taufte,
sondern seine Jünger -, 3 verließ er Judäa und ging wieder
nach Galiläa. 4 Er mußte aber durch Samarien reisen. 5
Da kam er in eine Stadt Samariens, die heißt Sychar, nahe
bei dem Feld, das Jakob seinem Sohn Josef gab. 6 Es war
aber dort Jakobs Brunnen. Weil nun Jesus müde war von
der Reise, setzte er sich am Brunnen nieder; es war um
die sechste Stunde. 7 Da kommt eine Frau aus Samarien,
um Wasser zu schöpfen. Jesus spricht zu ihr: Gib mir zu
trinken! 8 Denn seine Jünger waren in die Stadt gegangen,
um Essen zu kaufen. 9 Da spricht die samaritische Frau
zu ihm: Wie, du bittest mich um etwas zu trinken, der du
ein Jude bist und ich eine samaritische Frau? Denn die
Juden haben keine Gemeinschaft mit den Samaritern. - 10
Jesus antwortete und sprach zu ihr: Wenn du erkenntest
die Gabe Gottes und wer der ist, der zu dir sagt: Gib mir
zu trinken!, du bätest ihn, und der gäbe dir lebendiges
Wasser. 11 Spricht zu ihm die Frau: Herr, hast du doch
nichts, womit du schöpfen könntest, und der Brunnen
ist tief; woher hast du dann lebendiges Wasser? 12 Bist
du mehr als unser Vater Jakob, der uns diesen Brunnen
gegeben hat? Und er hat daraus getrunken und seine
Kinder und sein Vieh. 13 Jesus antwortete und sprach
zu ihr: Wer von diesem Wasser trinkt, den wird wieder
dürsten; 14 wer aber von dem Wasser trinken wird,
das ich ihm gebe, den wird in Ewigkeit nicht dürsten,
sondern das Wasser, das ich ihm geben werde, das wird
in ihm eine Quelle des Wassers werden, das in das ewige
Leben quillt. 15 Spricht die Frau zu ihm: Herr, gib mir

solches Wasser, damit mich nicht dürstet und ich nicht
herkommen muß, um zu schöpfen! 16 Jesus spricht zu
ihr: Geh hin, ruf deinen Mann und komm wieder her! 17
Die Frau antwortete und sprach zu ihm: Ich habe keinen
Mann. Jesus spricht zu ihr: Du hast recht geantwortet: Ich
habe keinen Mann. 18 Fünf Männer hast du gehabt, und
der, den du jetzt hast, ist nicht dein Mann; das hast du
recht gesagt. 19 Die Frau spricht zu ihm: Herr, ich sehe,
dass du ein Prophet bist. 20 Unsere Väter haben auf diesem
Berge angebetet, und ihr sagt, in Jerusalem sei die Stätte,
wo man anbeten soll. 21 Jesus spricht zu ihr: Glaube mir,
Frau, es kommt die Zeit, dass ihr weder auf diesem Berge
noch in Jerusalem den Vater anbeten werdet. 22 Ihr wisst
nicht, was ihr anbetet; wir wissen aber, was wir anbeten;
denn das Heil kommt von den Juden. 23 Aber es kommt
die Zeit und ist schon jetzt, in der die wahren Anbeter
den Vater anbeten werden im Geist und in der Wahrheit;
denn auch der Vater will solche Anbeter haben. 24 Gott
ist Geist, und die ihn anbeten, die müssen ihn im Geist
und in der Wahrheit anbeten. 25 Spricht die Frau zu ihm:
Ich weiß, dass der Messias kommt, der da Christus heißt.
Wenn dieser kommt, wird er uns alles verkündigen.
26 Jesus spricht zu ihr: Ich bin's, der mit dir redet. 27
Unterdessen kamen seine Jünger, und sie wunderten
sich, dass er mit einer Frau redete; doch sagte niemand:
Was fragst du? Oder: Was redest du mit ihr? 28 Da ließ
die Frau ihren Krug stehen und ging in die Stadt und
spricht zu den Leuten: 29 Kommt, seht einen Menschen,
der mir alles gesagt hat, was ich getan habe, ob er nicht
der Christus sei!

Hören Sie die Geschichte einer Frau:
Es ist Mittag. Die Hitze flimmert über dem kleinen Ort Sychar. Warum gehe ich eigentlich zu dieser ungewöhnlichen Zeit Wasser holen und trage den schweren Krug auf meinem Kopf? Ich weiß es nicht. Vielleicht will ich einfach allein sein mit mir selbst, Abstand gewinnen, auch von dem Mann, mit dem ich lebe. Von weitem sehe ich schon den Brunnen, an

dem sonst in den Abendstunden alle da sind, die Frauen, die sich das Maul über mich zerreißen. Viele kommen hierher, nicht nur, um ihren Durst zu stillen. Der Brunnen ist eine Sehenswürdigkeit. Er ist alt und berühmt. Der Stammvater Jakob soll ihn angelegt haben, um seine Tiere zu tränken.

Auf dem Weg zum Brunnen kommt mir eine Gruppe von Männern entgegen. Es sind Juden. Sie beachten mich nicht, sie gehen in Richtung Stadt. Nur einer ist am Brunnen geblieben. Ich stehe jetzt vor ihm. Er sitzt auf dem Rand, aber ich gucke ihn nicht an. Es gehört sich nicht, einem fremden Mann ins Gesicht zu sehen, schon gar nicht, wenn man mit ihm alleine ist. Mit einem Mann alleine zu sein, kann sehr schön sein, aber auch sehr gefährlich; vor allem, wenn man ihn nicht kennt. Ich beuge mich nieder, um zu schöpfen. Da spricht er mich an: „Gib mir einen Schluck Wasser." Jetzt sehe ich ihm ins Gesicht. Er sieht müde aus und erschöpft. Er hat kein Gefäß. Er, der stolze Jude, der Mann. Ich, die verachtete Samariterin und eine Frau. Aber er hat Durst, und ich habe einen Krug. Wenn der Durst nur groß genug ist, spielen Konventionen und Berührungsängste keine Rolle mehr. Ich lasse ihn noch ein bisschen zappeln. Halb neugierig, halb spöttisch frage ich: „Du bist Jude, und ich bin Samariterin. Wie kannst du mich da um etwas zu trinken bitten?" Aber nicht der geringste Ärger ist in seinem Gesicht zu lesen. Der Mann antwortet seltsam, rätselhaft: „Wenn du wüsstest, was Gott schenken will und wer dich jetzt um Wasser bittet, dann hättest du ihn um Wasser gebeten, und er hätte dir lebendiges Wasser gegeben."

Wovon redet der Mann? Wie will er, was auch immer für Wasser schöpfen ohne Gefäß? „Du hast doch keinen Krug", sage ich, „und der Brunnen ist tief. Woher willst du denn lebendiges Wasser haben?" Hat er nicht von Gott gesprochen? Vielleicht weil ein frommer Gottesmann den Brunnen gegraben hat, ja, ja. Ich sage: „Unser Stammvater Jakob hat uns diesen Brunnen hinterlassen. Er selbst, seine Söhne und seine ganze Herde tranken aus ihm." Wie eine Fremdenführerin spreche ich zu ihm, wie alle aus meiner Stadt, wenn sie hier einen hocken sehen, der nicht aus unserer Gegend ist.

Aber diesen Mann scheint das nicht zu interessieren, er weiß

etwas, er ist etwas, er hat etwas, das ist mehr wert als das, was Jakob der Stadt geschenkt hat. Ich schaue ihn mir genauer an: Wer ist er schon: ein wandernder Jude auf der Durchreise, ein Mann ohne Krug mit viel Durst, einer, der kraus daherredet. Vielleicht gibt er nur an? Ich sage deshalb: „Du willst doch nicht sagen, dass du mehr bist als Jakob?"
Der Mann blickt in die Tiefe des Brunnens herab. Verächtlich lässt er einen Stein hineinfallen, bis es plumpst. Er sagt: „Wer dieses Wasser trinkt, wird wieder durstig." Dann blickt er auf und sieht mich durchdringend an und fährt fort: „Wer aber von dem Wasser trinkt, das ich ihm gebe, wird niemals mehr Durst, haben, Ich gebe ihm Wasser, das in ihm zu einer Quelle wird, die ewiges Leben schenkt."
Die Hitze ist unerträglich. Meine Kehle ist trocken vom Staub. Mir ist schwindelig. Es flimmert mir vor den Augen. Und seine Worte verwirren mich noch mehr. Wasser, von dem man keinen Durst mehr bekommen wird? Das muss schön sein, aber gibt es das, dieses Zauberwasser? Es gibt ein Märchen, in dem von einem Jungbrunnen erzählt wird. Man steigt hinein, und die Beschwernisse des Alters sind hinweg. Aber wollte ich noch einmal jung sein und alles noch einmal erleben? Nein. Aber neu anfangen, das schon, das wäre reizvoll. Aber es gibt ja keine Jungbrunnen und kein Zauberwasser. Wovon redet dieser Mensch? Soll er es doch herzeigen, sein Wasser. Es wäre ganz praktisch damit. Ich sage: „Gib mir von diesem Wasser, dann werde ich keinen Durst mehr haben und muss nicht mehr hierher kommen, um Wasser zu schöpfen." Der Fremde schweigt. Er sieht an mir vorbei und sagt: „Geh und bring deinen Mann her!" Ich bin enttäuscht. Warum redet er erst mit mir, bietet mir sogar sein Zauberwasser an, wenn er dann doch mit einem Mann sprechen will. Aber damit kann ich ihm nicht dienen. Ich habe keinen Mann, jedenfalls keinen, mit dem ich verheiratet bin. Ich sage: „Ich habe keinen Mann." Jetzt schaut er mich wieder an, und sein Blick trifft mich bis ins Herz, als er sagt: „Es stimmt, wenn du sagst, dass du keinen Mann hast. Du warst fünfmal verheiratet, und der Mann, mit dem du jetzt zusammenlebst, ist gar nicht dein Mann. Da hast du ganz Recht."
Ich bin wie erstarrt. Dieser Fremde muss wirklich über Kräf-

te verfügen, die über das hinausgehen, was normale, selbst fromme Menschen mitbringen. Er kann das sehen, was verborgen ist, und deckt das auf, was mich wirklich bewegt. Er spricht das an, was mich umtreibt, ohne dass es mir bisher selber so klar geworden ist: Die Sehnsucht nach einem Mann, oder vielmehr einem Menschen, der mich liebt, der mich annimmt, der mir Geborgenheit gibt. Fünfmal bin ich gescheitert, und am Ende nun diese Beziehung, in der ich jetzt lebe, die auch schon Risse hat. Woher weiß er das? Er muss über göttliche Kräfte verfügen. Ich sage: „Ich sehe, du bist ein Prophet."
Mir fällt es nicht leicht, über Fragen der Religion zu reden und über meinen Glauben. Es ist nicht meine Art. Ich habe bisher nicht damit gerechnet, dass Glaube etwas mit meiner inneren Wunde zu tun haben könnte. Immer wenn vom Glauben die Rede ist, fällt mir zuerst Äußerliches ein, Traditionelles, das, was jeder weiß und sagt, Widersprüchliches auch, die Frage: Wo ist eigentlich Gott? Die einen sagen so, die anderen so. Was ist eigentlich richtig? Ich fahre fort: „Unsere Vorfahren verehrten Gott auf diesem Berg. Ihr Juden dagegen behauptet, dass Jerusalem der Ort ist, an dem Gott verehrt werden will." Wer in mein Herz blickt, kann vielleicht auch eine solche Frage nach dem richtigen Ort der Religion beantworten. Der Mann sagt zu mir: „Glaube mir, es kommt die Zeit, in der die Menschen den Vater weder auf diesem Berg noch in Jerusalem anbeten werden. Ihr Samaritaner kennt Gott eigentlich gar nicht, zu dem ihr betet; doch wir kennen ihn, denn die Rettung kommt von den Juden. Aber eine Zeit wird kommen, und sie hat schon begonnen, da wird der Geist, der Gottes Wahrheit enthüllt, Menschen befähigen, den Vater an jedem Ort anzubeten. Gott ist ganz anders als diese Welt, er ist machtvoller Geist, und die ihn anbeten wollen, müssen vom Geist der Wahrheit neu geboren sein. Von solchen Menschen will der Vater angebetet werden."
Die Worte dieses Mannes sind für mich wie ein Jungbrunnen. „Neugeboren, sagt er", und vielleicht meint er mich. Wenn er die Sache mit meinen Männern durchschaut, kann er mir auch meinen Durst nach Liebe stillen. Nicht so wie andere Männer. Wenn ich es mit ihnen trieb, blieb hinterher ein

Gefühl der Leere, und selbst wenn Liebe dabei war, war es nicht vollkommen, sondern zerbrechlich, oft auch brüchig. Jedenfalls waren die Momente des Glücks immer belastet mit dem Wissen um die Zeit danach, die Zeit der ungestillten Sehnsucht. Hier sagt einer, dass Rettung unterwegs ist. Der Geist der Wahrheit, der bis ins Innerste alles aufdeckt, befähigt, Gott wahrhaftig anzubeten, überall: in Jerusalem, auf dem Berg von Samaria, bei uns in Sychar, hier am Brunnen, aber auch in mir, in meiner Sehnsucht nach Liebe; ich darf ihn ankommen lassen, ihn dahin aufnehmen, wo meine Männer eine Wunde gelassen haben. Der versprochene Retter, von dem bisher nur die Rede war wie von einem entfernten König bei Hof oder von einer berühmten Persönlichkeit, der kommt, und er kommt zu mir. Ich sage: „Ich weiß, dass der versprochene Retter kommen wird. Wenn er kommt, wird er uns alles sagen."
Da sagt dieser Mann doch: „Du sprichst mit ihm. Ich bin es." Und da fällt mir alles wie Schuppen von den Augen. Er ist dieser Retter. Weil mir die Liebe Gottes fehlte, konnte mich die Liebe der Menschen nicht sättigen. Weil ich Gott nicht kannte, fand ich bei den Männern keine Erfüllung. Jetzt aber habe ich gefunden, was ich mit meiner Seele suchte. Das Wasser, das der Erlöser mir schenkt, löscht meinen Durst nach Liebe und Anerkennung.
Ich lasse den Krug Krug sein, gehe ins Dorf, wecke sie aus ihrer trägen Siesta: „Kommt mit und seht euch den Mann an, der mir alles gesagt hat, was ich jemals getan habe! Vielleicht ist er der versprochene Retter."
Und sie sind alle gekommen. Und (S)sie sind jetzt hier und warten darauf, dass er auch (I)ihnen ins Herz blickt und (I)ihnen das Wasser des Lebens schenkt.

Amen.

30. Fünf Brötchen und zwei Rollmöpse
Johannes 6,1-15

13.7.1997 - 7. n. Tr. -- Kirche

> 1 Danach fuhr Jesus weg über das Galiläische Meer, das
> auch See von Tiberias heißt. 2 Und es zog ihm viel Volk
> nach, weil sie die Zeichen sahen, die er an den Kranken
> tat. 3 Jesus aber ging auf einen Berg und setzte sich dort
> mit seinen Jüngern. 4 Es war aber kurz vor dem Passa, dem
> Fest der Juden. 5 Da hob Jesus seine Augen auf und sieht,
> dass viel Volk zu ihm kommt, und spricht zu Philippus:
> Wo kaufen wir Brot, damit diese zu essen haben? 6 Das
> sagte er aber, um ihn zu prüfen; denn er wusste wohl,
> was er tun wollte. 7 Philippus antwortete ihm: Für
> zweihundert Silbergroschen Brot ist nicht genug für sie,
> dass jeder ein wenig bekomme. 8 Spricht zu ihm einer
> seiner Jünger, Andreas, der Bruder des Simon Petrus: 9
> Es ist ein Kind hier, das hat fünf Gerstenbrote und zwei
> Fische; aber was ist das für so viele? 10 Jesus aber sprach:
> Lasst die Leute sich lagern. Es war aber viel Gras an dem
> Ort. Da lagerten sich etwa fünftausend Männer. 11 Jesus
> aber nahm die Brote, dankte und gab sie denen, die sich
> gelagert hatten; desgleichen auch von den Fischen, soviel
> sie wollten. 12 Als sie aber satt waren, sprach er zu seinen
> Jüngern: Sammelt die übrigen Brocken, damit nichts
> umkommt. 13 Da sammelten sie und füllten von den
> fünf Gerstenbroten zwölf Körbe mit Brocken, die denen
> übrigblieben, die gespeist worden waren. 14 Als nun die
> Menschen das Zeichen sahen, das Jesus tat, sprachen sie:
> Das ist wahrlich der Prophet, der in die Welt kommen
> soll. 15 Als Jesus nun merkte, dass sie kommen würden
> und ihn ergreifen, um ihn zum König zu machen, entwich
> er wieder auf den Berg, er selbst allein.

Fünf Brote und zwei Fische. Sie liegen vor ihm, als er abräumt. Nach diesem Fest. Nach diesem tollen Fest. Jedenfalls finanziell. Da ist bestimmt einiges bei rumgekommen.

Und die Stimmung ist auch gut gewesen. Jedenfalls sind etliche Fässchen weggegangen. Eigentlich nicht gegangen, sondern eher weggeschwommen. Genauer in die Kehlen der Durstigen. Um nicht zu sagen: Es wurde kräftig gesoffen. Aber auch gegessen. Und einer hatte die Idee gehabt, mal Rollmöpse anzubieten, mit Brötchen, für die Zecher. Für danach.
Glücklicherweise verfüge man ja über einen Kühlschrank in der Nähe der Theke, und da könne man so ein paar Gläser lagern.
Und es hat auch geklappt. Alles ist verzehrt, das Bier ausgetrunken, bis auf den letzten Tropfen, das letzte angeschlagene Fass gab's zum Schluss als Freibier, die Würstchen sind weg, die Koteletts zuerst und selbst der Kessel mit der Erbsensuppe ist leer. Nichts ist übrig geblieben als fünf Brötchen und zwei Rollmöpse. Was soll er noch damit? Die Brötchen sind weich geworden und pappig, die Rollmöpse werden sich an der Luft kaum halten. Sie haben ihren eigenen Geruch. Also wegschmeißen. Schon hat er die Tüte mit den Brötchen in der einen und das Glas mit dem sauren Inhalt in der anderen Hand und steht vor dem Müllcontainer, da zögert er - fünf Brote und zwei Fische.
Er schließt einen Moment lang die Augen und muss an die Geschichte aus der Bibel denken.
Da kam auch ein Junge mit fünf Broten und zwei Fischen vor. Ganz unvermutet gerät er in den Lichtschein der Geschichte. Mit welcher Selbstverständlichkeit ihm seine Brote und Fische abgenommen werden. Ihm, dem einzig klugen, der vorgesorgt hat. Vielleicht hatte er sie ja mitgenommen, um sie zu verkaufen, um so ein wenig zum Unterhalt seiner Familie beizutragen. Aber eigentlich war er mehr zufällig zu der Menge gestoßen, die um den See zog, um bei diesem Jesus zu sein. Was die sich wohl davon versprachen? Der Junge kannte Jesus nur vom Hörensagen. Wenn er mit seinen Freunden in Kaparnaum zusammen war, redeten sie manchmal über die merkwürdigen Geschichten, die von Jesus handelten: wie er Kranke geheilt hatte, wie er ohne Angst auf die Aussätzigen zuging, denen man doch besser nicht zu nahe kam; wie er sie anrührte und der Aussatz, der

doch sonst immer schlimmer wurde, von ihnen abfiel wie ein altes Gewand. Von einem Blinden wurde erzählt, dem er nur die Hand auf die Augen gelegt hatte und der wieder sehen konnte. Für jeden hatte er ein freundliches Wort, aber das Wichtigste war wohl, dass die Menschen den Eindruck hatten, dass er sie ernst nahm. Seine Freunde hatten gesagt, er sei ein Prophet. Und einer, der einen frommen Großvater hatte, erklärte mit geheimnisvoller Stimme, er sei der Messias! Der Junge wusste nicht so richtig, was das bedeutete. Sein Freund machte ein ziemliches Aufheben davon, raunte, dass die Römer sich vorsehen sollten; vielleicht sei dieser Jesus aus Nazareth der Befreier des Volkes, und er ziehe umher, um Menschen für den Aufstand vorzubereiten. Der Junge war skeptisch. Er war einmal in Tiberias gewesen, da hatte er römische Soldaten gesehen, ihre Waffen, ihr selbstsicheres Auftreten. Mit denen wollte es der wandernde Prophet aufnehmen?
Immerhin, als auf einmal diese Unruhe im Ort war, die Leute sich zuriefen, Jesus sei in der Nähe, die aus den Nachbardörfern seien auch auf dem Weg, wollte er ebenso dabei sein. Er nahm die Gerstenfladen, die vom vergangen Tag noch übrig geblieben waren; vielleicht konnte man sie an den Mann oder die Frau bringen. Etwas Besonderes waren sie nicht, aber wenn die Leute Hunger hatten, gaben sie vielleicht ein paar Lepta dafür. Auch von den gepökelten Fischen, nahm er zwei mit.
Es wurde ein langer Weg, um das nördliche Seeufer herum in die Gegend von Betsaida. Einmal war er vorausgerannt, um einen Blick auf den Wundertäter und seine Begleiter zu werfen, dann war er wieder zurückgeblieben und bei den anderen mitgetrottet. Er war enttäuscht, ohne dass er genau hätte sagen können warum. Jedenfalls wie ein Held sah der da vorne nicht aus, wie er mit seinen Freunden redend und zuhörend seines Weges ging.
Auf einem Hügel über dem See endlich rasteten sie. Dem Jungen war der Weg nicht lang geworden - zu Hause rannte er den ganzen Tag herum - aber insgeheim hatte er die Älteren und einige Kranke bewundert, die nur mit Mühe Schritt halten konnten und oft gestützt waren und geführt werden

mussten. Soviel Elend, so viele Hoffnungen! Manche riefen nach Jesus, andere waren froh, ausruhen zu können und blickten nur verlangend zu ihm hin.
Dann erst merkte der Junge, wie wunderbar der Platz war, an dem sie lagerten. Wie ein dicker grüner Teppich bedeckte saftiges Gras den Boden, paradiesisch wie auf den grünen Auen des Psalms fühlte er sich, die Bäume warfen Schatten, ein Quelle war da, von denen die Durstigen trinken konnten. Und jetzt spürte er auch den Hunger. Ob er versuchen sollte, seine Brote und Fische loszuschlagen?
Was nun geschieht, kommt ihm später wie ein Traum vor. Plötzlich steht Jesus vor ihm, lächelt ihn freundlich an und hält die Hände auf. Und er lächelt verlegen zurück und legt seine Brote und Fische in Jesu Hände. Einfach so. Ohne viel nachzudenken. Dann sieht er, wie Jesus die Gaben in seinen Händen zum Himmel hebt, als wolle er sie Gott zeigen. Er hört ihn ein Dankgebet sprechen, vielleicht dieses: „Gelobt seist du Ewiger, unser Gott, König der Welt, der du die ganze Welt in deiner Güte speisest mit Gnade und Barmherzigkeit; du gibst Brot allem Fleisch, denn ewig währt deine Gnade." Und dann sieht er ihn durch die Menge gehen. Für jeden scheint er da zu sein, bricht vom Brot, teilt die Fische aus, legt hier segnend die Hand auf eine Stirn, spricht mit den Menschen, ist bei allen, macht sie satt, lässt Frieden in ihre Herzen einkehren. Der Junge hat mit einem Mal das Gefühl, als seien sie alle, die hier lagern, wie eine große Familie, als gehörten sie alle zusammen. Jeder scheint darauf zu achten, dass der neben ihm auch zu essen hat, niemand hungert. Als seien sie plötzlich reich geworden, weil Jesus bei ihnen ist. Dann hört er Rufe: „Er kann uns satt machen", rufen sie, „er soll unser König sein!" Er blickt sich um nach den Rufern. Er kann sie gut verstehen. So glücklich wie jetzt hat er sich noch nie gefühlt. Dann sucht er Jesus. Aber der ist nicht mehr da. Merkwürdig, der Junge ist gar nicht enttäuscht darüber. Seine Brote und Fische sind zu Gaben geworden, die alle satt gemacht haben, als sie durch die Hände Jesu gegangen sind. Er hat zum Helfer Jesu werden dürfen. Das kann er nicht mehr vergessen. Und alle sind satt geworden. Zwölf Körbe mit Brocken sind übrig geblieben, von dem,

was so klein und unscheinbar angefangen hat.
Fünf Brote und zwei Fische - eine Tüte mit Brötchen, ein Glas mit Rollmöpsen - für den Abfall bestimmt, nach einem Fest. Er hat die Augen wieder offen.
Damals fing man mit wenig an. Und es endete mit dem großen Überfluss. Heute ist es umgekehrt. Es fängt mit einer Fülle an, und es bleibt ein trauriger Rest. Und das ist eigentlich typisch für unsere Zeit. In jeder Hinsicht. Noch vor gar nicht langer Zeit gab es überall reichlich. Aber jetzt muss man sich mehr und mehr mit dem begnügen, was übrig geblieben ist. Und das gilt besonders auch für den Glauben. Mit welch unverbrauchter Kraft hat das Evangelium, die frohe Botschaft, angefangen. Es hat ganze Kontinente ergriffen. Es hat Kulturen geprägt und große geistige Bewegungen hervorgebracht. Und noch in der Zeit nach dem Kriege hat man davon gezehrt. Immer noch gehörten die meisten Menschen zur Kirche, ließen ihre Kinder taufen, ließen sich trauen und ihre Angehörigen kirchlich bestatten. Es gehörte zum guten Ton, in die Kirche zu gehen. Doch heute wird der christliche Glaube von vielen so behandelt wie ein Abfallprodukt aus vergangener Zeit. Weg damit! Ab in den Müllcontainer der Geschichte! Als er letztlich beim Kirchentag in Leipzig war, wurde er in der Schule, in der er einquartiert war, von einer Horde Skinheads belagert, die „Odin statt Jesus!" skandierten. Es gibt wieder offene und aggressiv geäußerte Kirchenfeindschaft.
Und es ist keineswegs mehr in, sich als Christ zu bekennen. Die meisten, die etwas auf sich halten, lächeln wissend, wenn das Gespräch auf Glaubensdinge kommt. Christlicher Glaube ist etwas für alte Frauen und Kinder. Aber für mich? Ich bitte Sie!
Und man kann es ihnen nicht einmal übelnehmen. Scheint sich das Christentum im Verlaufe seiner langen Geschichte nicht abgenutzt zu haben? Hart geworden, wie altes Brot, in unangenehmem Geruch stehend wie zu lange aufbewahrter Fisch?
Und doch, so weiß er auch, gibt es auch wieder einen Hunger nach dem, was die Seele gesund macht und sättigt. Aber die Seele so zu nähren, dass sie satt wird, das ist gar

nicht so einfach. Er kennt viele, die eigentlich ihre Probleme für sich gelöst haben. Sie haben einen Beruf, genug Geld, eine gesunde Familie, was will man mehr? Aber sie wundern sich, dass das Glück ausbleibt. Das ist ein Zustand, der nur schwer zu ertragen ist.
Hat nicht Jesus wenig später, im Anschluss an diese Geschichte gesagt: „Ich bin das Brot des Lebens. Wer zu mir kommt, der wird keinen Hunger mehr haben."?
Immer noch ruft er uns. Und ich meine, wir können uns vertrauensvoll an ihn wenden. Die Kirche als eine menschliche Institution mit all ihren Brüchen und Widersprüchen, mit ihrem Versagen in Vergangenheit und Gegenwart, ist noch lebendig. Sie ist für die Menschen da und mit den Menschen da. Da können leicht 5000 zu einer Familie gehören, wie in der Geschichte. Da bemüht man sich in Seelsorge und durch Besuche in den Häusern und Heimen, aber auch in vielen Gruppen und Veranstaltungen, den Menschen das Brot des Lebens anzubieten. Nehmen Sie das Angebot wahr! Werden Sie wie der Junge in der Geschichte, geben Sie, was Sie übrig haben, schmeißen Sie nicht weg, vergeuden Sie nicht, was woanders fehlt: Zeit, auch Geld, vor allem Ihre Liebe für die Menschen, die Sie brauchen. Und, Sie werden sehen, Sie empfangen so viel, dass mehr übrig bleibt, als Sie sich vorstellen können.
Fünf Brote und zwei Fische. Das, was für den Abfall bestimmt ist, kann der Anfang sein, dass viele davon satt werden. Wenn es sich verändert.
Die Brötchen und die Fische wandern nicht in den Müllbeutel.
Die Enten am Mühlenteich fressen gerne das Brot, und die Katze freut sich über den Hering. Wie heißt es doch in der Werbung: Ist die Katze gesund, freut sich der Mensch.

Amen.

31. Ina und der Hirte aus dem Adventskalender

Johannes 10,9-15

14.12.1997 - 3. Advent - Kirche

> 9 Ich bin die Tür; wenn jemand durch mich hineingeht,
> wird er selig werden und wird ein- und ausgehen und
> Weide finden. 10 Ein Dieb kommt nur, um zu stehlen,
> zu schlachten und umzubringen. Ich bin gekommen,
> damit sie das Leben und volle Genüge haben sollen. 11
> Ich bin der gute Hirte. Der gute Hirte lässt sein Leben
> für die Schafe 12 Der Mietling aber, der nicht Hirte ist,
> dem die Schafe nicht gehören, sieht den Wolf kommen
> und verlässt die Schafe und flieht - und der Wolf stürzt
> sich auf die Schafe und zerstreut sie -, 13 denn er ist
> ein Mietling und kümmert sich nicht um die Schafe. 14
> Ich bin der gute Hirte und kenne die Meinen, und die
> Meinen kennen mich, 15 wie mich mein Vater kennt, und
> ich kenne den Vater. Und ich lasse mein Leben für die
> Schafe.

Ina, gerade mal 6 Jahre alt, ist heute schon früh aufgewacht. Es ist Sonntagmorgen, und es ist ein ganz besonderer Sonntag. Es ist der dritte Sonntag im Advent. Heute wird sie in die Kirche gehen und zusammen mit den anderen Kindern in einem weihnachtlichen Spiel mitwirken. Es handelt von den Hirten, und sie musste 2 lange Sätze auswendig lernen. Der Pastor hatte da so etwas gedichtet. Und was sie aufsagen muss, hat zwar Reime, aber die Wörter sind alle so durcheinander, wie man sonst gar nicht spricht. Ganz schön schwer war das Auswendiglernen.
Doch daran denkt sie jetzt nicht. Zuallererst wie jeden Morgen in dieser Zeit, geht sie zum Adventskalender. Heute ist das Türchen Nr. 14 aufzumachen. Die Mutter hat es ihr gestern Abend gezeigt. Es ist in der Ecke, wo der Nikolaus die dritte Kerze am Adventskranz anzündet. Was mag sich wohl hinter der dicken Kerze verbergen? Vorsichtig stemmt sie

den Fingernagel in den Papprand ein und zieht die aufgemalte Kerze zur Seite. Da sieht sie einen Mann mit einem Schlapphut auf dem Kopf, einen langen Stock in der Hand, und er trägt einen langen Mantel. Das ist ein richtiger Hirte. Der Adventskalender hängt vor dem Fenster, und draußen ist es schon ein bisschen hell, und das Licht bringt ihr diese Gestalt ganz deutlich und nah entgegen. Ina guckt genau hin. Zwinkert ihr der Hirte etwa zu? Jetzt lacht er sogar. Und plötzlich wird seine Gestalt größer und größer und er sieht Ina an und beginnt sogar zu sprechen:
„Hallo, Ina", hört sie, „ich bin der gute Hirte. Willst du dir einmal meine Schafe ansehen?" Ina nickt mit dem Kopf. „Dann komm", sagt der Hirte. "Nimm meine Hand, ich zieh dich zu mir rüber." Etwas zögernd streckt ihm Ina die Hand entgegen. Der Hirte ergreift sie, es gibt einen Ruck, und Ina ist im Land des guten Hirten. Oh, das ist ein richtiges Zauberland. Da ist eine große weite Wiese mit ganz vielen bunten Blumen. Darauf tummeln sich die Schafe. Sie sehen alle dick und fett aus in ihren Wollpelzen. In der Mitte von der Wiese fließt ein Flüsschen, ein bisschen schmaler als die Ruhr und ein bisschen breiter als der Rinderbach. Da sieht Ina manche Schafe, die dort genüsslich Wasser schlürfen. Um die Schafe herum springen lustige kleine Hunde, die Männchen machen und Stöckchen zurückholen, die der Hirte ihnen wegwirft. Doch plötzlich laufen die Hunde auf den nahen Wald zu und fangen an zu bellen. Ina sieht einen großen, hässlichen, grauen Hund, der gefährlich knurrt und die Zähne fletscht. Das ist ein Wolf, denkt sie. Ina kennt ihn aus Abbildungen in ihrem Märchenbuch. Langsam, seinen Stock mit der Eisenspitze wie eine Lanze haltend, geht der Hirte auf das Raubtier zu. Und merkwürdigerweise bleibt der Wolf stehen und lässt sich von dem Stab des Hirten berühren. Ob das wohl ein Zauberstab ist? Denn jetzt sieht Ina, wie der Wolf ganz ruhig auf ein paar Schafe zugeht. Sie haben gar keine Angst mehr und laufen nicht weg. Gutmütig stößt der Wolf seine Nase in ihr Fell, als wollte er sagen: „Guten Tag, mein Name ist Wolf." Und auch die kleinen Hunde des Schäfers, die vorher so wütend gebellt haben, kommen zutraulich näher und beschnuppern ihn, als wollten sie sagen:

„Lieber Vetter, sag uns, was hast du für prächtige Zähne?" Ina sieht das mit Verwunderung. Wenig später kommt ein Bär, und als der Hirte ihn mit dem Hirtenstock berührt und seine Flöte herausholt und spielt, da fängt der Bär richtig an zu tanzen. Und schließlich duckt sich hinter einer Hecke auch der Räuber Hotzenplotz. Eigentlich will er heimlich ein Schaf stehlen. Aber nachdem auch ihn der Hirte berührt hat, statt zu stehlen, fängt er zu singen an und singt tatsächlich ein Adventslied: „Macht hoch die Tür..." Es ist wahrscheinlich das einzige Lied, das Räuber kennen.

All das verwundert Ina sehr. „Warum haben die wilden Tiere und die Räuber keine Angst vor dir?" fragt sie den Hirten. „Bist du ein Zauberer?" „Nein", sagt der Hirte. „Ich habe einmal gekämpft und gewonnen." Er öffnet seinen Mantel und zeigt ihr eine große Narbe. Es sieht aus, als ob jemand mit einem Speer in seine Seite gestochen hat. Ina weiß jetzt, dass sie in einer besonderen Welt ist, in der Welt Gottes. Und das dieser gute Hirte mit seinem Stab der gute Hirte ist, der vom Himmel kommt.

Wenig später lädt er Ina ein und sagt: „Komm ich zeige dir, wo die Schafe wohnen." Ina geht mit ihm und kommt zu einem kleinen Stall. Er hat eine ganz niedrige Tür. Der Hirte macht die Beine breit und Ina kriecht hindurch, um an die Tür zu kommen. Was wird sie wohl sehen in diesem Stall? Maria und Joseph? Die Krippe? Ochs und Esel? Es ist ja schließlich bald Weihnachten!

Ina schiebt den Riegel zurück und zieht die Türe auf und kriecht hindurch. Und wo ist sie wohl? Sie liegt in ihrem Bett und ist gerade aufgewacht. Und vorm Fenster hängt der Adventskalender. Und das 14. Türchen ist noch zu. Sie hat wohl alles nur geträumt.

Aber so ist das manchmal. Da träume ich von der Welt Gottes, und wenn es spannend wird, dann wache ich auf und bin bei mir zu Hause. Aber ich weiß genau: Irgendwo hinter einem noch verschlossenen Türchen lächelt mir der gute Hirte zu.

Amen.

32. Ein Andreas aus dem Altenheim trägt Verantwortung

Johannes 12,20-26

9.3.1997 - Laetare -- Kirche

20 Es waren aber einige Griechen unter denen, die
heraufgekommen waren, um anzubeten auf dem Fest.
21 Die traten zu Philippus, der aus Betsaida in Galiläa
war, und baten ihn und sprachen: Herr, wir wollen
Jesus sehen. 22 Philippus kommt und sagt es Andreas,
und Andreas und Philippus sagen's Jesus. 23 Jesus aber
antwortete ihnen und sprach: Die Stunde ist gekommen,
dass der Menschensohn verherrlicht werde. 24 Wahrlich,
wahrlich, ich sage euch: Wenn das Weizenkorn nicht in
die Erde fällt und erstirbt, bleibt es allein; wenn es aber
erstirbt, bringt es viel Frucht. 25 Wer sein Leben lieb hat,
der verliert es; und wer sein Leben auf dieser Welt hasst,
der wird's bewahren zum ewigen Leben. 26 Wer mir
dienen will, der folge mir nach; und wo ich bin, da soll
mein Diener auch sein. Und wer mir dienen wird, den
wird mein Vater ehren.

Herr Hörmann wohnt schon einige Jahre in einem Altenheim. Er hat sich dort gut eingelebt. Noch klar bei Verstand und als einer der wenigen Männer genießt er das Vertrauen der Heimbewohner und des Personals. Vor einem Jahr hat man ihn in den Heimbeirat gewählt. Und seither fühlt er sich noch mehr herausgefordert, überall da, wo er gefragt wird, oder wo die Situation es erfordert, Verantwortung zu übernehmen.

Heute ist Sonntag, und Herr Hörmann hat den Gottesdienst in der nahe gelegenen Kirche besucht. Auf dem Nachhauseweg sieht er vor sich eine Mitbewohnerin gehen. Sie ist noch nicht sehr lange im Heim und scheint ebenfalls aus der Kirche zu kommen. Herr Hörmann geht einen Schritt schneller und spricht sie an. „Waren Sie auch im Gottesdienst?" fragt er sie. Die Frau stützt sich auf einen Stock. Man merkt, das Gehen macht ihr Mühe. Sie hat in der Kälte einen Pelzmantel an, der einiges gekostet haben dürfte. Sie streckt die Hand etwas vor, um sich beim Umdrehen besser auf ihren Stock abzustützen. Dabei fällt der Blick von Herrn Hörmann auf einen schmucklosen Ring, den sie an der Hand trägt. Sie ist etwas kleiner als er und sieht ihn wie von unten an. „Seit langer Zeit mal wieder", sagt sie, „ich musste einfach mal was Anderes sehen als das Heim." „Gefällt es Ihnen nicht bei uns?" fragt Herr Hörmann. „Doch, doch", erwidert sie schnell, „aber ich brauche wohl noch einige Zeit, um mich an das Leben im Heim zu gewöhnen. Übrigens ich bin Frau Schauen", sagt sie und gibt ihm die Hand. Er nimmt sie und sagt: „Ich heiße Hörmann", sagt er, „Andreas Hörmann". Sie lächelt ihn an. „Dann sind Sie wohl der Jünger aus der Bibel, über den der Pfarrer vorhin gesprochen hat." Herr Hörmann sagt: „Nein, so alt bin ich nun doch nicht." Eben bricht ein Stück Frühlingssonne durch die Wolke und Herr Hörmann fragt sie, ob sie vielleicht mit ihm ein Stück spazieren gehen möchte. Sie lehnt ab, wegen ihrer Gehbehinderung, aber sie hat Lust auf einen Kaffee im Café. Unterwegs, an einem hohen Bordstein, nimmt Herr Hörmann vorsichtig ihren Arm. Sie lässt es sich gerne gefallen.

Da sitzen sie sich nun gegenüber. Das Eis ist gebrochen. Die Sonne von außen hat sie auch innen ein bisschen angewärmt, mehr noch als die Predigt des Pfarrers. Frau Schauen nimmt den Gesprächsfaden wieder auf: „Die beiden Jünger, von denen der eine so hieß wie Sie, Andreas, haben eigentlich nicht viel erreicht. Der Pfarrer hat gar nicht erzählt, ob die griechischen Männer, die Jesus sehen wollten, überhaupt bei Jesus vorgelassen wurden. So geht es oft den Menschen. Sie kommen zur Kirche, sie brauchen vielleicht einen Rat oder einen Trost, und da kommen die Andreasse, Pfarrer und Pastoren, doch sie reden so, dass man's nicht versteht oder weichen aus." Herr Hörmann, als Andreas fühlt sich natürlich angesprochen. „Wissen, Sie", sagt er, „da kommen die Leute mit einem Problem in den Gottesdienst. Sie erwarten, dass der Pfarrer gerade darüber redet, was sie bewegt und dass sie getröstet nach Hause gehen. Aber es kommt dann ganz was Anderes. So wie in der Geschichte. In dem Augenblick, wo sich sogar fremde Heiden für ihn interessieren, redet Jesus von seinem Sterben. Aber das kann doch auch wichtig sein." Es scheint, als habe sie nicht zugehört, sondern sie ist wohl ihren eignen Gedanken nachgehangen. Sie sagt: „Ich habe ständig Schmerzen im Knie, und ich frage mich, womit ich das verdient habe. Ich habe doch niemandem etwas getan. Und heute bin ich in die Kirche gegangen. Ich hab nach einer Antwort gesucht, warum ich so leiden muss, warum Menschen überhaupt leiden müssen. Und was höre ich? ‚Wer sein Leben lieb hat, der wird's verlieren', und man soll sein Leben hassen, damit man das ewige Leben bekommt." Sie wird heftiger. „Wissen Sie, wie ich mich fühle? Wie jemand, dem man den Finger in seine Wunde steckt und einmal richtig darin herumwühlt. Ich hätte so gerne Trost gefunden." Inzwischen hat sich die Sonne verzogen. Die alte Dame bekommt Tränen in die Augen. Herr Hörmann legt seine Hand auf ihren Arm. „Ich gebe Ihnen ein Taschentuch", sagt er. „Das ist lieb von Ihnen. Aber ich habe selber welche." Frau Schauen holt sich ein Tempo aus ihrer Handtasche, schnäuzt sich kurz und sagt dann: „Sie glauben gar nicht, wie schwer das für mich ist. Ich weiß ja, das Heim ist die letzte Station. Früher hatte ich eine geräumige Wohnung. Jetzt habe ich nur ein Zimmerchen, nur ein paar Möbel von früher, die gerade zufällig hineinpassen. Es ist ein schönes Heim, man wird versorgt, aber es ist eben nicht das Zuhause." Sie machte eine Pause, und als Herr Hörmann schweigt, sagt sie: „Na ja, was nutzt alles Jammern? Eines Tages sterben wir. Wir zerfallen zu Staub und düngen die Erde, es entstehen neue Organismen und Pflanzen, und wir dienen späteren Generationen zum Leben. Es ist der ewige Kreislauf der Natur." Sie zieht den Ring, der Herrn Hörmann schon vorhin aufgefallen ist, vom Finger. „Das ist mein Mandala-Ring", sagt sie. „Ich trage ihn als Talisman. Er ist rund und vollkommen. Ich bin Teil eines ewigen Kreislaufes von Werden und Vergehen, von Tod und Leben, von Vergänglichkeit und Neuschöpfung. Wie hieß es noch, worüber der Pfarrer gepredigt hat? ‚Ein Weizenkorn muss sterben, damit es viel Frucht bringt.'"

Herr Hörmann hat aufmerksam zugehört. „Ich habe auch im-

mer etwas bei mir", sagt er. Er holt ein kleines Stück Stoff hervor und
legt es vorsichtig auf den Tisch. Mein Vater war bei der SPD und hat Flugblätter verteilt, die als Bibeln getarnt waren. Er wurde verhaftet, und wir hörten lange nichts von ihm. Eines Tages erhielten wir ein Schreiben, in dem uns mitgeteilt wurde, mein Vater habe sich erhängt. Man schickte uns seine persönlichen Sachen, auch seine Hosenträger. Dieses Stück davon habe ich immer bei mir. Es erinnert mich an meinen Vater. Und ich sehe das mit dem Weizenkorn anders als Sie. Mein Vater ist nicht einfach so gestorben. Er ist nicht vom großen Kreislauf von Werden und Vergehen hingerafft worden, sondern durch brutale Gewalt gestorben, weil er sein Leben für die Sache eingesetzt hat, an die er glaubte, genau wie Jesus. Doch ich weiß, er ist nicht umsonst gestorben. Ich erinnere mich noch gut an ihn. Er war einmalig. Je älter ich werde, desto mehr beschäftige ich mich mit ihm und versuche ihm ähnlich zu werden und setze mich ein für andere, wo ich es noch kann. Und dann sitze ich oft auf einem Zimmer, und ich weiß ja auch, dass dieses mein letztes Zuhause ist. Aber ich bin froh, dass ich nicht mehr habe, als ich brauche: ich habe genug zu essen, ich bin respektiert, eine große Wohnung brauche ich nicht mehr und keine weiten Reisen. Ich bin froh, dass ich mich noch in der Stadt bewegen kann. Ich habe akzeptiert, dass ich für mich nicht mehr viel brauche. Ich stehe morgens auf, unterhalte mich mit meiner Pflanze, ich tue, was in meiner Kraft steht. Nachfolge, praktische Nächstenliebe, so was ist meins. Aber es ist nicht von selber so gekommen. Ich lebe aus dem Vorbild meines Vaters. Für mich jedenfalls ist er nicht umsonst gestorben."

Inzwischen hat sich die Sonne wieder ein bisschen vorgewagt. „Wir sollten mal zum Essen gehen", sagt Herr Hörmann. Frau Schauen hängt sich bei ihm ein, als sie das Lokal verlassen. „Ich freue mich, Sie kennengelernt zu haben", sagt sie. Er lächelt: „Kein Wunder, dass Sie sich freuen. Es ist ja auch der Sonntag ‚Laetare', und das heißt ‚freu dich!'"

Amen.

33. Ein römischer Spion über die Urgemeinde

Johannes 20,19-23

7.4.2002 – Quasimodogeniti - Kirche

Der Archäologe Dr. Tobias reibt sich die Augen. Dieser Fund könnte die ganz große Entdeckung seines Lebens sein. Vor kurzem hatte man die Erlaubnis erhalten, im Schutt eines zerstörten Hauses zu suchen. Man hat dort uralte Tongefäße mit Schriftrollen gefunden. Und Dr. Tobias ist nun dabei, diese auszuwerten und der Fachwelt zugänglich zu machen. So etwas dauert Monate, und es gibt viele Rollen, deren Texte nur schwer zu verstehen sind, weil die Zusammenhänge, in denen sie geschrieben worden sind, zu wenig bekannt sind. Aber dieses Dokument, das er jetzt vor sich hat, kann er sofort einordnen.

Und Sie, verehrte Zuhörer, sicher auch:

In dem Dokument heißt es:

Mich, den römischen Staatsbürger Marius, Sohn des Antonius, Mitglied der römischen Polizeieinheit zur Bekämpfung terroristischer Bestrebungen, haben meine Vorgesetzten geehrt durch einen Geheimauftrag. In den letzten Jahren hat sich eine jüdische Sekte ausgebreitet, nicht nur in der Provinz Syrien, sondern auch in weiten Teilen des römischen Reiches. Im Mittelpunkt der Verehrung dieser Sekte steht ein Galiläer namens Jesus aus Nazareth, der unter dem Statthalter Pontius Pilatus als angeblicher Messias und König der Juden ans Kreuz geschlagen wurde, und der danach angeblich von den Toten auferweckt wurde und seinen Nachfolgern erschienen sein soll, weshalb er vielerorts als der Sohn des einzig und alleinigen jüdischen Gottes verehrt wird. Meine Aufgabe ist es, in diese Sekte einzudringen, Informationen zu sammeln und an die Behörden weiterzugeben. Vor allem soll ich auskundschaften, was sich tatsächlich damals ereignet hat, als der angeblich Auferstandene erschien.

Ich bin deshalb ausgewählt worden, weil ich neben der römischen auch die Sprache der Hellenen ganz gut beherrsche. Diese ist in der Sekte vorwiegend in Gebrauch, da die Mitglieder aus allen Teilen des Reiches stammen, und das Griechische eine Sprache ist, die von fast allen beherrscht wird.

Weil die Sekte keinen Unterschied macht, ob einer Mann oder Frau, Freier oder Sklave, Römischer Bürger, Jude oder sonst fremder Untertan ist, fiel ich, als ich mich zu den Versammlungen hielt, als Agent der römischen Staatsmacht gar nicht auf. Da ich mich auch in den Gebräuchen der jüdischen Bevölkerung auskenne, die in der Sekte noch eine gewisse Rolle spielen, wurde ich bald wie einer von ihnen. Ich nahm nicht nur an ihren Versammlungen teil und hörte von ihren Lehren, ich ließ mich auch - zum Schein natürlich - in die Gemeinde aufnehmen. Das geschah durch einen merkwürdigen Ritus, bei dem ich im Wasser eines Flusses untergetaucht wurde.
Ich nahm auch an dem teil, was nur den bekehrten Mitgliedern gestattet war, an einer Mahlfeier, bei dem in Erinnerung an das letzte Mahl dieser Art, das der Galiläer Jesus mit seinen engsten Getreuen gefeiert hat, Brot und Wein gereicht werden. Nachdem ich mich einige Wochen als getreuer Gefolgsmann des Jesus aus Nazareth unverdächtig gemacht hatte, gelang es mir, einen gewissen Johannes ausfindig zu machen, der, wie ich verstand, eine sozusagen intellektuelle Führungsrolle inne hat, und der, wie ich vernahm, dabei ist, über den Galiläer Jesus einen Bericht zu schreiben, in dem er auch über die Erscheinungen des angeblich Auferstandenen berichtet. Unauffällig näherte ich mich ihm, und durch vorgegebenes persönliches Interesse gelang es mir, die gewünschten Informationen herauszulocken. Johannes stützt sich auf die Aussagen einiger Augenzeugen, die er persönlich noch gekannt hat, die den angeblich Auferstandenen gesehen haben wollen. Nach ihren Berichten - so Johannes - hatten sich die Nachfolger des Jesus, als jener verhaftet und ans Kreuz geschlagen worden war, versammelt und berieten verängstigt, was nun geschehen solle. Obwohl es ja die römische Behörde war, die Jesus hingerichtet hatte, meint mein Informant Johannes, dass sie Angst vor den Nachforschungen der jüdischen Behörden gehabt hätten, eine Aussage, die aber auch auf die gegenwärtigen Spannungen zwischen der Sekte der Christen, wie sie sich nennen, und der jüdischen Synagogengemeinde zurückzuführen ist. Aus Angst jedenfalls saßen damals seine Getreuen am dritten Tag nach der Kreuzigung in einem privaten Raum und hatten die Türen fest verschlossen.

Da soll plötzlich der galiläische Gekreuzigte mitten unter ihnen gestanden und sie mit dem typisch jüdischen Allerweltsgruß angesprochen haben, als wäre er nur mal eben weg gewesen, um einen Nachbarn zu besuchen: „Friede sei mit euch!" Es sei kein Geist gewesen, sagen die Gewährsmänner des Johannes, denn sie hätten Gelegenheit gehabt, die Wunden an den Händen und an seiner Seite, die bei der Kreuzigung entstanden seien, in nächsten Augenschein zu nehmen. Als sie sich so überzeugt hatten, dass der ihnen Erschienene tatsächlich derselbe Jesus aus Nazareth war, den sie vor seiner Kreuzigung durch die galiläische Landschaft und durch Jerusalem begleitet hatten, kam eine große Freude auf. Und selbst dem Johannes, der ja nur darüber berichtete, war die Erregung über diese unverhoffte Wende der Dinge anzumerken. Und in der Tat scheint mir, dass diese Freude, die von den Augenzeugen ausgegangen ist, auch jetzt noch die Mitglieder der Sekte immer wieder begeistert und zusammenhält. Die vielleicht minimale und kaum wahrnehmbare Schwingung, die dieses Ereignis ausgelöst hat, ist zu einer Bewegung geworden, die viele Menschen in Schwung gebracht hat und die vieles, was so selbstverständlich scheint, ins Wanken bringt und vielleicht auch umwirft.
Wer realistisch denkt, wie die meisten Menschen unter uns, wird nicht umhin können, an die Macht von Vergänglichkeit und des Todes zu glauben:
Viele von uns stellen sich vor, dass entweder mit dem Tod alles aus ist, oder dass man bei den Ahnen in einem Schattenreich lebt oder dass die Seele in einem neuen Menschen wiedergeboren wird, der dann ein neues Schicksal auferlegt bekommt, bis er stirbt und so fort. Dieses sind keineswegs besonders attraktive Perspektiven.
Die Christen sind dagegen der Meinung, dass sie den Tod nicht mehr fürchten müssen, weil sie nach ihrem Tode bei Gott sind. Sie glauben, dass die Freude, die sie jetzt empfinden, über den Auferstandenen nur eine Art Vorfreude sei auf die Zeit, in der sie nach ihrem Sterben in der Nähe ihres Gottes an der Herrlichkeit ihres Vorgehers und Herrn, Jesus, den sie nach seiner Auferstehung den Christus nennen, teil haben.
Als sich die Freude etwas gelegt habe, - so berichtete mir Jo-

hannes weiter - habe der Auferstandene seinen Gruß wiederholt und etwas Merkwürdiges gesagt: „Friede sei mit euch. Wie mich der Vater gesandt hat, so sende ich euch." Und gleichsam, als habe die Welle der Freude sie ergriffen, wurden die anwesenden Zeugen und Zeuginnen mitgerissen und fortgerissen aus ihrem ängstlichen Kreise hinaus in die Welt zu den vielen, die auf diese Botschaft warteten: der Tod hat seine Macht verloren. Und der Auferstandene habe sie angehaucht, so wie ihr Schöpfergott am Anfang den Menschen erschuf, und habe ihnen damit, wie schon in seinen Worten, den Zusammenhang eröffnet, in dem sie von nun an ihr Leben sehen dürften. Wie Gott Jesus, den Galiläer, den auferstandenen Sohn beauftragte, in seinem Namen Wunder zu tun, Menschen zu befreien und zu retten, so sei dieser Auftrag nun durch seinen Geisthauch auch seinen Nachfolgern anvertraut und aufgegeben.

Und mit einem Male sei den Anwesenden bewusst geworden, dass die Botschaft des Auferstandenen nicht nur jedem einzelnen für sich, sondern auch ihnen zusammen, als Gruppe, als Gemeinde, als versammelte Ekklesia galt.

Wahrscheinlich sind sich die anwesenden Nachfolger in ihrer Freude und in ihrem Staunen überhaupt nicht bewusst geworden über die Konsequenzen dieses Auftrags und dieser Würdigung ihrer Gruppe.

Erst im Nachhinein, nach einer Generation - so sagte es mir mein Gewährsmann Johannes, und so habe ich es auch selber festgestellt - erst im Nachhinein sind ihnen die Augen aufgegangen, dass der Weg, die Freude unter die Menschen zu bringen, ein durchaus mühevoller Weg ist. Denn es wäre naiv zu glauben, als seien Eifersucht, Machtkämpfe, Streit und sogar Gewalt von der Welle der Auferstehung und des Geistempfangs weggeschwemmt worden. Das nicht. Diese sind geblieben; und es blieb auch die bittere Erfahrung, dass die Menschen immer wieder aneinander schuldig werden. Auch das, so sagt der Gewährsmann Johanns, habe der Auferstandene Herr vorausgesehen und habe der versammelten Gemeinde außerordentliche Vollmachten verliehen, indem er sprach: „Wenn ihr Menschen die Sünden vergebt, dann ist das gültig. Und wenn ihr die Vergebung verweigert, dann gilt das auch."

Ich muss an dieser Stelle meines Berichtes gestehen, dass mit mir, als mich der Johannes darüber informierte, eine plötzliche Verwandlung vorgegangen ist. Ich merkte mit einem Mal, dass ich selber schon lange der Faszination der neuen Lehre von der Auferstehung des Jesu von Nazareth erlegen war. An dieser Stelle seines Berichts erkannte ich plötzlich meine Chance, mich zu erkennen zu geben. Denn, indem ich die Nähe der Gemeinde spürte und ihre Freundlichkeit, hielt ich es nicht mehr aus, sie auszuspionieren und mich zu verstellen. Und als mir der Bruder Johannes eröffnete, dass die Gemeinde die Bevollmächtigung unseres Herrn hatte, mir meine Sünde zu vergeben, machte ich davon Gebrauch und öffnete mich. Das heißt, auch mir wurde die Hand aufgelegt, es wurde mir Vergebung zugesprochen und ich selber wurde nun in die Gemeinschaft derer gestellt, denen der Geist verheißen ist: Und ich habe mir aus dieser Bevollmächtigung heraus sogleich die Freiheit genommen, etwas zu sagen, was vielleicht den Brüdern und Schwestern nicht sonderlich geschmeckt hat:
„Freunde", sagte ich, „Brüder und Schwestern. Ich bin nun seit einiger Zeit bei euch. Ich habe euch sorgfältig beobachtet, wenn auch aus schändlichen Gründen. Aber meine Beobachtungen sind gleichwohl exakt. Und ich will euch warnen vor der Sünde der Überheblichkeit und Angst. Gewiss, unser Herr hat euch die Vollmacht gegeben zu lösen und zu binden, Menschen die Vergebung zuzusagen und andern sie zu verweigern. Doch obwohl ich noch nicht lange bei euch bin, habe ich doch auch erfahren, dass vielfach denen, die hochgestellt und einflussreichen sind, leicht die Sünden vergeben werden, weil man Angst hat, sich mit ihnen auseinander zu setzen. Wohingegen die Einfachen und Machtlosen barsch zurechtgewiesen werden, weil sie sich nicht wehren können. Freunde, da missbraucht ihre eure Vollmacht; denkt daran, was wir auch gehört haben und womit wir uns immer wieder ermahnen und ermutigen: Lasst alles unter euch in der Liebe geschehen."
Nachdem ich so geredet hatte, nahm mich der Bruder Johannes zur Seite und sagte: „Du hast schön gesprochen. Wenn du willst, lese ich dir einen Abschnitt aus dem Evangelium

vor, an dem ich arbeite, jenen Abschnitt, in dem ich darlege, was ich euch über die Erscheinung des Auferstandenen berichtet habe."

Den Rest des Berichtes fand der Forscher Dr. Tobias auch in seiner Bibel wieder, nämlich beim Evangelisten Johannes, Kapitel 20,19-23. Da heißt es:

> Es war Abend geworden an jenem Sonntag, dem ersten Tag nach dem Sabbat. Aus Furcht vor den Juden hatten sich die Jünger in einem Raum versammelt, die Türen waren fest verschlossen. Da stand auf einmal Jesus mitten unter ihnen und sagte: Friede sei mit euch." Bei diesen Worten zeigte er ihnen seine Hände und seine Seite. Als die Jünger den Herrn sahen, wurden sie von großer Freude erfüllt. Jesus sagte noch einmal: „Friede sei mit euch. Wie mich der Vater gesandt hat, so sende ich euch." Danach blies er sie an und sagte zu ihnen: „Empfangt den heiligen Geist. Wenn ihr Menschen die Sünden vergebt, dann ist das gültig. Und wenn ihr die Vergebung verweigert, dann gilt das auch."

Amen.

---

34. Besuch vom Apostel Paulus am Ostermorgen. O Je!

1. Korinther 15,19-28

23.3.2008 - Ostersonntag - Kirche

Liebe Gemeinde,
ich sitze beim Frühstück und genieße das Osterfrühstück. Leider ist das Wetter nicht so, wie man es sich zu Ostern wünscht. Der Winter ist noch mal zurückgekehrt. Draußen liegt ein bisschen Schnee. Fragt sich nur, wie lange noch.
Da klingelt es. Wer mag das sein? Ich öffne.
Vor mir steht ein Herr undefinierbaren Alters. Aber sicher nicht mehr ganz jung. Er hat wenig Haare und einen schütteren Bart.
„Bitteschön?"

„Sie werden mich kennen, obwohl wir uns noch nicht persönlich begegnet sind. Als Theologe kennen Sie mich aus der Literatur."

Ich zögere: Wer mag das sein? Ein Traktatschreiber? Ein Theologieprofessor? Ein Referent des Landeskirchenamtes? Ich gucke ihn fragend an. „Paulus ist mein Name. Aus Tarsus", sagt er. Und als ich ungläubig staune, „Ja, gerade der!" Als ich darüber nachdenke, ob ich vielleicht verrückt bin oder er, geht er gleich in die Vollen: „Wenn ich richtig informiert bin, haben Sie gleich den Gottesdienst um halb 11 in der Kettwiger Kirche. Was predigen Sie denn da? Ich gehe davon aus, Sie halten sich an den vorgeschlagenen Predigttext. „Natürlich", sage ich eingeschüchtert. „Das lob ich mir, der stammt nämlich aus meiner Feder - 1. Korinther 15,19-28 - den meinen wir doch!" Mir geht diese schulmeisterliche Art auf die Nerven. Aber das stört ihn überhaupt nicht - kein Wunder, dass er zu seinen Lebzeiten andauernd von irgendwelchen Gegnern angefeindet wurde. Welche Übersetzung nehmen Sie denn? Tapfer sage ich: „Ich nehme bei Texten aus den neutestamentlichen Briefen lieber die Gute Nachricht Bibel. Der Luther übernimmt leider sehr oft Ihre geschraubten Schachtelsätze, die heute kein Mensch mehr versteht". (Ich kann mir den kleinen Seitenhieb nicht verkneifen). „Aber dafür ist sie schöner und wortgetreuer, sie atmet noch mehr von meinem Geist", knurrt er.

Ich merke, dass ich hier einen Punkt machen kann und setzte unbeirrt nach: „Haben Sie nicht selber gesagt: die Hauptsache ist, dass die Menschen das Evangelium von Jesus Christus verstehen und sich nicht an frommen Worten berauschen wie die Zungenredner." Das hat gesessen. „Also schön, wenn Sie meinen, Herr Pfarrer, dann eben die Gute Nachricht Bibel. Wollen wir doch gleich mal hören, was da so steht." Ich stehe unwillig vom Frühstückstisch auf und zögere: „Vielleicht wollen Sie erstmal was essen, einen Kaffee? Vielleicht ein Osterei?" Er reagiert unwirsch. „Osterei! Verschonen Sie mich mit diesem Heidenkram. Holen Sie jetzt mal lieber Ihre Bibel. Und dann lesen Sie endlich mal vor!" Ich gehe und hole meine Bibel. Er macht mich ganz schön nervös. So brauche ich eine Weile, bis ich die Stelle finde. Dann lese ich:

19 Wenn wir nur für das jetzige Leben auf Christus hoffen,
sind wir bedauernswerter als irgendjemand sonst auf
der Welt. 20 Nun aber ist Christus vom Tod auferweckt
worden, und als der erste Auferweckte gibt er uns die
Gewähr, dass auch die übrigen Toten auferweckt werden.
21 Durch einen Menschen kam der Tod. So kommt auch
durch einen Menschen die Auferstehung vom Tod. 22 Alle
Menschen gehören zu Adam, darum müssen sie sterben;
aber durch die Verbindung mit Christus wird ihnen das
neue Leben geschenkt werden. 23 Doch das alles geschieht
zu seiner Zeit und in seiner vorbestimmten Ordnung:
Als Erster wurde Christus vom Tod auferweckt. Wenn
er wiederkommt, werden die auferweckt, die zu ihm
gehören. 24 Dann ist das Ende da: Christus übergibt die
Herrschaft Gott, dem Vater, nachdem er alles vernichtet
hat, was sich gegen Gott erhebt und was Macht und
Herrschaft beansprucht. 25 Denn Christus muss so lange
herrschen, bis er alle Feinde unter seinen Füßen hat. 26 Als
letzten Feind vernichtet er den Tod. 27 Denn es heißt in
den Heiligen Schriften: »Alles hat Gott ihm unterworfen.
«
Wenn hier gesagt wird, dass alles ihm unterworfen ist,
dann ist natürlich der nicht eingeschlossen, der ihm alles
unterworfen hat. 28 Wenn aber alles Christus unterworfen
sein wird, dann unterwirft auch er selbst, der Sohn, sich
dem Vater, der ihm alles unterworfen hat. Dann ist Gott
allein der Herr – über alles und in allem.“

Der Apostel hat sich auf dem Stuhl zurückgelehnt und beim Hören die Augen geschlossen. Eine Weile ist es still. Dann fragt er: „Und, was werden Sie dazu den Leuten sagen?"
„Naja, ich dachte, man könnte, vielleicht...", stottere ich.
„Wohl wieder Goethe", sagt er:
„'Vom Eise befreit sind Strom und Bäche
durch des Frühlings holden belebenden Blick,
im Tale grünet Hoffnungsglück...'"
„Genau", sage ich, „und am Ende:
‚Ich höre schon des Dorfs Getümmel,

hier ist des Volkes wahrer Himmel,
zufrieden jauchzet groß und klein:
Hier bin ich Mensch, hier darf ich's sein!'
- Osterspaziergang", sage ich stolz, weil ich das kenne. „Ich finde, das ist ein sehr schöner Text."

„Er passt aber nicht zum Predigttext", belehrt er mich. „Das Lied vom Frühling, Werden und Vergehen, der ewige Kreislauf der Natur: auf jeden Winter folgt der Sommer, auf die Dunkelheit das Licht...Das wollen Sie den Menschen doch hoffentlich nicht zu Ostern als das Evangelium von Jesus Christus anbieten. Meinen Sie, dafür ist Jesus gestorben und auferweckt worden, damit die Menschen das begreifen? Das wissen sie auch so." „Ja, aber", wende ich ein, „das ist aber doch etwas, das die Menschen verstehen können, weil sie es selber so erleben. Das Weizenkorn muss sterben, damit ein neuer Halm mit einer fruchtbringenden Ähre wächst. So ist Jesus gestorben und auferstanden. Ich weiß sogar, wie es genau in der Bibel steht: Johannes Kapitel 12: ‚Wenn das Weizenkorn nicht in die Erde fällt und erstirbt, bleibt es allein; wenn es aber erstirbt, bringt es viel Frucht.' So steht es da." „Aber im Johannesevangelium, nicht in meinen Schriften. Außerdem", er hebt jetzt den Zeigefinger in die Luft, „außerdem habe ich nicht gesagt: ‚Er ist auferstanden', sondern ‚Er ist auferweckt worden.' Das ist ein Unterschied!" „Und welcher bitte?" frage ich. „Herr Pastor", sagt er unwillig, „wo haben Sie eigentlich Theologie studiert? Das ist doch klar: Jesus ist nicht einfach von selbst auferstanden, oder weil es so ein dialektisches Natur-Gesetz gibt, dass auf alles immer sein Gegenteil folgt. Ihr Irdischen wollt immer alles so haben, dass es mit euren kleinen Einsichten und Lebenserfahrungen übereinstimmt. Aber Gott macht euch einen Strich durch die Rechnung. Er ist der Handelnde, er durchstößt euren Erfahrungshorizont. Er bestätigt nicht, was sowieso auf der Hand liegt, er verklärt nicht das Bestehende, sondern er schafft etwas Neues, wie er es auch am Anfang gemacht hat. Nur: Bisher ging es euch wie Adam. Irgendwann hat euch der Tod geholt. Und da gab es keine Hoffnung. Auch nicht, dass ihr als Blümchen oder Pflanzerde irgendwie dem Kreislauf der Natur dient.

Aber jetzt, wo Gott Jesus auferweckt hat, gibt es auch für euch Hoffnung, weil Gott das so will. Punktum."
Ich nehme einen Schluck Kaffee. „Bei uns gibt es viele Menschen, die glauben ja auch an ein Leben nach dem Tode, manche auch an Wiedergeburt." Mein Besucher hat sich jetzt auch eine Tasse Kaffee eingeschenkt. „Der ist aber stark", sagt er, „da wird man ja richtig wach." „Auferstehungskaffee!" sage ich. Und wir lachen beide. Dann setzt er wieder an: „Aber mal im Ernst. Nach meiner Erkenntnis kommt die Auferstehung von uns Menschen nicht einfach so, sondern weil Christus auferweckt worden ist. Er ist der Erstling, so übersetzt das euer Luther. Er ist der Anführer, dem alle nachfolgen, oder wenn Ihnen das zu militärisch ist, er ist der Prototyp, dem alle nachgebaut werden. Er ist die DNA, die alle Zellen prägt, wenn Sie verstehen, was ich meine. Und Auferstehung, neues Leben, Überwindung des Todes, gibt es nur mit ihm und in ihm und nach ihm. Das ist meine Meinung." Er trinkt noch einen Schluck Kaffee.
Ich muss eine so steile theologische Vorlage erstmal verarbeiten. Nach einer Weile versuche ich, wieder ein wenig Bodenhaftung zu finden und sage:
„Ehrlich gesagt, die meisten Menschen machen sich ziemlich wenige Gedanken darum. Sie leben so, als ob sie ewig leben würden. Was danach kommt, so argumentieren sie, weiß man nicht. Es ist noch keiner wiedergekommen."
„Ja, und was haben sie für eine Hoffnung?" fragt er entgeistert.
„Es ist ihnen egal", sage ich. Ärgerlich stellt er die Tasse auf die Untertasse, dass es klirrt. „Egal, egal! Ihnen ist dann wahrscheinlich auch das Leben ihrer Mitmenschen egal. Hauptsache, ihnen geht es in diesem Leben gut. Wer nicht mehr glaubt, dass Gott für ihn noch eine Zukunft in einer anderen Welt bereitet hat, der muss sich verkrampft an dieses Leben klammern und versucht, alles rauszuholen, was es für ihn hier gibt, auch auf Kosten anderer." Ich zucke mit den Achseln. „Die Leute sehen das anders. Sie wollen sich nicht auf ein zukünftiges Leben vertrösten lassen. Für sie zählt nur, was sie sicher in der Hand haben. Das Leben hier. Besser einen Spatz in der Hand, als eine Taube auf dem Dach."

Der Apostel guckt mich nachdenklich an: „Zu meiner Zeit gab es auch Christen, die meinten, durch ihren Glauben hätten sie schon alles. Dieses Leben in der Gemeinde, in der Begeisterung, in der Freude, in der Gemeinschaft mit den Gleichgesinnten. Was sollte da noch Besseres kommen? Da brauchte man keine Auferstehung der Toten mehr. Aber ich habe ihnen gesagt: ‚Nichts da! Noch seid ihr auf dieser Welt. Und die Welt, in der ihr lebt, ist voll Widerstand. Und man muss sich anstrengen. Und die Sünde lauert um die Ecke. Macht euch nichts vor! Noch ist es nicht so weit. Ihr müsst Geduld haben...'"
„Und dann haben Sie Ihnen gesagt, dass es eine Ordnung, eine Reihenfolge gibt...", setze ich fort. „Richtig. Erst kommt Christus, dann die Glaubenden, dann kommt das Ende der Geschichte, und dann wird Jesus die Herrschaft Gott übergeben, und dann..." Ich unterbreche ihn: „Woher wollen Sie das denn alles wissen? Ist das nicht ein bisschen zu viel an Spekulation? Das klingt ja wie eine theologische Astrologie!" Jetzt habe ich ihn geärgert. Er funkelt mich böse an. „Das gilt wohl jetzt bei euch modernen Theologen als besonders schlau, den Apostel Paulus niederzumachen. Ich bleibe dabei: Es muss eine Ordnung haben. Christus muss der Erste sein, sonst ist sein Sterben und Auferweckt-Werden sinnlos. Und dass die Welt irgendwann mal aufhört zu bestehen, sagen sogar eure Naturwissenschaften. Und dass der Tod einmal aufhören muss, ist doch nur die logische Konsequenz, dass Jesus ihn am Ostermorgen besiegt hat, als Erster – für uns alle. Denken Sie immer daran, Christus ist für uns die Mitte. Er hat uns das ewige Leben gebracht. Durch den Glauben an ihn unterscheiden wir uns von den anderen." Er hat sehr laut gesprochen. Jetzt sagt er mit leiserer Stimme: „Alles wird einmal geborgen sein in Gottes Liebe. Christus hat seinen Tod besiegt. Und er wird jeden Tod am Ende aller Tage endgültig besiegen und sich Gott unterwerfen... "
„Und am Ende ist Gott in allem", werfe ich ein. „Das gibt es auch bei anderen Religionen ".
„Mag ja sein." Er kommt wieder in Fahrt. „Ich wiederhole mich - das geschieht nicht einfach so, sondern weil Jesus

Christus Leiden und Sterben auf sich nahm und auferweckt wurde. Er hat sich Gott, seinem Vater, unterworfen, und es gibt keinen Gegensatz, kein Anderssein mehr, nur noch Gott, Gott, Gott." Er schreit fast. Und auch bin nicht mehr leise: „Wie sich das anhört. Sie reden ja wie ein Esoteriker." Jetzt ist er wütend. „Sie verstehen ja gar nichts", sagt er. Er steht auf, geht zur Tür und ohne sich umzudrehen geht er hinaus und schmeißt sie mit einem lauten Knall hinter sich zu. --- Ich wache auf. Habe ich geträumt? Die Wohnungstür ist zugeschlagen. Meine Frau ist wohl schon mit dem Hund raus. Heute muss ich mich endlich mal an meine Sonntagspredigt setzen. Ein Paulustext. Irgendwas habe ich doch davon geträumt. Thema ist Ostern. Ob ich mit Goethe anfange? Osterspaziergang? - Vielleicht doch besser nicht!

Amen.

---

35. Brief eines an der Theologie des Paulus Leidenden

Philipper 3,2-15

9.8.1998 - 9. So. n. Tr. - Kirche

Es ist noch nicht lange, dass man in unserem Breiten davon ausgeht, dass alle Menschen lesen können. Damals in der Antike waren es wohl nur wenige, welche diese Kunst beherrschten, und in den armen christlichen Gemeinden der Provinz waren die Neu-Christen, die meist den unteren sozialen Schichten angehörten, der Schrift unkundig. Sie waren darauf angewiesen, dass ihnen irgendjemand die einkommenden Briefe aus der Feder des Apostels Paulus vorlas.
Ich stelle mir also vor, da ist ein intelligenter Junge, sagen wir er heißt Aristos, d.h. der Beste. Sein Vater Josephus, ein Christ jüdischer Herkunft, ist Prediger und Missionar in der Gemeinde von Philippi. Schon seit zwei, drei Generationen lebt seine Familie in dieser Stadt in Nord-Griechenland. Griechisch ist seine Muttersprache. Aber selbstverständlich hält Josephus auch als Christ seiner jüdischen Herkunft die Treue. Er hat seinen Sohn beschneiden lassen. Er hält die Gebote

der Thora, aber er predigt Jesus Christus als den Messias. Für ihn ist es selbstverständlich, dass alle, die Christen werden wollen, zum Judentum übertreten. Schließlich war auch Jesus Jude. Der Christos, der Messias, er hat die Gebote der Thora nicht aufgelöst, eher hat er sie verschärft und radikal ausgelegt. Wie kann man ein Nachfolger Jesu werden, wie kann man durch ihn zum Volk Gottes dazugehören, ohne dass man die Bundespflicht erfüllt? Es ist schon viel, wenn Gott in Jesus Christus fremde Kinder als seine eigenen annimmt. Aber sollen sie es etwa billiger haben, als seine erstgeborenen? So denkt Josephus, der Vater von Aristos. Und so predigt er auch. Selbstverständlich kann er die Schrift lesen. Er benutzt die griechische Übersetzung des hebräischen Textes, die Septuaginta, d. h. 70. Diese Übersetzung vom hebräischen Ursprungstext in die griechische Volkssprache soll von 70 gelehrten Männern Wort für Wort übereingestimmt haben.

In letzter Zeit sind die Augen des Vaters etwas müde geworden. So ist er froh, dass er seinen Sohn Aristos rechtzeitig zu einer Schreibschule geschickt hat. Der aufgeweckte Junge dient ihm als sein Sekretär.

Heute ist ein Bruder angekommen, der einen Brief von Paulus gebracht hat. Paulus gilt als der Gründer der Gemeinde von Philippi und wird noch von vielen verehrt. Man wird seinen Brief im nächsten Gottesdienst vorlesen und besprechen. Jetzt liegt er erst einmal in der Kammer. Dem fremden Bruder zeigt der Vater die Stadt. Aristos ist gespannt, was Paulus geschrieben hat. Erst neulich hat er gelauscht. Sein Vater hat sich gegenüber einem Ältesten kritisch über Paulus geäußert. „Er verschleudert den Glauben wie Billigware", hatte er gesagt. „Er kappt die Wurzel, die ihn selber nährt." „Ein Blatt, das sich vom Zweig löst, fällt hernieder und vergeht." „Es muss doch etwas geben, das uns von denen, die nicht zu Gott gehören, unterscheidet." So ist Aristos höchst gespannt, was Paulus geschrieben hat. Er bindet die Schriftrolle auf und entfaltet sie. Natürlich hat er jetzt keine Zeit das Ganze zu lesen. Aber er wirft einfach an irgendeiner Stelle einen Blick hinein. Aber was er liest, lässt ihn blass werden. Er liest, wie es damals üblich war, laut:

2 Nehmt euch in Acht vor den Hunden, nehmt euch
in Acht vor den böswilligen Arbeitern, nehmt euch
in Acht vor der Zerschneidung! 3 Denn wir sind die
Beschneidung, die wir im Geist Gottes dienen und uns
Christi Jesu rühmen und uns nicht verlassen auf Fleisch,
4 obwohl ich meine Zuversicht auch aufs Fleisch setzen
könnte. Wenn ein anderer meint, er könne sich aufs
Fleisch verlassen, so könnte ich es viel mehr, 5 der ich
am achten Tag beschnitten bin, aus dem Volk Israel,
vom Stamm Benjamin, ein Hebräer von Hebräern, nach
dem Gesetz ein Pharisäer, 6 nach dem Eifer ein Verfolger
der Gemeinde, nach der Gerechtigkeit, die das Gesetz
fordert, untadelig gewesen. 7 Aber was mir Gewinn war,
das habe ich um Christi willen für Schaden erachtet. 8
Ja, ich erachte es noch alles für Schaden gegenüber der
überschwänglichen Erkenntnis Christi Jesu, meines
Herrn. Um seinetwillen ist mir das alles ein Schaden
geworden, und ich erachte es für Dreck, auf dass ich
Christus gewinne 9 und in ihm gefunden werde, dass
ich nicht habe meine Gerechtigkeit, die aus dem Gesetz,
sondern die durch den Glauben an Christus kommt,
nämlich die Gerechtigkeit, die von Gott kommt durch
den Glauben. 10 Ihn möchte ich erkennen und die Kraft
seiner Auferstehung und die Gemeinschaft seiner Leiden
und so seinem Tode gleich gestaltet werden, 11 damit ich
gelange zur Auferstehung von den Toten. 12 Nicht, dass
ich's schon ergriffen habe oder schon vollkommen sei;
ich jage ihm aber nach, ob ich's wohl ergreifen könnte,
weil ich von Christus Jesus ergriffen bin. 13 Meine Brüder
und Schwestern, ich schätze mich selbst nicht so ein,
dass ich's ergriffen habe. Eins aber sage ich: Ich vergesse,
was dahinten ist, und strecke mich aus nach dem, was da
vorne ist, 14 und jage nach dem vorgesteckten Ziel, dem
Siegespreis der himmlischen Berufung Gottes in Christus
Jesus. 15 Wie viele nun von uns vollkommen sind, die lasst
uns so gesinnt sein. **Philipper 3,2-15**

Bis hierher hat Aristos gelesen, und er muss erst einmal anhalten, um dies zu verarbeiten. Der Tag ist noch lang, heute hat er Zeit. Warum sollte er nicht einmal versuchen, eine Antwort auf den Brief zu schreiben? Von seinem Ersparten hat er ein paar Blätter Pergament. Die müssen reichen. Er - Aristos - stellt sich vor das Pult und schreibt:

„Aristos, Sohn des Josephus , Diener und Jüngling zu Philippi, an Paulus, den Vater der Gemeinde und erstem Künder der Gnade von Jesus, dem Christus, zu Philippi. Der Friede des Herrn sei mit uns alle Tage.

Immer wieder verwundert und verletzt hat es mich, mit welcher Härte in der Gemeinde Streitigkeiten ausgetragen werden. Mit welcher Lieblosigkeit aufeinander eingedroschen wird. Ich kann weder meinen Vater davon ausnehmen, der hier in Philippi als Christ an seinem alten Glauben festhält, noch dich - wie du dich selber nennst - einen ‚Apostel Jesu Christi', der du glaubst, hinter dir gelassen zu haben, was dich mit ihm und auch unserem Herrn verbindet.

Ich muss dir gestehen, du mit der Radikalität deiner Bekehrung bist mir unheimlich. Vom Saulus zum Paulus, vom Christenverfolger zum Missionar. Alles ist für dich Dreck, was du vorher gewesen bist. Wer so aggressiv mit seiner Vergangenheit umgeht, wer einen Teil seiner selbst verleugnet, zögert nicht, andere niederzumachen, die noch nicht so weit sind. Das will ich dir zu Anfang sagen, weil es mir Angst macht.

Auf der anderen Seite gestehe ich, dass ich dich bewundert habe und wieder neu dich zu bewundern gelernt habe. Ich bewunderte dich bis jetzt um deine Konsequenz, mit der du ein Leben im Glauben auf dich genommen hast. Wirklich hast du keine Gefahr, keine unglücklichen Umstände gescheut. Ich habe dich mal reden hören. Ich weiß, dass du keineswegs ein hinreißender Redner bist, und trotzdem hast du immer wieder gegen alle Widrigkeiten Menschen für unseren Glauben begeistert.

Bewundert habe ich dich bisher für deine Kompromisslosigkeit, für deine geistige Schärfe, für deinen Intellekt, aber auch für deine Leidensbereitschaft. Ich habe dich bewundert, weil ich glaube, dass du wirklich einer bist, der bereit ist, die Leiden Jesu Christi auf sich zu nehmen. Trotz deiner gelegentlichen Anfälle hast du dich nicht geschont und bist immer wieder gereist, hast gearbeitet, hast geschrieben, gekämpft gestritten und mitgelitten. Wie gesagt, deshalb habe ich dich bisher bewundert. Aber dieser Brief, so große Schwierigkeiten ich auch damit habe - er hat mich dazu geführt, dass ich dich aus einem ganz andern Grund ganz neu bewundere. Ich habe gespürt beim Lesen und Hören, dass deine Kraft, deine Widerstandsfähigkeit nicht aus dir selber kommt, sondern aus deiner unbedingten Liebe zum Herrn. Du hast eine persönliche Begegnung mit ihm gehabt. Du empfindest dich als von ihm bedingungslos geliebt, und das macht dich frei von allem verkrampften Leistungsdruck, frei von ängstlicher Selbstbeobachtung, frei zur Liebe; und - ich verstehe ja - aus dieser deiner Reife und Erfahrung greifst du die an, die noch Vorschriften brauchen, Gesetze, Regeln, an die sie sich halten können, die auch auf die Einhaltung dieser Regeln und Gesetze stolz sind, denn es hat sie manchmal viel an Selbstbeherrschung und Selbstdisziplin gekostet, die andere nicht aufgebracht haben.

Wie gesagt: Ich bewundere dich für deinen Glauben. Ich bewundere dich für dein absolutes Vertrauen auf die Kraft Jesu Christi. Aber ich bitte dich: Hab Erbarmen mit denen, die noch nicht so weit sind wie du. Du selbst sagst ja von dir, dass du noch nicht vollkommen bist. Du bist vielleicht vollkommen in der Theorie. Aber auch du bist noch unterwegs, hin auf das große Ziel, wo man wirklich aus geschenkter Liebe leben kann.

Wohlgemerkt, ich habe dich schon richtig verstanden, es geht nicht darum, aus eigenem Streben ein immer besserer Mensch zu werden. Es geht darum, dieses Besser werden, dieses Gesünder werden, dieses Heil sein, als Geschenk Gottes - nicht zu erwarten, sondern vorauszusetzen. Darauf aufzubauen. Und von daher zu leben, zu lieben zu entscheiden, zu kämpfen, Misserfolge ertragen zu lernen.

Aber das ist ein schwieriger Weg. Immer wieder gibt es Zweifel. Und ich frage mich manchmal, ob die Menschen nicht überfordert sind, sich dermaßen total der Liebe Christi anzuvertrauen. Denn es gibt ja keine Garantie dafür, dass

man fühlt, wenn man den richtigen Weg geht, die richtige Entscheidung trifft. Auch das heißeste Gebet, auch das sicherste Gefühl, Gottes Willen zu erfüllen, kann täuschen. Und deshalb musst du verstehen, dass Menschen in ihrer Not auch immer wieder zur Krücken greifen, sich Gebote schaffen, Vorschriften, Gesetze, die es ihnen erleichtern, den Willen des Herrn zu tun, wenn es auch, wie ich zugebe, die Gefahr gibt, sich auf die Erfüllung derselben etwas einzubilden. Aber auch die Vollkommenen sind nicht gefeit gegen den Hochmut des Glaubens, in dem sie sich über andere erheben, die nicht so weit sind wie sie. Du, lieber und verehrter Paulus, solltest dir mal unter diesem Aspekt das Gleichnis vom Zöllner und Pharisäer erzählen lassen. Und daran denken, dass auch der Zöllner leicht zum Pharisäer werden kann.
Dies alles schreibt dir ein wesentlich jüngerer Verehrer und bittet dich: Hab Erbarmen mit denen, die noch nicht so weit sind wie du, und vielleicht auch nie so weit sein werden, die aber doch auch von der Liebe Jesu Christi ergriffen sind!

Amen.

36. Biblischer Briefschreiber besucht uns in Kettwig

1. Petrus 4,7-11

28.7.2002 - 9. So. n. Tr. - Kirche

„Das Ende von allem ist aber jetzt nahe. Seid also besonnen und lebt nüchtern zum Gebet. Haltet vor allem an eurer Liebe zueinander mit Ausdauer fest, weil die Liebe eine Menge Sünden zudeckt. Seid gastfrei zu einander, ohne dabei zu murren. Dient euch gegenseitig mit dem Charisma, das jeder bekam, als gute Sachwalter der vielfältigen Gnade Gottes.
Wenn einer redet, dann sollen es Worte Gottes sein; wenn einer dient, dann aus der Kraft, die Gott gibt, damit in allem Gott verherrlicht wird durch Jesus Christus; sein ist

die Herrlichkeit und die Macht von Ewigkeit zu Ewigkeit. Amen." **(Übersetzung: N. Brox, EKK-XXI, S. 201)**

Wer immer diese Zeilen geschrieben hat, es war wohl nicht der bekannte Lieblingsjünger Simon Petrus, sondern vielleicht einer seiner Schüler oder Nachfolger, jedenfalls hat er vielleicht noch bis in die Nacht bei Kerzenlicht daran gearbeitet, an diesem Abschnitt; wenn er an seine eigene Gemeinde, an seine Situation denkt, sind diese Sätze ihm besonders wichtig. Deshalb, bevor ihm die Augen zufallen, endet er - wie zur Bekräftigung - mit dem Lobpreis Gottes durch Jesus Christus: „Sein ist die Herrlichkeit und die Macht von Ewigkeit zu Ewigkeit. Amen."
Und tatsächlich sind Macht und Kraft seines Herrn groß:
Mitten in der Nacht wacht unser frommer Schreiber auf. Er hört die Aufforderung sich zu erheben und zu folgen. Er sieht sich an die Hand genommen und in ein fernes Land geführt, und in eine ferne Zeit. Es ist dieses Land und unsere Zeit.
Unerkannt lebt er eine Weile bei uns als Fremder, als Flüchtling mit dunkler Hautfarbe.
Schneller als man es erwartet, hat er sich an die technische Zivilisation gewöhnt, an die Autos, die Busse, die Flugzeuge, Radio und Fernsehen, sogar Handys und Computer sind ihm schon vertraut. Da lernt es sich schnell mit umzugehen. Schwieriger ist es, sich in der Mentalität, in der Lebensart und in der Glaubenswelt zurechtzufinden.
Was ihm zuerst angenehm aufgefallen ist:
Es gibt keine Verfolgung der Christen. In der Mitte des Ortes steht hoch erhaben eine alte Kirche. Sie bestimmt das Ortsbild, ist sein Wahrzeichen; man braucht sich als Christ nicht zu verstecken. Doch wenn er sonntags den Gottesdienst besucht, ist das Mittelschiff kaum besetzt. Ihn wundert das: warum dieses großzügige, eindrucksvolle und auch schöne Bauwerk, wenn es am Tag des Herrn nur zu einem geringen Teil genutzt wird?
Aber auch zu seiner Gemeinde im antiken Rom versammeln sich sonntags kaum mehr: es sind wohl zu allen Zeiten meist die wenigen, die Gott in ihrer Kirche loben: die Interessierten, die Ergriffenen; manche halten einfach an einer guten Tradition fest. Nur damals, zu seiner Zeit, ist die Bewegung

um Jesus Christus neu, verboten, umstritten, revolutionär: man ist entweder dafür oder dagegen. Wenn man an den Versammlungen teilnimmt, spürt man, dass da eine Aufbruchsstimmung ist, eine Hoffnung, ein Lechzen danach, die Botschaft nach draußen zu bringen. Davon spürt er in der großen Kirche in Deutschland wenig.

Der Pfarrer spricht, wenn er von den ersten christlichen Gemeinden spricht, als von der Alten Kirche. Aber für ihn ist hier die Kirche alt geworden.

Er muss zugeben, dass er nicht damit gerechnet hat, dass die Kirche so alt werden könnte.

Auch in dem Text, den er aufschrieb, hieß es am Anfang: „Das Ende von allem ist jetzt nahe."

Diesen Satz werden die Christen in der deutschen Gemeinde ganz anders verstehen.

Immer mehr Menschen treten aus der Kirche aus. Es steht immer weniger Geld zur Verfügung. Es kommen immer weniger Christen in den Gottesdienst. In manchen Großstädten finden sich in den riesigen neugotischen Kirchenhallen vielleicht noch 10-15 Christen ein. Das Ende von allem ist jetzt nahe.

Er als Christ der Anfangszeit fühlt sich wie naiv. Weil er sich nicht vorstellen kann, dass die kleine, aufgeweckte Kirche, für die er steht und die ihn begeistert, einmal alt werden könnte und verbraucht. Aber wenn das Ende von allem, wenn die Wiederkunft des Herrn fast zweitausend Jahre auf sich warten lässt, kann man nicht mehr erwarten, dass eine Generation von Menschen ihre christliche Existenz auf diesen Glauben gründet. Man wird akzeptieren müssen, dass die Menschen sich doch zumindest für die nächsten Lebensabschnitte absichern: für ihr Alter sorgen sie vor, auch wenn sie noch jung sind. Und sie schließen Versicherungen ab und strengen sich an, um Karriere zu machen. All das machte keinen Sinn, wenn sie damit rechneten, dass Ende der Welt stehe vor der Tür.

Was ihm jedoch geradezu im Widerspruch dazu zu stehen scheint, das gilt für die Menschen, denen er in Kettwig und anderswo begegnet ist. Auch wenn sie nicht mit einem Ende der Welt in, sagen wir mal, den nächsten hundert Jahren rechnen, sie verhalten sich so, als käme nach ihnen nichts mehr.

Viele Menschen verhalten sich so, als hätten sie das Recht, alle Freude, allen Spaß und alle Möglichkeiten dieser Welt für sich auszukosten, selbst wenn sie wissen, dass sie dadurch ihren Kindern und Enkel ein Chaos hinterlassen.
‚Nach uns die Sintflut...', so soll jemand mal gesagt haben. Die Menschen, die er beobachtet, leben so, als gäbe es nur diese eine Freude, die sie sich unbedingt jetzt leisten müssten, als würden sie den Sinn ihres Lebens verpassen, wenn sie sich nicht gönnten, worauf sie gerade Lust haben, und als ob jeder entgangener Spaß ein Stück verpassten Lebens wäre.
‚Man gönnt sich ja sonst nichts...', suggeriert die Werbung im Fernsehen, und da ist dann doch das eine oder andere, was noch dazu kommt und als unbedingtes Muss gilt.
Im Grunde glauben die Menschen nicht daran, dass das Ende der Welt bevorsteht. Aber sie leben so, als wäre jeder Spaß der letzte in ihrem ganzen Leben, den sie auf keinen Fall verpassen dürften. Man lebt nur einmal..., hört er sie sagen. Und das sagen auch Christen, die in jedem Gottesdienst den Glauben an ihr ewiges Leben bekennen.
Das Ende von allem ist nahe. Gewiss in anderem Sinne, als er es sich als der Schreiber dieser Botschaft vorgestellt hat. Zweitausend Jahre kann man nicht einfach überschlagen, auch wenn ‚tausend Jahre vor Gott sind wie der Tag, der gestern vergangen ist'.(Psalm 90,4) Das Ende ist aber auch nicht einfach auf den St. Nimmererleinstag aufgeschoben.
Er, der erfolgreiche Gemeindeleiter und gebildete Theologe der zweiten Generation der Jünger Jesu erlebt nun als Flüchtling mit dunkler Hautfarbe in Deutschland zu Beginn des dritten Jahrtausends, was seine Mahnungen bedeuten. Und er erlebt sie aus der Froschperspektive eines Menschen, der darauf angewiesen ist, dass sich Christen diese Mahnungen zu Herzen gehen lassen.
Mit großer Freude nahm er letztlich an einem Gottesdienst teil, wo für die Fremden gebetet wurde. Da wusste er, dass er hier unter Brüdern und Schwestern war, die ihn akzeptieren würden.
Und er hat die große Mühe gesehen, die sich kirchliche Einrichtungen geben, um Behinderten, Minderheiten, Kranken und alten, hilfsbedürftigen Menschen ein Leben in Men-

schenwürde zu ermöglichen. Wenn sie es auch manchmal gegen das rein ökonomische Denken im Lande schwer haben. Aber, so würde er mit seinen eignen Worten sagen: Es deckt die Liebe der Kirche manches zu, was sonst viel Elend schaffen würde.
Es könnte natürlich noch mehr getan werden.
Als einer, der hier fremd ist, sieht er viel schärfer, was Gott den Menschen dieses Landes alles geschenkt hat. Und er meint keineswegs nur die materiellen Güter, sondern auch die vielen Fähigkeiten und Begabungen, und die Möglichkeit und die Freiheit, diese zu entwickeln und einzusetzen. Zu seiner Zeit konnte ja kaum jemand lesen oder schreiben, oder musizieren oder hatte überhaupt Zeit für andere Dinge als für die tägliche Arbeit. Aber hier und jetzt sind den Menschen viele Möglichkeiten eröffnet. Sie haben Freizeit, sie können lesen und schreiben, sie haben eine gute Ausbildung, sie haben Lebenserfahrung in verschiedener Hinsicht, sie können sich gut in andere hineinversetzen, weil ihnen Bücher und Medien die Erfahrungen anderer Menschen erschließen.
Aber sie nutzen sie zu wenig, zu wenig auch für ihre Kirche.
In der Bibelübersetzung von Martin Luther liest er: „Dient einander, ein jeder mit der Gabe, die er empfangen hat, als die guten Haushalter der mancherlei Gnade Gottes."
Das Wort „Haushalter" dürfte seiner Meinung nach hier nicht stehen, weil das Wort Haushalten in diesen Zeiten immer mit dem Wort „sparen" gleichgesetzt wird. Man soll aber doch bitteschön seine Gnadengaben, seine Fähigkeiten, seine Talente zum Wohle seiner Mitmenschen und der Gemeinde einsetzen und nicht damit sparen: so jedenfalls hat er es gemeint.
Und wo Gnadengaben eingesetzt werden, entsteht Leben in der Gemeinde, da wächst Vertrauen, da entsteht Freude für einen Neuanfang.
Denn genau das hat er eigentlich gemeint, als er damals schrieb: „Das Ende ist nahe herbeigekommen." Sie glaubten damals, bald hätten sie alle Mühsale dieser Welt überstanden und könnten sich freuen auf das Reich Gottes pur.
Heute - so könnte man es verstehen - ist in jedem Wort Got-

tes, das gesprochen wird, und in jeder Tat der Nächstenliebe Ende da - und Anfang zugleich:
Da wo mir, einem Fremden, zugehört und geholfen wird, öffnet sich das Gartentor bürgerlicher Beschaulichkeit und das Reich Gottes kommt herein. Es ist der Anfang vom Ende der Intoleranz.
Da wo die Liebe auch zu unbequemen Nächsten euch über euren Schatten springen lässt, wird es hell. Es ist der Anfang vom Ende der Dunkelheit.
Da wo Menschen ihre Fähigkeiten und Qualitäten in den Dienst ihrer Nächsten stellen, ermöglichen sie anderen Freude und nehmen sie mit hinein in die Gemeinschaft mit Jesus Christus.
Es ist der Anfang vom Ende der Vereinzelung.
Und da wo sie gemeinsam am Sonntagmorgen Gott loben, stellen sie sich in die Gemeinschaft der Christen zu allen Zeiten.
Und die währt von Ewigkeit zu Ewigkeit.

Amen.

---

37. Philadelphia – ein biblische Partnergemeinde

Offenbarung 3,7-13

10.12.1995 - 2. Advent – Kirche

Die beiden Besucher tun sehr geheimnisvoll. Ich bin misstrauisch. Ich kenne sie nicht. Außerdem habe ich eigentlich keine Zeit. Es ist Adventszeit. Die dritte Weihnachtsfeier habe ich hinter mich gebracht. Die Predigt soll für den nächsten Tag geschrieben sein. Also, was gibt es Wichtiges?
Die beiden sehen etwas seltsam aus. Ich würde sagen, altmodisch. Es gibt in Amerika die Amish People, eine religiöse Gruppe in Pennsylvania. Die dazu gehören, kleiden sich so, wie es vor hundert Jahren Mode war. So kommen mir meine Besucher vor.
Sektiererhaft, mit Augen, die fanatisch brennen. Also?
Die beiden drucksen herum. „Wir kommen aus einer Part-

nergemeinde." „So", sage ich misstrauisch. Wir haben zwei Partnergemeinden. Eine in Afrika, in Bwagura in Tansania; die werden am 21.dieses Monats das neue Lehr- und Lernzentrum einweihen. Dafür ist eine Menge Geld aus unserer Gemeinde hinüber geflossen. Aus Afrika aber sind die beiden nicht, jedenfalls sind es keine Schwarzen. Ob sie von der Mission sind?

Die andere Partnergemeinde liegt in Ostdeutschland, in Brandenburg, Werneuchen. Ich bin oft dagewesen. Ich kenne viele der dortigen Mitchristen. Aber die, die vor mir stehen, sind mir da nie begegnet. Ich frage also. „Aus welcher Partnergemeinde kommen Sie denn?" Wieder drucksen sie herum. „Sie werden noch nicht oft von uns gehört haben", sagt der eine. „Wir kommen aus Philadelphia." „Kenn ich", sage ich, „bin mal dagewesen, in den USA. Ist schon lange her. Aber eine Partnergemeinde haben wir da nicht." „Sie verwechseln da was", sagt der andere. „Wir kommen aus dem ursprünglichen Philadelphia. Das liegt in der heutigen Westtürkei, und es gibt da eine kleine, aber lebendige Gemeinde." Ich erinnere mich dunkel. „Sie wird in der Bibel erwähnt", sage ich und fange an zu begreifen. Die, die vor mir stehen, stammen gar nicht aus der Gegenwart - wach ich oder träum ich? Warum sollte man nicht mal über eine Partnerschaft mit einer Gemeinde nachdenken, die es zwar heute nicht mehr gibt, die aber bestens biblisch bezeugt ist?

Ich bitte die beiden Besucher zu mir herein. Ich koche Tee, den ich aus Sri Lanka mitgebracht habe, und sie fangen an zu erzählen.

Ich kenne mich aus mit Partnerschaften. Das ist hier in der Gemeinde so mein Ressort. Und wenn ich eins gelernt habe: man soll die Partnergemeinden nie idealisieren. Beim ersten Kennenlernen findet man alles ganz toll. Und man meint immer, die Leute in der Partnergemeinde wären viel engagierter und glaubenstreuer als die lahmen Christen zu Hause. Aber wenn man sie näher kennenlernt, die Partnergemeinden, dann stellt man fest, das auch sie ihre Schwächen und Probleme haben, genau wie wir, und auch ihre Begabungen und Stärken, genau wie wir. Das gilt wohl auch für biblische Partnergemeinden.

Ich lasse mir ein wenig erzählen. Die christliche Gemeinde in Philadelphia ist sehr klein. Und sie stehen unter ziemlichem Druck. Sie leben in einer Zeit, wo es nicht günstig ist, sich zum christlichen Glauben zu bekennen. Zwar ist man noch nicht an Leib und Leben bedroht. Aber man hat Nachteile; es wird wahrgenommen; es ist verpönt, Christ zu sein. Man reißt Witze, es gibt zuweilen öffentliche Demütigungen, Verhaftungen, Übergriffe. Doch die Gemeinde hält fest zusammen. Ein wenig fällt mir die Situation in Werneuchen vor der Wende ein. Wer sich zur Gemeinde bekannte, musste Zivilcourage haben. Man wurde nicht direkt verfolgt, aber man musste mit Benachteiligungen und Schikanen rechnen. Und es war nicht immer einfach in der Gemeinde, diese Spannung auszuhalten. Es gab welche, die um eines Westbesuches willen Kompromisse schlossen. Andere gingen keine Kompromisse ein. Nicht immer hatten die einen Verständnis für die anderen. Ich stelle Fragen an die Besucher aus Philadelphia. Wie geht ihr damit um, in der Bedrängnis zu sein? Und dann merke ich, wie ihre Augen eng werden. Ich nehme darin etwas wahr wie Hass oder Angst oder beides. Sie berichten von ihren Glaubensgegnern. Zusätzlich zur politischen Verfolgung, zusätzlich zur Beeinträchtigung in ihren Menschenrechten leiden sie an der Auseinandersetzung mit einer anderen Religionsgemeinschaft. So wie die Werneuchener
sich mit den Machthabern der örtlichen SED auseinandersetzen mussten und die Christen in Bwagura mit den muslimischen Dorfmitbewohnern, so hat auch die Gemeinde in Philadelphia einen besonderen ideologischen Gegner: Es ist die Synagogengemeinde. Vielleicht die Gemeinde, aus der die kleine christliche entstanden ist. Jedenfalls ist es die Gemeinde, die von Herkunft und Art ihres Glaubens ihnen die nächste ist. Sie werden verstehen, liebe Zuhörer, dass ich bei ihren Ausführungen, in denen die Besucher aus Philadelphia von den angeblichen oder tatsächlichen Gemeinheiten der Synagogengemeinde berichten, öfter schlucken muss. Als Deutscher, der in der Nachkriegszeit aufgewachsen ist, kann man nicht anders. Man hört Beschuldigungen gegen Juden anders als Beschuldigungen gegen Moslems oder Kommu-

nisten oder Serben. Ich mache daher Einwände, erkläre unsere Situation in Deutschland nach 1945. Aber sie verziehen keine Miene. Sie tun wieder geheimnisvoll und sprechen von einem Brief aus einer geheimen Offenbarung. Ein gewisser Johannes habe auf der Insel Patmos eine Offenbarung gehabt, und darin sei ihm ein Schreiben des Himmels an sie, an die Partnergemeinde von Philadelphia, mitgeteilt worden. Ob ich es sehen wolle. Ich sage: „Ich kenne das Schreiben. Es steht in meiner Bibel." Ich schlage auf und lese ihnen vor:

> 7 Und dem Engel der Gemeinde in Philadelphia schreibe:
> Das sagt der Heilige, der Wahrhaftige, der da hat den
> Schlüssel Davids, der auftut, und niemand schließt
> zu, der zuschließt, und niemand tut auf 8 Ich kenne
> deine Werke. Siehe, ich habe vor dir eine Tür aufgetan,
> und niemand kann sie zuschließen; denn du hast eine
> kleine Kraft und hast mein Wort bewahrt und hast
> meinen Namen nicht verleugnet. 9 Siehe, ich werde
> schicken einige aus der Synagoge des Satans, die sagen,
> sie seien Juden, und sind's nicht, sondern lügen; siehe,
> ich will sie dazu bringen, dass sie kommen sollen und
> zu deinen Füßen niederfallen und erkennen, dass ich
> dich geliebt habe. 10 Weil du mein Wort von der Geduld
> bewahrt hast, will auch ich dich bewahren vor der Stunde
> der Versuchung, die kommen wird über den ganzen
> Weltkreis, zu versuchen, die auf Erden wohnen. 11 Siehe,
> ich komme bald; halte, was du hast, dass niemand deine
> Krone nehme! 12 Wer überwindet, den will ich machen
> zum Pfeiler in dem Tempel meines Gottes, und er soll
> nicht mehr hinausgehen, und ich will auf ihn schreiben
> den Namen meines Gottes und den Namen des neuen
> Jerusalem, der Stadt meines Gottes, die vom Himmel
> herniederkommt von meinem Gott, und meinen Namen,
> den neuen. 13 Wer Ohren hat, der höre, was der Geist den
> Gemeinden sagt!

Sie haben sich zurückgelehnt und voll Befriedigung die Worte eingesogen. „Sehen Sie", sagt der eine. „Das kommt direkt aus dem Himmel. Das schreibt uns der Heilige, Christus selber, der hat den Schlüssel Davids, d.h., der bestimmt, was richtig ist und was falsch ist, und wer dazu gehört und wer nicht. Und der nennt sie die Synagoge des Satans, und der verspricht uns, dass einige von ihnen zu uns kommen werden, zu uns, zu den wahren Kindern Gottes. Zu uns, die wir Gott die Treue gehalten haben in all der Verfolgung und in all den Widrigkeiten und Leiden, die über uns gekommen sind. Hier haben wir es schwarz auf weiß direkt aus dem Himmel." Sie lehnen sich zurück und schließen selbstgenügsam die Augen. Ich denke eine Weile nach. Nein, meine Gemeinde kann sich nicht mit der ihren vergleichen. Wir haben heute keine Verfolgung auszuhalten. Schon gar nicht sind es Juden, die uns das Leben schwer machen. Im Gegenteil, wir haben lernen müssen, dass solche Worte wie ‚Synagoge des Satans' missbraucht worden sind. Ich denke daran, dass ich am Tag der Menschenrechte zu meiner Gemeinde spreche. Ich muss sagen, mir ist jeder Fanatismus suspekt. Es widerstrebt mir, die Welt in Schwarz und Weiß einzuteilen, in Erwählte und Verworfene, in Ungläubige und Rechtgläubige. In solche, die mit der nötigen inneren Einstellung in diese Adventszeit hineingehen, und in solche, die bloß hektisch an Geschäfte und Geschenke denken. Ich erlebe mich selbst und die meisten meiner Mitchristen als ein Gemisch von Gut und Böse, Laut und Leise, Besinnlich und Hektisch, Nachdenklich und Bedenkenlos, Gleichgültig und Engagiert. Aber: Ich habe auch eine gewisse Ehrfurcht vor diesem Text. Es ist immerhin ein biblischer Text. Und ich achte auch meine Partner aus der anderen Zeit, wie ich ja auch die Partner aus den Partnergemeinden unserer Zeit achte, obwohl sie auch anders sind als wir. Die Gemeinde aus Philadelphia wird nicht umsonst gelobt worden sein wegen ihrer Treue, ihrer Geduld und ihrer Standhaftigkeit. Insgeheim frage ich mich, ob wir, die Gemeindeglieder in Kettwig, wohl stark genug wären, wenn wir um des Glaubens oder um der Gerechtigkeit willen Nachteile in Kauf nehmen müssten - ich will gar nicht von Verfolgung reden. Wer wäre wohl in diesem Gottesdienst zu sehen, wenn die Karriere, oder die Rente, oder gar die Freiheit auf dem Spiele stehen

würde? Wer ließe noch sein Kind taufen, wenn es damit von anderen ausgegrenzt würde?
Ich wende mich wieder meinen Besuchern aus Philadelphia zu. „Ich bin dankbar", sage ich, „dass ich Sie kennenlernen durfte. Wenn ich auch vieles anders sehe als Sie, ich finde es bewegend, dass wir uns über die lange Zeit hinweg heute begegnen. Wo geschieht das schon, wenn nicht in der Kirche, dass man sich mit Menschen aus einer anderen Zeit wie mit Partnern, mit Brüdern und Schwestern unterhält? Dass man an ihren Sorgen Anteil nimmt, dass man ihre Gebete teilt, dass man an ihren Sorgen, aber auch an ihrem Lob Anteil nimmt? Wir kämpfen in unserer Kirche dagegen, dass Menschen sich als Fremde fühlen. Wir setzen uns für Flüchtlinge ein, sogar für Menschen, die unseren Glauben gar nicht teilen. Aber wir kämpfen auch gegen die Fremdheit in unseren Gemeinden. In unseren Gottesdiensten sitzen Menschen nebeneinander, die sich gar nicht kennen. Solche, die oft zum Gottesdienst gehen, solche, die nur wegen einer Taufe kommen, solche, die alt sind, manchmal auch junge; solche, die Amt und Würden in unserer Gemeinde haben, und solche, die zufällig mal reingeschneit sind. Arme und Reiche, Gesunde und Labile. Wir alle gehören zum Herrn."
Ich nehme ihre Sprache auf und lächele. „Der Herr ist nicht so bald gekommen, wie Sie das vielleicht aufgrund des Briefes damals erwartet haben. Wir warten ja heute noch auf ihn, besonders, wenn wir uns auf Weihnachten vorbereiten. Aber wir können auch viel von euch lernen. Euer Leben zeigt, dass es keinesfalls selbstverständlich ist, dass man in Frieden und Freiheit in einem Gottesdienst sitzen kann. Aber ich möchte mir von den Visionen aus der Zeit der Versuchungen, von der in dem
Brief an euch steht, keine Angst einjagen lassen. Denn eine Stelle in dem Brief an euch hat mich besonders bewegt. Da fühle
ich mich direkt angesprochen. Es heißt: ‚Du hast eine kleine Kraft und hast mein Wort bewahrt, und meinen Namen nicht verleugnet'. Ich glaube, das werd ich mir merken, wenn ich mal denke, es bewegt sich nichts, es geht überhaupt nichts weiter. Ihr seid damals nur ein paar Leute gewesen. Trotz-

dem klingt euer Lob heute noch durch unsere Kirche. Vielleicht wird auch mal der Name unserer Gemeinde oder mein Name oder der Name von denen, die mich im Gottesdienst hören, auf den Pfeiler im Tempel des himmlischen Jerusalems geschrieben sein. Weil unsere kleine Kraft uns geholfen hat, zu bewahren und zu bekennen, auch in widrigen Zeiten."

Amen.